玻璃懸崖

女性領導者的職場困局與管理危機

THE GLASS CLIFF

Why Women in Power Are Undermined & How to Fight Back

Sophie Williams 蘇菲·威廉斯　陳瑄——譯

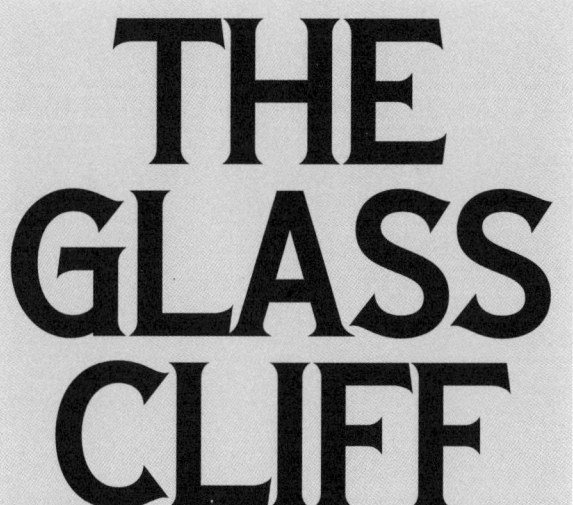

目次

引言

黑暗時代，也會有人歌唱嗎？
會的，會有人唱的，唱關於黑暗時代的歌。

——貝爾托．布萊希特（Bertolt Brecht）[1]

我清楚記得自己是在何時意識到，作為女性，我們的故事是倒退的，而非如我經常聽說般的進步。那是在二〇二三年三月，我入選英國代表團，參加由聯合國婦女地位委員會（United Nations' Commission on the Status of Women，CSW67）在紐約舉辦，為期一週的研討、辯論和規劃等一系列活動。會議由聯合國秘書長安東尼歐．古特瑞斯（António Guterres）的致詞揭開序幕，他對齊聚一堂的代表說：

> 這些年來我們逐漸取得進步，婦女和女孩的權利如今〔卻〕停滯不前，並且開始倒退。〔……〕實情是占了半數的人類大部分仍被遺落；在每個地區，女性都過得比男性差，賺的錢更少，從事十倍以上的無償照護工作。〔……〕我們今天所面臨的許多挑戰，包括區域衝突、氣候危機、生活成本飆升等，全因男性主導的世界和文化、以及由男性做出引導世界的關鍵決定而起。而且，在這些決定仍主要由男性把持的同時，付代價的卻經常是婦女和女孩。[2]

我震驚極了。

直到那時，我對女性權利進步和積極改變的故事——從流行於一九九〇年代、我童年時期的「女力」（Girl Power），到二〇二〇年代的「女強人」（girl boss）和「女ＣＥＯ」（SheEO）*——是如此習以為常，以致於從未想過停滯不前的可能性，更別說倒退了。

世界各地的婦女和女孩來之不易的權利不僅停滯不前，實際上更在倒退，這觀點在會議期間不斷被重複提起。我從研究人員、運動者、思想領袖和專家的口中都聽到這個觀點，他們來自世界各地，並在不同領域中耕耘。從女性的身體自主權、到數位安全、再到教育和醫療資源的取得，都貫徹著一個強烈的訊息：我們花了太多時間為取得進步而自我祝賀，卻忘了去確保這些我們所引以為傲的進步仍需要持續向前推進。

蜷縮在沙發上，撥號進入聯合國的會議室，這是我從未想像過自己會經歷的事情；當然我更不可能想像過，我們討論的主題之一，會是女性的權利已在我們的自滿與世界的厭女症之間，陷入倒退。

秘書長繼續說道：

女性被認可的成就、所獲得的獎項和研究經費，都遠少於男性，即使兩者擁有相同的條件。〔……〕這必須改變。男性沙文主義對新科技的主導正破壞著這數十年來在女性權利上的進步。

性別平等是權力的問題。一百多年以來，這權力逐漸為更多人所擁有。這股趨勢現正因科技而扭轉。〔……〕面對這樣的父權反撲，我們必須向前推進——不僅是為了婦女和女孩，也是為了各群體和各社會。缺少了全球半數人口的見解與創意，科技進

* 我知道你在想什麼，別擔心，我也討厭這些說法，本書也不是要走那種風格。我保證不會試圖說服你加入 The Wing（願它安息），也不會睜眼說瞎話，說你每天有跟碧昂絲（Beyoncé）一樣多的時間。（譯註：The Wing 是二〇一六年由曾經擔任希拉蕊．柯林頓〔Hillary Clinton〕總統競選團隊新聞助理的奧黛麗．吉爾曼〔Audrey Gelman〕及其友共同創立的實體女性社群，成員多為專業女性，並收取高昂會費，後陷入剝削員工等醜聞，至二〇二二年完全停止運作。）

步就只能發揮出一半的潛力。[3]

我們不必費心尋找便能發現，不平等對女性的職業生活影響巨大。事實上，我們只需要看看性別薪資差距就好——我們經常討論其進步及縮小了多少。

根據英國國家統計局（Office for National Statistics）的數據，二〇二二年英國全職勞工的性別薪資差距為百分之八點三，高於二〇二一年的百分之七點七。在包含非全職者的所有勞動人口中，性別薪資差距導致職業婦女的財務狀況倒退了百分之十四點九。[4]

而情況正在惡化。

二〇二三年的調查發現，自一九七〇年代以來，性別薪資差距在曾接受高等教育（大專以上學歷）的母親身上持續擴大，而職業母親的收入僅是職業父親的百分之六十九。這表示，如今女性承受的「母職懲罰」（motherhood penalty）更甚於四十五年前；一九七八年時，母親的收入大約是男性配偶的百分之七十二。[5]

肯特大學經濟學高級講師阿曼達．葛斯林（Amanda Gosling）博士在接受《衛報》採訪時表示，男女薪資差距自一九七〇年代以來有所縮減，並非是社會進步的結果，而「主要是受最低工資和教育程度較低的男性工資下降等經濟因素所驅動。」

「曾接受高等教育的母親在職業發展上的障礙幾乎毫無改善。」她說道。「如今，父母之間的薪資差距看起來與一九七〇年代末期非常相似。X世代的情況無異於戰後嬰兒潮世代和千禧世代。」[6]

若進一步考慮現今母親的教育程度平均來說已高於父親，狀況更是令人震驚。一九七八年，只有一成父親和百分之九的母親接受過高等教育；到了二〇一九年，則分別上升至百分之四十五和百分之四十八。葛斯林說：「可以認為，當前父母之間的整體薪資差距受到低估，因為母親具備較多技能的事實未被納入考量。」

莎拉．羅南（Sarah Ronan）在婦女預算小組（Women's Budget Group；英國主要的女性主義經濟智庫）負責學前教育及育兒事務，她告訴《衛報》，這項研究是「對我們的經濟及其支撐結構的控訴。」她補充道：「幾十年來，女性一直被告知要『挺身而進』（lean in），實際上，我們卻被推到邊緣。育兒成本、極不完善的育嬰假和對照護的性別刻板印象共同迫使女性只能被困在家中或從事既低薪又不穩定的工作。」[7]

我了解並非所有關於女性特質的故事都是母親的故事，像我就選擇不生育，並承認我在這方面有所盲點。但這個故事就像同類型的更多故事一樣，言簡意賅地道出這心照不宣的倒退，而這是我們思考女性在當今職場中的處境時所必須注意的。

過去幾年，我投入了大部分時間去思考、討論、寫作和教授女性在職場中的經歷，並通常會以交織視角檢視種族和性別的相互作用。為了釐清為何由女性擔任眾所矚目的領導者並在此崗位上取得成功的故事如此之少，我埋首於學術論文，從中首次認識了「玻璃懸崖」（Glass Cliff）。而現在，我很高興有機會與你共同探討這個奇怪的現象。

我猜到目前為止，就算你曾經聽說過，你很可能對「玻璃懸崖」的了解不多——即使它影響著我們的一切經歷。無論你是否處於領導職位、計劃晉升至領導職位，或只是單純在工作上會與領導者合作，其實某程度上都會受到「玻璃懸崖」的影響，而你通常毫無意識。假如你住在英國，也許會目睹它在政治上的影響，例如大衛．卡麥隆（David Cameron）離職後，留下脫歐的爛攤子給德蕾莎．梅伊（Theresa May）處理。*而換到商界，你或許也會看見琳達．雅卡里諾（Linda Yaccarino）接任推特（Twitter）執行長；你可能會對此投以複雜的眼光，興致勃勃卻夾雜著困惑與病態的好奇心，想看她是否會成為下一位高調的女性領袖，接下那看來有毒的聖杯。「玻璃懸崖」的陰霾無處不在，從工作場所到政治體系，以及其他領域，都設下了女性在其中注定失敗的圈套。

無論是「玻璃懸崖」或其姊妹現象「玻璃天花板」，與我都很有淵源。首先，身為一名講師與教育家，前者是我經常受邀到企業演講的主題。再者我身為女性，也在職業生涯中擔任過幾個不穩定的領導職位。

當我在為寫第二本書《千禧世代黑人》（*Millennial Black*）蒐集資料時，接觸到「玻璃懸崖」。老實說，在寫了好幾個月關於黑人女性在職場生涯中所遭遇的爛事後，我尋求的是一個成功——我希望能挖掘到一個偉大、令人振奮，且尚未被講述的故事或研究成果，內容是關於女性披荊斬棘，最終穩穩坐上董事會首席的位子。我需要能讓我舉杯慶祝的材料，以鼓勵所有女性克服逆境、扭轉局勢。[†]我迫切希望找到能讓所有困難和辛勞變得值得的材料，如果我們終於能夠突破「玻璃天花板」，進占我們應得的位置。在那裡我們不但能生存下來，還能茁壯成長。然而這不是我找到的版本。事實上，我找到的經歷幾乎是完全相反。我找到的是「玻璃懸崖」的故事，這個故事比描寫超卓的領導才能與個人成就的故事來得有趣，但也更令人悲傷。

這本書將深入探討「玻璃懸崖」。首先，我會介紹什麼是「玻璃懸崖」，如何辨識和避免它，以及當你發現自己已在其邊緣搖搖欲墜時，該怎麼辦。我希望你知道，就算情況看起來再怎樣可怕，總有辦法平安著陸，重新詮釋你的遭遇，思考下一步的行動——即使你感覺腳下的地面已然塌陷。

當女性在其職位上有所成就，最終晉升至最高階的領導職位時，「玻璃懸崖」便會限制女性的職涯及其前景。若我們認清至今為止，在女性的事業成功故事中出現的困難與障

* 我不是梅伊的粉絲，但大家都承認那的確是一項艱難的任務。

† 雖然我們知道，改革的責任不應該由那些最受不平等影響的人來負擔，但我仍然希望能提供一些工具，或至少一絲希望。

礙，就會開始理解，為何有些人明知在某些職位上成功的機會有限，卻仍然選擇接受它。

我希望你帶著必要的知識走進這個世界，以便做出最有利的選擇、走上最適合的道路。我想向你說明警訊是什麼、如何識別它們，以及要是你決定在不利的情況下冒險一試，你可以如何保護自己。

我不希望我們以這就是人生或事情本該如此為由，接受自己的成功有其極限——因為事實絕非如此。相反，我希望我們能了解和檢視自己擁有的力量，甚至在以前我們可能沒有意識到的領域。如此，我們才能向前邁進，探究我們可以如何打破玻璃懸崖的循環性質，保護他人不陷於其危險邊緣，以及無論我們在企業和組織中的角色或職位為何，都能拒絕將彼此推向此懸崖。

要實現有意義的改變，就必須看見和了解「玻璃懸崖」在諸多情境中的運作。從政府到慈善機構，從富時一百指數（FTSE 100）和《財星》雜誌評選的美國五百大公司，到新創企業和運動團隊，「玻璃懸崖」的威脅無處不在。儘管運作方式可能隨身處的情境而改變，但就其根本而言，「玻璃懸崖」是許多女性的共同經歷。正因為至今依然缺乏定義它所必須的語言，我們不是看不見其普遍性，就是無從反擊。在英美等個人主義社會中尤其如此，在這些社會中，個人被教導一切的成功與失敗都取決於我們自身，「玻璃懸崖」因而不受約束、最為猖獗。

我希望本書能改變這一點，並成為推動所有女性更大程度地掌握其職涯的助力。要了解「玻璃懸崖」，就是要了解一個把結構性不平等包裝成個人失敗的故事。在這個故事裡，性別規範與社會期望把女性逼迫至不可能獲勝的位置。她們只能靜待被一隻強而有力的手從背後一推，跌下其個人及職業的懸崖。許多時候，她們甚至不知道，超出她們控制範圍的因素早已注定了這不可避免的命運。

但正如我所說，情況不必如此。別擔心，一切還有救——因為，一旦我們理解了這個現象，便會隨之發現，許多原本根本就說不通的，關於女性領導經驗和潛力的敘事都得到了合理的解釋。

我真心相信，一直以來阻礙我們認識到、繼而克服「玻璃懸崖」的關鍵，就是缺乏共同的語言去探索、解釋和識別它。

由於缺乏通用詞彙，我們無法在文化背景中，把這種經歷正確地表達和理解為系統性和普遍存在的問題，反而將個別領袖的成敗視為其個人責任。職業婦女的經歷被簡化為個人能力問題，而未被正確地歸類為宏大敘事中的一環。

但是，通過展開對話——從中奠定基礎，以建立共同語言——我們不僅能更好地理解和脈絡化我們的經歷，更能看清這些經歷在更大範圍中的運作，從而重新掌握某些控制權。因為文字具有強大的力量——找到合適的詞彙來框定和重塑我們的經歷，可以帶來變革。

要馴服「玻璃懸崖」，就必須先將之命名。

「用命名來馴服」（Name it to tame it.）是由心理學家丹尼爾・席格（Dan Siegel）所提出，這一心理工具鼓勵藉由識別彆扭、觸發性的情緒，並將之命名，從而克服負面想法。[8]根據這套理論，「在經歷顯著的內在張力和焦慮時，只要察覺到自己的狀態，並將之命名，即可緩和高達百分之五十的壓力。」此外，「如果我們能看見情緒，我們就不必成為情緒。」[9]

儘管我們談的是文化現象而非心理現象，也可以通過命名來馴服我們的「玻璃懸崖」經歷，並認清這些經歷並非因我們能力不足所致，而是更廣泛現象的一部分。

一旦我們開始以這種方式看待事情，便可把生活經歷和已認知的失敗重新脈絡化。而且，一旦認清問題不在於自己，也許，我們也能看見自己在各方面其實表現非凡。

讀到這裡的你或許正在想，這怎麼可能是真的。也許你正處於職涯高峰，懷疑如此廣泛且無處不在的現象怎會不曾引起你的注意。

這都是「玻璃」的特性使然：無論把它使用在天花板、懸崖或電扶梯（我很快會談到電扶梯），都是看不見的。我們理應看不到它。然而，一旦知道其存在，就再也無法忽視它。

對我個人來說，也的確如此。

從許多方面來說，我對這個現象的了解都來得有點晚。也就是說，若了解得更早，對我的幫助將會更大。我當上倫敦一家廣告公司最高層級的主管時，才第一次聽說「玻璃懸崖」這個詞。直到我進入其中一家尖牙股公司（FAANG）*，管理其全球業務，並且離職以後，才恍然大悟地意識到，我的職涯早已受到「玻璃懸崖」的影響。

即使知道了「玻璃懸崖」背後的原理，學會如何識別此現象，也逐漸接受它對我們職涯發展的影響，但一切往往不會那麼直接了當。

儘管我花了無數個小時鑽研「玻璃懸崖」，甚至在二〇二一年以此為題發表TED演講，我對這個現象的理解仍然非常學術化，與我個人的職業生涯非常脫節。我知道它在理論上如何發展，卻未能將理論應用到自己的工作生涯或我所認識的女性的人生上。

我不希望這種情況發生在你身上，所以，為了填補「玻璃懸崖」的學術理論與此現象對現實生活造成的實際影響之間的隔閡，本書每章都以一個大眾熟知且備受矚目的「玻璃懸崖」實例開頭。我根據新聞來源，盡量準確地重述這些女性的故事，但當然，我並非其

* 「FAANG」即臉書（Facebook）、亞馬遜（Amazon）、蘋果（Apple）、網飛（Netflix）和谷歌（Google）。這五大美國科技巨擘以其股票高績效、增長迅速而聞名，我感覺自己在其中的「玻璃懸崖」經歷並非個例。

中的當事人。我沒有親身經歷、或從內部觀察這些事情的發展。我也沒有親自訪問這些女性，因此，她們完全有可能意識不到「玻璃懸崖」或者不接受自己受此現象所害——但我相信所有這些案例都能向我們展示女性進入領導階層後，事業發展受到的阻礙。另外要注意的是，我的重述省略了這些女性職涯長達數月至數年的細節，但我希望有把要素捕捉下來。我也希望從「玻璃懸崖」的脈絡出發，鋪陳出這些也許你已經頗為熟悉的故事，能激發出此前你對此現象所缺乏的意識。

我對「玻璃懸崖」的理解能從學術轉向實踐，有賴於與其他女性聚在一個房間裡，分享各自的經歷。在她們的陪伴下，我總算從理論轉向個人，並著手於重新定義自我職涯中某些一直未能找到合適詞彙來形容的經歷。

我邀請你加入我們的行列。

讓本書成為一個安全空間，可以在其中梳理思緒、反思，並盡可能重新定義自己的經歷。

讓書中分享的女性故事化為一整個房間裡給予你支持的女人——讓她們的經歷與你的經歷產生共鳴。

你可以去發掘自身經歷與她們的經歷的相似之處。且讓兩者彼此滲透。

然後——告訴全世界！

幫助其他女性意識到她們所身處的不穩定位置。利用本書提供的提示，在接受「機會」前先進行質問，並為成功設定自己的條件與界限。一起制定對策，以克服至今尚未顯現的障礙。

挑戰這個世界，並取得勝利。

因為這是你應得的，比任何事物都更應得。

正如詩人艾瑪・拉撒路（Emma Lazarus）告訴我們的：「在我們都自由之前，我們誰也不自由。」所以，讓我們自由吧——讓我們解放彼此。

作者說明

我們還要多久才能到達邊界？

——出自我住在史丹佛山時，在牆上找到的西英對照常用語手冊

我想在一開始先清楚說明我使用的語言文字，並說清楚我們談論的是何人、何事和何地，以及我們不是何人、不涉何事、不在何地。

如你所知，我們將深入探討「玻璃懸崖」這一現象。很多女性在突破「玻璃天花板」後，就會發現自己身處在這樣的境地。但有些事情需要從一開始就清楚、坦率地說明，以確保方向正確。現在，就讓我來向你一一概述。

準備好了嗎？

好，開始吧！

「玻璃懸崖」是你發明的嗎?

當然不是!

「玻璃懸崖」最早是由英國艾希特大學的學者蜜雪兒·萊恩(Michelle Ryan)和亞歷山大·哈斯蘭(Alexander Haslam)研究及命名(如今我已成為他們的鐵粉,他們對我而言如同搖滾明星)。此項研究最初僅針對企業結構,樣本取自富時一百指數。然而,由美國研究人員艾莉森·庫克(Alison Cook)和克莉斯蒂·格拉斯(Christy Glass;此姓氏彷彿注定了她就是要從事這項研究)領導的後續研究證實,這一現象也存在於其他領域,尤其是政治領域。

「玻璃懸崖」只發生在女性身上嗎?

不是的。雖然這本書聚焦於女性經驗,但「玻璃懸崖」現象並不局限於女性。事實上,有研究顯示,因種族而被邊緣化的男性出任組織中的最高領導職位時,也會面臨相同情況。[1]這意味著所有不具有白人和男性雙重身分者的職涯都有可能受到「玻璃懸崖」影響,這就包括所有女性和被種族邊緣化的男性。

或者換句話說，不會受到「玻璃懸崖」影響的人只有白人男性。

同樣需要注意的是，該研究並無顯示每當女性成為領袖，就必定會面臨「玻璃懸崖」，或白人男性不會因外部因素而處於困難和不穩定的領導職位。然而，當「玻璃懸崖」現象發生時，受影響的往往是女性和被種族邊緣化的男性。

未被邊緣化的男性是否也有自己的「玻璃懸崖」？

縱觀白人男性的職場經歷，在群體層面上，並無發現「玻璃懸崖」現象。事實上，針對這群人的研究反而讓我們發現與「玻璃懸崖」相反的比喻：「玻璃電扶梯」（Glass Escalator）。[2]「玻璃電扶梯」無形中加快了男性晉升至高階職位的速度，尤其在女性主導的行業中。

交織性是否在「玻璃懸崖」中運作？

絕對是的。正如我們剛剛所討論，「玻璃懸崖」影響所有女性和所有被種族邊緣化的男性。然而，我們都知道，沒有人是單一面向（one-dimensional）的存在。我們每個人都不僅僅是其性別或種族，因為每個人身上都融合了各種元素與認同，同時構成了真正的我們，始終如一。

常見的情況是具有越多交織性（intersectionality）的邊緣身分，越有可能受到「玻璃懸崖」現象影響。

這也表示，對於那些身分中包含不只一種被邊緣化特質的人，或是任何不符合社會對「理想領導者」形象的人來說，「玻璃懸崖」現象的影響會特別嚴重。西方社會傳統上常認為並預期領袖是由白人男性擔任。被種族邊緣化的女性在種族和性別兩方面都不符合期望，因此比起只有一個條件偏離「常規」的人更容易受到此一現象影響，且衝擊更為強烈。

你如何定義女性？

任何自認是女性的人，我都將之定義為女性。

我將聚焦在女性的「玻璃懸崖」經驗上，以及這一現象如何影響她們的職涯發展和事業上的成功機會。但話說回來，我想強調一點，性別（gender）是一種社會建構——它是個相對來說比較新的概念，且並非複製到世界各地皆準。

既然性別是社會建構，女性特質（womanness）亦然，我想澄清我即將討論的經驗與生物學上的性（sex）概念毫無關聯，也並非其結果。相反，我們需要理解，「玻璃懸崖」現象及其經驗，源自我們對女性的性別及性別表現所施加的各種建構、限制與社會期望。

隨著時間推移，我們逐漸對「女性該是怎樣的」建立了共同的理解和期待，並將一系列的文化規範與這樣的身分連結在一起。我們對女性特質形成某些共識，例如溫柔、養育、照護，以及在許多方面順從，然而這些期待並非來自染色體，而是社會化的結果。

要正確理解和應對「玻璃懸崖」現象及其經驗，我們必須先認清，女性的身體或生理構造中並無任何東西使她們本質上更容易有此遭遇。

女性特質存在於我們的內心、我們的社會化過程和我們的期望，而不在於任何人的身體內外。

「玻璃懸崖」是全球各地都會發生的現象嗎？

有趣的是，並非如此。

「玻璃懸崖」主要出現在預設由男性主導的國家和文化，尤其在職場上。由於這一現象源自於我們在文化上對性別角色設下的界限，因此可以推論，在那些性別期待與角色表現方式不同的社會中，與性別相關的結果也會有所差異，而「玻璃懸崖」的經驗也會不同，有時甚至完全消失。

例如，土耳其的研究人員發現，在他們的社會中女性在公司業績良好時和業績不佳時，擔任領導角色的可能性相同，而他們定義土耳其為一個陰柔性（femininity）「相對高」、個人主義和陽剛性（masculinity）「相對低」的國家。[3]

在個人主義高漲的國家，我們也能看到更多「玻璃懸崖」的案例。例如在英美等國家，普遍認為一個人事業的成功取決於個人表現，而忽略其他環境因素。成功全因個人努力，失敗也是個人的責任，而個人身處的結構性制度和在其中所面臨的限制則不在考慮範圍。然而，儘管「玻璃懸崖」在這些社會中可能更顯而易見，卻也更容易被視為是一種群體現象而遭到忽略，並被誤解成個人對領導職位的不適任。

你所說的「代表性不足的領導者」是什麼意思？

「代表性不足」（under-represented）在不同情境和對不同群體來說，可以有很多不同意思。而我指的是在英美的高階領導職位中，最缺乏代表性的那些人。

我們根據「挺身而進基金會」（Lean In Foundation）的數據，觀察美國企業會發現：

- 「有色女性」在基層職位中占百分之十九，在最高階管理職位（C-suite）中縮減至僅百分之五。
- 白人女性在基層職位中占百分之二十九，在最高階管理職位中縮減至百分之二十一。
- 「有色男性」在基層職位中占百分之十九，在最高階管理職位中縮減至僅百分之十三。
- 白人男性在基層職位中占百分之三十三，但在最高階管理職位中則膨脹至百分之六十一。[4]

我們可以合理地總結：白人男性占據高階管理職位的百分之六十一，是唯一代表性會隨著職位晉升而增加的組別。換言之，在企業的最高管理層中，任何不具有男性和白人雙重身分的人都是代表性不足的。

我使用「少數族群」（minority）或「有色女性」（women of colour）等術語是為了忠於我所引用的研究資料，但我並不喜歡或認為這些術語有用。因此，當我需要使用它們時，都會加上引號。

你的研究有何限制？

如同所有研究，我們的成果既受惠也受限於現有的研究。就「玻璃懸崖」而言，現有的研究有以下限制：

- 對性別的定義較狹隘，只考慮到「男性和女性」的經驗，未包含非二元性別經驗，或跨性別身分及經驗。*
- 以英美為中心。大部分針對「玻璃懸崖」的研究都是由英國和北美的學者進行的，因此，他們的研究發現也大多聚焦在這些國家。
- 對交織性的關注不足。這些研究按性別劃分出不同組別，但沒有真正提及其他交織性的身分元素，例如種族、神經多樣性（neurodivergence）、身體障礙、階級背景等。儘管我已納入了所有可獲得的交織數據，但仍比我所希望能獲得的少。

* 挺身而進基金會的《職場女性報告》（Women in the Workplace）所含的所有統計數據，都包括順性別和跨性別女性。這一點值得讚許，即使該基金會承認，跨性別者的樣本數要少得多。

許多人連起步都有困難，我們為什麼要關注那些看來已經走上成功之路的領袖？5

許多代表性不足的人在職涯初期就面臨障礙。明知道這一點，卻去討論那些已經或即將擔任領導職位的人所面臨的問題，或許會讓人感到奇怪，畢竟，他們似乎已屹立於事業高峰。如今，生活成本攀升迫使許多人開闢額外的收入來源，例如開 Uber 或在 Vinted* 上販賣二手衣物，以滿足最基本的生活所需；與此同時，爭取合理工資的罷工屢見不鮮。人們正在為維持生計而苦苦掙扎。

這些我明白。當許多人仍在起跑線上苦苦掙扎時，能夠擔心自己（可能）高薪的高階領導職位是否可以取得成功，看起來既很奢侈，也像是一種特權。

但我認為，無論何時，成為先驅都是艱難且令人卻步的，需要勇氣和毅力。我們有責任對正在這樣做並承擔風險的人創造成功的條件，或至少誠實告知他們可能面臨的挑戰和潛在的絆腳石。

我們知道，在許多情況下，你得先看到有人成功，才會相信自己也能成功。因此，我們需要協助那些已邁出第一步的人，讓他們擁有最佳的成功機會，好激勵下一代的女性領袖也能想像自己成功的模樣，並開始朝此目標奮鬥。

作為先驅的女性們率先踏進了這些能見度高且往往不穩定的職位，我希望確保她們不會是最後一批。而要達成這個目標，方法之一是理解、重新詮釋並賦予她們的傳奇和成就適當的脈絡，如此我們便能從她們開創性的努力中受益並成長。

什麼是領導力？

在本書中，領導力是指擔任領導他人的角色，承擔更多責任和更容易被看見。針對「玻璃懸崖」的研究中，相關討論通常局限於最高階的主管和董事級別的職位。然而，隨著現代職場以某些方式從由上而下的階層結構轉向更現代、更扁平化的結構，「玻璃懸崖」這一現象的影響範圍也比以往更為廣泛。

你為何稱「玻璃懸崖」是一個現象，而不是理論？

我稱「玻璃懸崖」為現象，這用法源自最初將之命名的學者。正如他們的解釋，這一現象的存在毋庸置疑——已有大量有力且經嚴謹驗證的證據可供參考——儘管它並非無所

＊ 譯註：歐洲最大二手交易平台。

不在。[6]

「玻璃懸崖」現象既細緻且因情境而異——例如，對某公司而言不理想的業績表現，對另一家公司來說卻可能打破了年度紀錄。如果將「玻璃懸崖」當作一套理論，我們便要去證明或否定它。然而，若將其視為一種現象來研究和理解，則我們要做的便是蒐集支持和反例的證據，進而更有效地掌握此現象可能在什麼情況下發生，以及如何成功避免的條件。

換句話說，我們關注的是找出哪些條件會使「玻璃懸崖」更可能或不太可能發生，而不是證明它是否存在。

「玻璃懸崖」具有政治性嗎？

這其實取決於你怎樣定義「政治性」。在我們所知的世界中，談論女性、她們所面臨的障礙和我們可以怎樣做來確保公平競爭，這些行為往往被視為具有政治性。這樣看來，「玻璃懸崖」應具有政治性。但如果我們談的是政黨政治，答案便會是否定的。作為一種現象，「玻璃懸崖」完全是非政治性的，它源自社會化過程和性別角色的期待，而非政治立場的偏好。「玻璃懸崖」並不會因某特定政黨掌權而更頻繁地發生，也不會因個人的投票傾向而更容易發生在他們身上。

第一章

突破玻璃天花板

整整一世代的女性正陷於掙扎之中，
一方面在傳統性別角色的灌輸下長大，
另一方面又被賦予了獨立的能力。
她們在職場上表現亮眼的同時，
仍扛下了大部分家務。
她們真的累了。[1]

二〇〇七年十一月，時任摩根士丹利聯席總裁的柔伊・克魯茲（Zoe Cruz）被叫到老闆的辦公室並遭到解僱，[2]結束了她在這家公司長達二十五年的服務。[3]

「我對你失去了信心，」董事長兼執行長麥晉桁（John Mack）對她說。「我希望你辭職。」這是董事會在前一天就批准的決定，而克魯茲當時並不知情。[4]

在此之前，克魯茲一直被譽為金融界最有權勢的女性之一，甚至是最具影響力的人物。由於她的野心、在承擔風險方面的「強勢作風」，以及在傳統上由男性主導的銀行業中看似勢不可擋地層層晉升，她獲得了「克魯茲飛彈」（Cruz Missile）的綽號。二〇〇五年，她在《富比士》雜誌選出的「全球百大最有權勢女性」中名列第十六位。[5]該雜誌的報導寫道，「二〇〇〇年至二〇〇五年，她執掌華爾街最大的交易部門之一，贏得了固定收益天才的堅實聲譽。」[6]不僅如此，就在她突然被解雇的三週前，麥晉桁（當時六十三歲）還暗示克魯茲是他退休後，接掌摩根士丹利的頭號人選。[7]

與麥晉桁共事多年的人稱呼他為「快刀麥克」（Mack the Knife），這個綽號的由來之一，是他會「無情踐踏」客戶和銀行的底線。紐約桑福德・伯恩斯坦（Sanford Bernstein）證券公司的分析師布拉德・辛茲（Brad Hintz）在接受《衛報》採訪時說：「麥克不是個親切溫暖的人，待人也不特別寬容。」——就像柔伊・克魯茲剛剛體會到的一樣。[8]

《紐約》（*New York*）雜誌寫道：「在華爾街近期發生的所有解僱事件中，克魯茲的解僱始終最具爭議性。這不僅是因為身為高階主管的她被迫為上司揹黑鍋，儘管看起來確實是如此。」[9]

那麼，這位眾望所歸、理應要成為華爾街首位女性執行長的女性，究竟遭遇了什麼？[10]二十五年前，當時銀行業仍是個「男孩俱樂部」，而克魯茲以二十六歲之齡加入了摩根士丹利。她的同事幾乎都是男人，而他們的社交方式就是一邊喝酒一邊看脫衣舞，或打高爾夫，並在辦公室隔間的屏風貼上海報女郎的照片。當時，交易大廳裡的女性操盤手並不常見，克魯茲也不像是吃這行飯的。[11]

而就在二〇〇一年，一位女性高階主管對摩根士丹利提起訴訟，指控公司剝奪女性的升遷機會。該案於二〇〇四年以五千四百萬美元達成和解，和解金由公司內的六十七位女性員工攤分。[12]

儘管處在這樣的環境，克魯茲依然表現出色。她在公司內部經歷多次晉升後，於一九九〇年登上總經理之位，並於一九九三年共同創立了該行的外匯部門。最終，她在二〇〇一年出任固定收益、大宗商品及外匯業務的全球主管。[13]

克魯茲接受《財星》雜誌訪問時表示，她喜歡在眾所周知壓力極大的交易大廳工作，部分原因是她認為，在這裡男女表現可以得到客觀衡量。她說：「我喜歡交易，因為成績單是白紙黑字的。」[14]

克魯茲以勤奮和堅毅著稱。她為了兼顧備受矚目的工作和子女尚幼的家庭，經常一天工作十六個小時——凌晨四點起床烤餅乾，放進孩子的便當盒裡。[15]一九八八年，她甚至在第三胎分娩時，接聽交易部門的電話，討論當時極度波動的市場持倉情況。[16]

克魯茲的努力獲得了豐厚報酬：二〇〇三年，她的薪資和獎金合計達到了一千六百萬美元。[17]二〇〇四年，她所領導的部門創造了五十六億美元的營收，占摩根士丹利總收入的百分之十四。[18]到了二〇〇六年，隨著摩根士丹利的利潤增長了百分之五十一，她的年收入也增加至三千萬美元。[19]

即使事業有成，克魯茲在公司內部的人際關係卻非一帆風順。多年來她身居高位，卻仍屢屢面對其能力是否勝任的質疑。[20]而同儕的支持對情況並無幫助，相反地，有報導指出，某男性高層甚至會「故意在其他總經理面前公開挑釁克魯茲，讓她氣得發抖、挫敗落淚。」[21]

在公司內部，克魯茲被形容成一位「冷酷、強硬的領導者，不擅長與同事或下屬化解衝突」。[22]此種風評也流傳至公司外部，《紐約》雜誌一篇詳盡報導她離職的長文中寫道：「打從一開始，她就展現出一股絕不退讓的狠勁，而這幾乎是所有極為成功女性的共同特質。」[23]

該篇報導還提到一則事件，尤其能顯示克魯茲除了難以獲得總經理級別的男性同儕的尊重，至少在某些情況下，基層團隊中的成員有時同樣輕視和不屑她的職位，「不少男性同事根本不把她當回事」：

> 「她發表演說時，其他人就會翻白眼。」一位前高階主管說。一位現任摩根士丹利員工表示，大家都是以「硬著頭皮撐完就好」的態度出席由克魯茲主持的會議的。在二○○四年的年終管理會議上，一位中階主管打斷了克魯茲的演講，問道：「妳是不是嗨了？因為我真的不知道妳在說什麼。」
>
> 「嗨了？」克魯茲問道。「你是指吸毒？」
>
> 「對，沒錯，」他說。「你有抽吧。」
>
> 會議室裡的所有人都笑了——除了克魯茲。[24]

即使面臨這些壓力，克魯茲負責的部門不僅持續獲利，還在二○○六年成長了百分之一百一十。而麥晉桁仍然重申他在二○○一年首次提出的願景——克魯茲有朝一日會領導摩根士丹利。他在二○○七年四月的股東大會上表示，該銀行的收益創下歷史新高，要歸功於克魯茲，她改革了機構證券部門，以極聰明和嚴守紀律的方式管理大量風險。[25]

然而，次貸危機於二○○七年爆發時，摩根士丹利也和所有金融機構一樣，發現自己面臨前所未見的災難，在住房抵押貸款證券價值崩跌中處於不利位置。克魯茲的部門累計損失了三十七億美元，[26]而全公司預計將再損失六十億美元。[27]

克魯茲於二〇〇七年十二月正式「退休」。[28]最終，如同許多擔任高階職位的女性離職時常見的情況，保密協議和層出不窮的臆測籠罩著辭退克魯茲的各種原因。她沒有被任命為麥晉桁的接班人、當上執行長，反而不得不離開賣命二十多年的這家公司。

她的職責由兩名男性合力接手。[29]

——

跟大多數人一樣，我會知道「玻璃懸崖」，是因為另一個與玻璃有關的隱喻——「玻璃天花板」。[30]自我有記憶以來，主流文化對「玻璃天花板」的討論從未間斷。我這輩子多次從評論、雜誌文章中讀到這種無形卻似乎無法突破的障礙，也聽說過相關討論。這種障礙壓在女性頭上，使她們難以充分發揮自己的職業潛力。它作為時代精神的一部分，製造出只能接受其必然存在的錯覺——我們可以承認、討論和分析它，卻從未真正質疑或挑戰它，當然也未曾克服它。

人們往往樂於承認「玻璃天花板」的存在，卻對提出解決方案興趣缺缺。世界似乎在說：「玻璃天花板」確實存在，某天你也會碰上，那時候，你便知道自己觸及了職業成就的極限。當然，在你觸及此極限的同時，你也知道自己還有更多潛力可以發揮，有時候，下個層級感覺近在咫尺，幾乎只要一邁步即可晉升。然而，「幾乎」正是那個關鍵詞。

我之所以從「玻璃天花板」談起，是因為「玻璃懸崖」所討論的，就是當女性打破規則、突破「玻璃天花板」，並擺脫歷來女性在職涯上面對的角色定型時，將會發生何事。

當一個女人決定自己想要，也認為自己配得，並且已經超越了歷史上女性被限制所能扮演的角色，而她也有勇氣、技能和機會邁向領導地位，實現專業潛能時，往往會發現自己與社會對她的期望背道而馳。這股張力始於女性突破「玻璃天花板」的企圖，但最終，卻常常發現自己處於岌岌可危的位置，站在「玻璃懸崖」的邊緣搖搖欲墜。

要了解「玻璃天花板」，進而了解「玻璃懸崖」，我們就得先回顧並探究女性踏入有薪勞動市場的歷程。

我生於一九八七年，在八〇年代末和九〇年代初成長。在我這輩人眼中，「玻璃天花板」彷彿既定事實——它就是存在，儘管顯然不公平，卻無計可施，那又何必嘗試呢？

然而，隨著年齡增長並親身擔任更高階的職位，我發現「玻璃天花板」並非如坊間形容般無法撼動。我逐漸注意到，起初雖然人數不多，但已有女性突破「玻璃天花板」，進而晉升至企業中最高層的領導職位。例如瑪喬麗・斯卡迪諾女爵士（Dame Marjorie Scardino），她是首位擔任富時一百公司執行長的女性；我也看到黛博拉・米登（Deborah Meaden）、凱倫・布雷迪（Karren Brady）和希拉蕊・戴維（Hilary Devey）穿著象徵權力的套裝，以掌握產業話語權的強勢女性形象參加《龍穴之創業投資》（*Dragons' Den*）*，在節目中主持大局。這種轉變也反映在我的個人經驗中，因為我曾在由女性創辦人和領導者擁有並經營的企業工作。

在管理和領導職位方面，女性的代表性仍嚴重不足：歐盟中僅有百分之二點八的執行長和百分之三十三的經理為女性，在美國則分別有百分之四點八和百分之四十二點七。不過，女性的可見代表性正在增長。二〇〇一年至二〇〇五年，女性在富時一百公司董事會中的代表性顯著提升。[31] 二〇〇一年，百分之五十六點六的董事會有女性成員；到了二〇〇五年，已增至百分之七十四點八。[32] 因此，在我看來，即使「玻璃天花板」確實存在（我也相信它確實存在），它可能比我們一直以來被引導相信的還要更有可能打破。

無論上述的這些成就有多亮眼，不知為何，我們共同的文化敘事卻未能即時跟進。女性登上掌權職位的數量是前所未見的（儘管在統計上仍屬少數），但報章雜誌上的評論卻仍聚焦於被「玻璃天花板」所困的經歷，使相關討論停滯不前。在我看來，理應要提出的合乎邏輯的問題是：那接下來呢？當女性成功突破「玻璃天花板」、在由男性主導的世界中擔任領導者之後，又將經歷什麼呢？那是一段精彩的經歷嗎？

這個問題的答案，就是「玻璃懸崖」的故事，也正是本書接下來要探討的主題。

不過，讓我們先回到起點。

我們是從哪裡開始的？

當我們討論女性在職場中的角色時，必須謹記，女性參與勞動絕對不是什麼新鮮事。事實上，女性勞動力一直都存在。在歷史上，女性勞動力多見於家中或社群中無償的養育和照護責任：撫養孩子、照顧老人、準備食物、清潔打掃，及營造安穩的居家環境。這些工作在傳統上被低估和忽視，卻對社會和經濟的形成至關重要。

另一方面，較新的發展則是女性在家庭之外、被認可和視為正式的有薪勞動。在大多數西方國家，這是近代才出現的現象，我們因此獲得了為自己建立並界定參與規則的機

＊ 譯註：《龍穴之創業投資》是以創業投資為主題的真人秀節目，根據日本於二〇〇一年推出的原版本改編，英國的版本是全球四十多個改編版本之一。創業者會在節目中向五位企業家（在節目中稱為「龍」）提案，爭取他們投資。

會。[*]直到最近，我們在這方面的表現仍差強人意。

儘管女性參與正式勞動的歷史較短，我們作為一個社會，卻共同並迅速地建立了一套關於女性在職場中「能夠」和「應該」擔任哪些角色的規範與期望。

我們自幼就被訓練，將不同類型的工作與不同類型或群體的人聯想起來。試回想你小時候看過的圖書或電視節目，醫生、護士、消防員、教師等在其中的形象是怎樣的？若你我所接觸的兒童媒體有所相似，你就會記得，從這個故事到那個故事，成人世界的性別角色似乎都一成不變。這些明確的性別角色反覆出現，向還是孩子的我們傳遞一個清晰的訊息：這就是我們長大成人後的位置了——或更精準而言，哪些位置不屬於我們。這種潛移默化的社會化在萌芽階段未受挑戰，更隨著我們進入教育體系進一步強化。教師基於性別的偏見及對能力的期望，使他們傾向於鼓勵男性學生選修更硬的STEM科目，[†]最終追求收入和聲望都更高的職業。[33]

當初教導我們認識世界的人的想像力，直接限制了我們能追逐多大的夢想。因此，在我們能以自己的方式理解世界之前，就已被設下局限，裝進狹小的框架中。

鑑於這麼多早期的社會化影響，不受尊重且薪資較低的工作多由女性從事，幾乎不可能是巧合。[‡]根據樂施會（Oxfam）的統計顯示，全球醫療與社會照護工作者中約有七成為女性，從事教學、清潔、零售和觀光等行業者也絕大多數是女性——這些職業倚重女性長久以來被期待和過度剝削的「軟技能」（soft skills）。[34]這些職業與傳統上女性在家中承擔的無償勞動驚人地相似：烹飪、清潔、照護。即便這些傳統女性角色被正式化而成為職業，在社會上依然是最不受尊重且薪酬最差的工作之一。§

這一切本不必如此。這一切皆非自然秩序，而是源自我們在歷史進程中所作出的選擇。我們建構世界的方式造成這些不公平的情況，而非某種神聖力量的介入或人類進化的必然結果。傳統上被認定由女性擔任的職位，本質上並不比其他工作缺乏價值、挑戰或重要性。事實上，這些職位正是運作良好的社會中最重要的角色：一套為育兒、照護病患及

---

* 值得注意的是，這些通常是女性在原有的家庭與照護責任之外額外承擔的工作，而非二擇其一。樂施會（Oxfam）的研究顯示，截至二〇一九年，全球女性（包括女孩）每天投入一百二十五億小時的無償照護勞動，相當於每年至少十兆八千億美元的無償貢獻，超過全球科技產業規模的三倍。而當新冠疫情席捲全球時，這一數字只會進一步上升。挺身而進基金會於二〇二〇年發表的《職場女性報告》顯示，北美女性除了職場上的有酬工作，仍需負擔大量家務勞動。在入門級職位上，百分之五十八的女性承擔了「大部分或全部家務與育兒責任」，而男性僅為三成。在高階管理層或更高職位，這一比例變為男性百分之十三、女性百分之五十二，這顯示男性的家務責任會隨著職涯晉升而減少，而女性的家庭責任卻「幾乎不變」。

† 譯註：STEM 即科學（science）、科技（technology）、工程（engineering）與數學（mathematics）四門學科。

‡ 這絕非巧合，而是職業隔離（Occupational Segregation），對性別薪資差距和收入差異有著極其重要的影響。

§ 值得注意的是，雖然女性在這些產業中擔任面向大眾、服務層級的「第一線」占比極高，但在所有權層面的代表性卻極低。換言之，她們承擔了大部分實際勞動，卻享受不到所有權、權力或主控權所帶來的回報。

長者，以及建立社群社會連結而發展出的社會基礎設施。然而，我們集體選擇輕視這些職位，也未給予它們與傳統男性職位同等的報酬。

——

一九六八年，在福特汽車（Ford）位於達格納姆（Dagenham）的工廠任職的一群女縫紉工如常幫孩子準備上學，穿上鞋子和外套，然後前往工廠。[35]因為對明顯偏袒男性員工的薪資結構感到不滿，已罷工三週的她們沒有走進工廠。她們登上了一輛前往白廳（Whitehall）的客運，並舉起寫著「我們要性愛」（We want sex）*的橫幅。這並非她們爭取同工同酬和工作認可的起點，而是終點。對話多年無果，這群負責為福特生產的汽車和貨車縫製座套的縫紉工決定罷工，並迅速成為全國新聞焦點，畢竟「沒有縫紉工就沒有座椅，沒有座椅就沒有汽車」。罷工癱瘓了工廠的運作，估計該公司在出口訂單上的損失相當於今天的一億一千七百萬英鎊。

歷時三週的罷工迫使她們的男性同事也跟著停工，無法賺取薪水。他們有的支持罷工，有的則不以為然。

「有些男同事說：『幹得好，姑娘們』，但也有些人說：『快回去工作吧，你們不就是來賺點零用錢而已？』」參與罷工的艾琳．普倫（Eileen Pullen）回憶道。「很多女人對我們嗤之以鼻。她們自己不工作，丈夫卻在福特工作，而我們搞得他們開不了工。」

「但我們的工資並不是零用錢，」現年八十歲的關．戴維斯（Gwen Davis）在與普倫的對話中說。「那是用來補貼生活成本、支付房貸和所有帳單的。這不是零用錢。沒有女人會為了零用錢而出去工作，對吧？尤其是如果她有家庭的話。」[36]

雖然如此，這些女性也堅稱，促使她們罷工的不僅只是經濟上的不平等。她們同樣希望自己的工作技能可以得到應有的認可。縫紉工作在福特的內部分級系統中被列為乙級，即「非技術性工作」，但她們卻必須通過技能測試才會被錄用。因此，她們認為自己的工作應被劃為丙級，視為技術性工作。

「與我共事的一位女士曾是諾曼．哈特內爾（Norman Hartnell）[†]的縫紉工，」戴維斯回憶道。「她曾為英女王縫製衣服，去福特參加考試卻被拒絕錄用。」這些福特的前縫

* 橫幅未能完全展開，以至上面的口號只被局部呈現，其全文實際為：「我們要性別平等」（We want sex equality）。抗議者艾琳．普倫（Eileen Pullen）在八十三歲時接受《衛報》訪問，與四十五年前一同參與罷工的夥伴回憶道：「當時男司機從計程車的車窗探頭而出，大喊：『我們六點回來！』」

† 譯註：諾曼．哈特內爾是當時享譽國際的英國王室御用服裝設計師。英女王伊莉莎白二世的婚紗、加冕禮服和長袍都是出自其手，他於一九七七年成為首位被封為爵士的服裝設計師。

紉女工們指出，錄取門檻如此之高，說明她們的工作不應被列為「非技術性工作」。

當八位罷工領袖結束討論回到客運上，踏上返家的旅程時，他們已達成結束罷工的協議，並為兩年後訂立的「同酬法」（1970 Equal Pay Act）奠下基礎。然而，達格納姆縫紉女工及其平權抗爭的故事尚未結束。

女工們重新開工了，談好的新條款卻沒有落實。罷工前，她們的薪資僅為男性薪資的百分之八十五；罷工後雖然有所提高，但也只達到百分之九十三。此外，十六年後，達格納姆縫紉女工的工作仍未被認可為「技術性工作」，她們只好再次罷工。

我們不必費力，就能找到類似的現代案例，來證明情況的改善微乎其微。例如，截至我書寫的當下，連鎖超市阿斯達（Asda）與四萬名女性員工的同酬訴訟已持續多時，卻仍然無果。*一封向英國獨立電視台（ITV）洩露、由員工們的代表律師發出的電子郵件揭露，獨立專家發現：女性高度集中的門市工作，「在知識和責任等多項關鍵指標上的平均得分均高於主要由男性擔任的物流工作」。儘管如此，零售工人表示，她們的時薪比男性主導的工作領域的員工少了一點五至三英鎊。[37]

儘管要比較兩種擁有不同技能與市場期望的職位並不容易，但事實上，女性具備的技能往往被歸類為「價值較低」。相同的情況一再出現，頻繁到已成為習以為常的常態，而非例外。利戴律師事務所（Leigh Day）的合夥人伊麗莎白・喬治（Elizabeth George）處理過不少與阿斯達一案類似的勞動權益訴訟，正如她所言：「我們認為可以這樣說：『不，那所謂市場力量（market forces）的論點其實受到了性別歧視的汙染。僅僅因為你向來這麼做，或其他人也這麼做，並不構成實質理由。』」[38]

◎請試著這樣思考——

有時候，否認職業隔離（Occupational Segregation）確實存在的人會提出一種（非常荒謬的）看法：從事低報酬和低價值的工作是女性自己的選擇。也許你聽過有人說兩性薪酬差距是個迷思，因為男性和女性選擇了不同的工作，而女性所選的工作碰巧比男性的選擇更低薪。可憐的小女人啊，似乎就是掌握不了賺錢的遊戲規則。

這顯然是無稽之談。

＊儘管阿斯達否認有任何違法，其發言人表示：「這並非勞動法庭（Employment Tribunal）的裁決，也不是對同工同酬問題的最終判定。在阿斯達，從事相同工作的男性與女性門市員工薪資相同，這一點同樣適用於我們的物流中心。〔……〕我們之所以持續為這些訴訟進行辯護，是因為零售業與物流業是兩個截然不同的領域，對技能的要求和薪資標準各有不同。」

傳統上由女性從事的職業，例如教學或護理，無論在心理或生理層面都極具挑戰性，需要豐富的技能、教育和訓練。

在規劃職涯時，沒有人會選擇在接受多年訓練後，拼盡全力工作，卻只賺取最低的薪酬。[39]然而，在一個低估女性工作之價值的社會裡，那些多由女性從事的職業不受尊重，其薪酬也就難以稱得上吸引或公平。[40]

我們早已接受女性成為職場勞動力，特別是在社會亟需的關鍵時刻。第一次世界大戰時，女性紛紛捲起衣袖，投身於正式工作，人數之多前所未見。然而，傳遞出來的訊息始終明確且一致：

人數不可過多。
薪水不可過高。
職位不可過高。
更絕對不可擔任領袖。

「我們的職場是為了那些伴侶為全職主婦的白人男性所打造的，」律師、政治人物與社會運動者雷舒瑪．索雅妮（Reshma Saujani）指出。*她接著說：「當你在建構任何事物時，你都應該優先考慮到最弱勢的群體……職場應該要為了單親媽媽與有色女性而打造……我們若為她們打造職場，那這個職場也將適合所有人。」

但這並不是我們選擇打造職場的方式。完全不是。

在那些不僅原本就不是為我們所設計，甚至還積極依賴我們無償且未被承認的勞動制度中，我們繼承了種種限制而工作著。這使得一代又一代的女性被迫承擔「雙重工作」：在職場與家庭之間努力平衡，在「玻璃天花板」之下吃苦耐勞，卻從未期望能將個人潛能發揮至巔峰。[41]

但近年來，我們都見證了一種轉變。我們的期望開始改變和擴展，因為越來越多女性開始要求平等，設法打破傳統的性別期待，衝破自己的「玻璃天花板」。

現實中的「玻璃天花板」長什麼樣子？

儘管關於「玻璃天花板」是否存在的文化討論屢見不鮮，但都無法具體說明我們所指

* 索雅妮也是「馬歇爾媽媽計劃」（Marshall Plan for Moms）的創辦人，該計劃通過投資來推動女性的經濟復甦與賦權。

的究竟是什麼，也無法精準地指明女性在職涯中面對的無形障礙究竟由什麼構成。

如同我們所見，越來越多女性克服重重困難，站上領導與決策的位置，率領各類企業。然而，要真正體會她們的成就，我們就必須認清她們在這個過程中所面臨的一些主要障礙。

斷階

在一名女性、或任何人思考如何踏上領導之路前，他們需要邁出第一步，獲得第一個機會。而遺憾的是，對許多女性來說，職涯發展上的各種阻礙往往從這一步就開始浮現。「斷階」（Broken Rung）指的是女性員工在獲得首個管理機會，踏上通往領導職位的起始階梯時，所面臨的困難。從這最初的一步、這階梯的第一階開始，性別失衡便已存在，而這種不平等在階梯職位越高處只會越發明顯。

即使是在職涯路徑的最初階段，也能看出差距。儘管美國的大學畢業生中有百分之五十七是女性，被聘入初階職位的女性卻少於男性。[42]

職涯旅程的下一個階段是首次升遷，而情況並未在此處好轉。事實上，每一百名男性從入門級職位升上首個管理職位的同時，只有八十七名女性能夠獲得同樣的升遷機會。*這使得招聘時已然存在的性別差距進一步惡化。[43]研究顯示，「假如入門級女性員工的升遷率與同級男性相同，那麼晉升至高級副總裁（senior vice president，簡稱SVP）和最高階主管（C-suite）層級的女性人數將會增加一倍以上。」[44]

晉升要是發生在中、高階管理及領導職位，問題就更加明顯。由於男性低階主管遠多於女性，這意味著當公司在進行後續的晉升任命時，有更多男性可供選擇。因此，男性更有可能被選中，繼續攀上職涯階梯，從而擴大並加劇性別差距。這在某種程度上解釋了，美國企業的最高階主管為何只有百分之二十六是女性，男性卻多達百分之七十四。

被忽視的升遷機會

截至二〇二二年底，每四位最高階主管中僅有一位是女性，而「有色女性」更是每二十位中僅有一位。[45]歷史上，企圖否認或淡化職場中結構性不平等的人辯稱，這是因為女性缺乏擔任這些職位所需的教育背景或企圖心。但我們都知道事實並非如此。正如前面提到的，美國的大學畢業生以女性占多數，而百分之七十八的男性和女性領導者都表示希望在職涯上有所晉升。然而，晉升的機會似乎並未平等地授予女性。[46]

* 「有色女性」則只有八十二名。

意識到這一點後，越來越多女性選擇主動承擔自己的職涯發展——辭掉原職並跳槽到別家公司，以建立並走出自己的晉升與成功之路。二〇二二年，挺身而進基金會與麥肯錫管理顧問公司（McKinsey）的研究發現，身居領導職位並於過去兩年曾轉換工作的女性中，有百分之四十八表示她們這麼做是「為了獲得更多的晉升機會」。[47]有趣的是，儘管幾乎所有公司都會追蹤員工的整體性別比例，但「只有六成五的公司會追蹤不同性別在晉升率上的差異」，這使得不平等現象因而持續隱形。[48]

職場的設計也很少真正將女性的晉升擺在首位。整體而言，女性獲得高階主管提供職涯建議的機率比男性低百分之二十四。如果能獲得這些建議，或許會是女性在規劃、探索和協商職涯下一步的關鍵資源。[49]但問題遠不止於此。麻省理工學院（MIT）的研究顯示，[50]即使女性員工的績效評量優於男性同事，也很可能在「潛力」這一指標上被打低分，導致其晉升的可能性平均比男性低了百分之十四。[51]當我們正視和理解這些因素後，才能真正明白，即便女性突破了「斷階」，其領導潛力仍受到超出自身能力或掌控範圍的因素阻礙。

「已經足夠」的迷思

長久以來，許多企業將性別包容視為一種「形式上的交差」，彷彿在空格裡打個勾就實踐了。除非是在最初階和最低薪的職位，這些企業對提升性別代表性只投入最低限度的努力就自認已盡責。驚人的統計數字反映了這樣的態度：「近半數男性認為女性在領導層中有足夠的代表性，但實際上只有十分之一的高階領導者是女性」——對推動性別包容的不情不願可見一斑。[52]

如果大多數高階領導者都是男性，而他們認同這百分之十的代表性已經充分解決性別晉升問題，那麼，他們作為擁有影響與推動招募、晉升、職涯發展與人才保留決策權的人，在招聘上遲遲未納入性別包容觀點，也就見怪不怪。

被視為高風險投資

由於高階領導者大多同時具備白人與男性的身分，[*]大部分女性在職場中很可能會由擁有這兩種優勢地位的人領導或管理。這使得本已存在於階層化工作關係中的權力不平

* 在高階主管／董事級別，白人男性占百分之四十七；即使到了二〇二二年，這一比例在最高階管理層仍上升至百分之六十一。

等在實際或感知上更形失衡，就連在標榜扁平化的組織（flat organization）[*]中也無可避免。[53]即使主管花時間和精力，試圖與團隊建立導師型和協作型的關係，仍有許多障礙必須克服。已有許多研究顯示，女性在職場中經常獲得「過度指導」（over-mentored），但在晉升與職涯進程上卻得不到關鍵性的提攜。[54]

那麼，要建立比指導更深層、更具意義的人際連結，會遇到什麼障礙呢？

首先，這種關係若要成功，需要處於非邊緣地位的領導者理解和同理他們的邊緣化團隊成員在職涯發展中面臨的挑戰。[55]這通常是困難的，因為這些挑戰很可能與過度具有代表性的領導者自身的生活經歷不一致，導致其建議與指導常常缺乏針對性，忽略了交織性差異所帶來的複雜處境。

其次，還存在一種風險感，或者說是因體制偏見所產生的潛在風險認知，這必須被承認並克服。

研究者指出，主管在推薦或提拔團隊中的「少數族群」成員擔任新職位時，往往會更加謹慎，[†]因為他們可能認為，代表性不足的員工在申請新職位時將面臨更嚴格的審視，因此成功獲任的機會也相對較低。[56]

這種「被放大審視」的感覺，不僅存在於主管的經驗或認知中；事實上，「少數族群」員工自己也往往深知，自己對上司或潛在的提攜者來說是更高風險的選擇，因為他們明白人們對其所屬之「少數族群」的假設和偏見。而他們的行為自然也受到這種認知影響，在做決策時變得猶豫不決或過分謹慎，只為了減輕老闆或提攜者因支持他們而起的不適感。[57]由於員工和主管都意識到這種風險感，即便一位主管或導師與來自少數族群的成員關係良好、互動融洽，也可能在實際推動對方晉升或承擔高風險任務時猶豫不決。畢竟，若團隊對其推薦無法完全支持的話，這類「快速晉升」或「關鍵任務」不僅可能導致該員工失敗，更可能讓提攜者的聲譽和判斷力遭到質疑。

同一份研究也顯示，即使某位員工被推薦擔任新職位或獲得發展機會，實際被錄用並獲得任命的機會依然有限，這是因為這類決策往往並非由個人單獨作出，而在團體、委員會、董事會或投資人——這些人每一位都需要被個別地說服與保證，相信該候選人具備勝任職務的能力。那些曾努力爭取替自己的團隊成員或門生爭取機會的主管指出，要為代表性不足的員工創造同等機會，往往比為背景相似、能力相當的主流員工付出更多功夫。他們認

---

* 譯註：扁平化組織又稱為橫向組織（horizontal organization）或縮減層級（delayering），即在基層員工與決策層之間，盡量精簡中層管理，通常適用於較小型的公司。

† 在該研究的語境中，「少數族群」所指的是群體權力的分布，而非單純數量上的代表性——儘管女性在職場各個層級中的人數確實也普遍處於劣勢。

為，這是因為其他人普遍會感受到一種風險：若被視為對一位「少數族群」員工的主管背書、或公開支持他的人選，將使自己暴露於風險中。為了減少這種風險感，這些主管必須投入更多時間、精力與政治斡旋，來說服同僚相信他們提攜的後輩不會成為一個重大風險。[58]

日常歧視

大多數人都對「微歧視」（microaggression）這個概念並不陌生——也就是那些針對邊緣身分群體，無論是否出於惡意，經常發生的輕視、貶低的言語與行為。克里斯蒂娜・弗里德蘭德（Christina Friedlaender）將微歧視定義為「受壓迫群體之成員所經歷的歧視行為，即使不易察覺卻是有害的」。我認為這個定義相當貼切。[59]

整體而言，女性比她們的男性同事更常在職場遭遇微歧視。* 有三分之二的女性表示她們「在目前的工作場所中至少有些時候會遭遇性別歧視行為」，[60] 而百分之七十三的女性則表示她們「在工作上面臨日復一日的不平等待遇、歧視和偏見」。[61]

職場中的性別微歧視有各種形式，以下是最常見的幾種情況：

- **女性的聲音被削弱**。雖然在快速互動的對話中，每個人都有可能有被打斷、插話或忽視的時候，但研究顯示，女性在職場中被打斷的頻率遠高於男性，[62]而且插話者有男有女。[63]兩成女性表示在會議中「經常」被打斷或被搶話，[64]而喬治華盛頓大學的研究發現，男性在與女性交談時，打斷對方的頻率比與其他男性交談時高出百分之三十三。[65]該研究還發現，女性若堅持發言，往往會因說出己見或在對話中展現自信而受罰。[66]例如，女性高階主管若發言比同儕多，男女同事對其「感知能力」（perceived competence）的評分都會降低百分之十四。[67]相反地，發言比同儕多的若是男性，此舉不僅很可能被接受，還會受到讚許；在同一項能力上，他從同事們獲得的評分會提升百分之十，並被視為更有權威，主管也更傾向表示，他們主導對話時，會比不主導更有助益。[68]

- **女性的點子和貢獻被忽視**。女性在工作對話中不只更容易被打斷或搶話，她們的點子、想法或貢獻也更可能被錯誤地歸功於說話更大聲或主導性更強的男性同事。即使在領導層中，仍有百分之三十七的女性表示，她們的點子曾被同事竊取，或想法明明是自己的，功勞卻落在同事身上，只有百分之二十七的男性曾遭遇相同情況。[69]

* 身心障礙女性和ＬＧＢＴＱ＋女性遭受微歧視的可能性更高。研究發現，與整體女性相比，這兩個群體更常聽到同事評論她們的外表，或被告知「看起來很生氣」或「應該多笑一點」。

英國的一項研究發現，百分之六十二的女性受訪者表示，「（與男性相比）自己的想法在工作環境中更難獲得認可或被採納」。[70]這也許不讓人意外，不妨參考德拉瓦大學的研究結果：「（在工作對話中）即使發言內容一模一樣，男性得到的肯定也比女性多。」[71]

- **女性被迫一再證明自己在專業領域的能力**。優秀的領導者皆依循一個基本原則：聘用優秀人才，並盡量不干涉他們的工作。若雇用了某領域的專家，並信任他能把工作做好，就毋須對其施以微觀管理（micromanage），其餘眾人的工作也會因此變得更加順利——除非這位專家是女性。相比起男性專家，女性專家更可能落入必須反覆證明和重新確立其專業能力的困境，無法專注於她們原本被聘來執行的職責。百分之三十九的女性領導者[*]表示，她們的專業判斷曾遭到質疑，相較之下，此情況只發生在百分之二十八[†]的男性領袖身上。[72]其中一種質疑的方式是暗示女性不具備資格擔任該職位，要求她提供證明自身能力的「證據」。[‡]就整體男性而言，此情況發生的比率為百分之十六，在領導階層中更只有百分之六的男性遇過，但在另一方面，這卻是百分之三十一的女性[§]的共同經歷。[73]此情況呼應了以下事實：即使在領導層級，女性被誤認為是資淺員工的機率也比男性高出兩倍。[74]¶

微歧視及其影響在我們的日常生活和職場經驗中，往往被忽視、淡化或直接否定。這些經驗通常不會覺得它嚴重到必須通知人力資源部門或提出正式投訴，卻又會讓人感到不安，心中隱隱浮現一種「哪裡不對勁」、以及「我們好像不太屬於這裡」的疏離感。當我與他人討論微歧視的經歷為何會被輕易否定時，理由似乎都是：嗯，既然這個詞本身就已經有個「微」字了，那這些經歷又有多值得關注或能多傷人呢？畢竟，無心之失包括失言也會被歸類在「微」這一類。

我認為，這種看法嚴重傷害邊緣化和代表性不足者，無視他們面對日常輕蔑和無端質疑而承受巨大的心理負擔，並且不必要地過度關注加害方的意圖，而忽略了其言行對受害方的實際影響。如此失衡既不必要，也無助於解決問題。

---

* 以及百分之五十五的黑人女性領袖。

† 職位較初階者的數據幾乎與此相同。

‡ 又或者就像克魯茲那樣，被職位較低的團隊成員問道「妳是不是嗨了？」，我覺得這簡直令人難以置信。

§ 有此經歷的黑人女性則接近一半，比率高達百分之四十二。

¶ 研究也發現，擁有多重邊緣化身分的女性比其他人面臨更多微歧視。黑人女性在職場上聽到他人對其語言能力或其他才能表示驚訝的可能性，是白人女性的兩倍以上。女同志難以談論工作之外的生活，發生此情況的可能性為整體女性的兩倍。身心障礙女性則不時聽到針對自身或與自己相似群體的貶低性言論，發生此情況的可能性為整體女性的一點五倍以上。

此外，上述看法也忽略了一個事實：單次的微歧視看似微不足道，但當事人通常會頻繁地遭遇這種情況——就算歧視再「微」，也會迅速累積。就像被紙張割傷一千次或被蚊子狂叮，對偶爾經歷的人來說可能只是小小的不便，但對經常經歷的人而言卻可能迅速演變成更大的困擾，不少人因而職業倦怠。[75]

明知自己可能在職場中面臨微歧視，還必須為此做好心理準備、強迫自己堅強面對，以應對這些經驗對自己信心和歸屬感受到的衝擊，同時還要繼續工作，並試圖在排斥自己存在的環境中力爭上游——這對女性及其他邊緣化族群來說是沉重的認知與情感負擔，而他們往往躲起來和在孤立中承受。那些經常遭受這類冒犯的人，很難逃避這種負擔，所耗費的時間、精力和注意力也無法再投入到工作、人際關係及未來發展的經營上。

有時候，微歧視會使我們隱約感覺到自己不屬於某個空間，某些時候，這份感覺會特別明確。即將卸任的《時尚》（*Vogue*）雜誌英國版總編輯愛德華．艾寧佛（Edward Enninful）曾談到，疫情解封後他首次回到康泰納仕（Condé Nast）位於時尚大廈（Vogue House）的辦公室，* 一名白人保安攔住了他，並大聲告訴他：「送貨員要走裝卸區！」[76] 另一個知名的例子是律師亞歷珊卓．威爾森（Alexandra Wilson），她專門處理刑事和家事訴訟。她曾在一天之內，於四個法庭上分別被誤認為被告，甚至被命令在法庭外等候她的案件開審。事後她接受了英國廣播公司（BBC）採訪，形容這次經歷使她「筋疲力盡」、幾乎「當場落淚」，並表示：「這真的很不ＯＫ……我可沒想過要在工作場所中不斷為自己的存在辯解。」[77]

面對微歧視的女性經常處於職業倦怠的狀態，因而無法把精神資源投入於規劃職涯的下一步。她們感受到工作場所缺乏公平性，定期考慮離職的機率更是其他人的三倍。[78]沒有人該為系統性的不平等做好心理準備，也沒有人應該要在明知自己具備才能與實力的情況下，仍要每日面對艱難的職場挑戰。然而，這卻是幾代女性的真實經歷，她們一路奮鬥，最終卻撞上並受制於那道無形的「玻璃天花板」。

那麼，那些成功衝破此障礙的女性，又會面對什麼呢？

懶人包

- 「玻璃懸崖」與「玻璃天花板」息息相關，對許多女性而言，「玻璃懸崖」是繼突破「玻璃天花板」之後所面臨的另一道隱形挑戰。

＊譯註：康泰納仕為《時尚》雜誌所屬的國際出版集團，其倫敦總部曾設於時尚大廈長達六十五年。二〇二三年，康泰納仕出售了時尚大廈，新的倫敦總部設於阿德爾菲大廈（Adelphi Building）。

- 我們自童年起就被社會化，將職業與性別聯想起來。研究顯示，學校教師在數學等STEM科目上更鼓勵男孩，忽視女孩的潛力，即使男孩與女孩對這些科目展現出相同興趣，能力也相當。
- 女性的傳統工作角色與我們的社會化過程有關，也與我們期望由女性履行照護和養育責任有關。
- 所謂的「斷階」現象是指，女性在職場上無法平等地獲得首次晉升的機會。
- 晉升速度緩慢和晉升機會較少的處境，使得百分之四十八的女性領袖曾認為必須跳槽，以掌握自己的職涯發展。
- 在美國，高達百分之七十四的高階管理職位由男性擔任。
- 在職場中，代表性不足的員工常被視為風險較高的人選，因此在爭取提攜與領導職位時面臨更多困難。
- 女性在職場上經常遭遇各種微歧視，例如：發言被打斷、被搶話、想法被盜取或錯誤地歸功於他人，還不得不反覆證明自己的能力與專業。直言不諱的女性時常被批評，然而男性卻會因此獲得稱讚。

第二章

玻璃懸崖

「世界盡頭」是一間夜店。
變裝皇后們扛著大砍刀和鑲滿水鑽的機關槍，
於週五晚上守著那扇無法通過的鮮紅大門。
稍微一看外頭盛裝打扮、搖曳的人群，
就不禁讓人想向任何願意聆聽的人
大聲喊出關於自己的真相，
但卻無人聽見。
——薩伊德・瓊斯（Saeed Jones）[1]

二〇一二年七月，《富比士》雜誌刊登了一篇關於瑪麗莎．梅爾（Marissa Mayer）的文章。文章是這樣開頭的：「瑪麗莎．梅爾是得到了夢寐以求的工作邀約，還是踏上了『玻璃懸崖』的頂端？這個問題，將隨著她接任雅虎（Yahoo）的執行長，在接下來的數月中得到解答。」[2]

五年後，在帶領這家掙扎中的網路巨頭歷經一段動蕩時期後，梅爾辭去了執行長的職務。當時媒體普遍報導形容她是「黯然離去」。看起來，這個問題已經有了答案。[3]

但她的故事是怎樣開始的呢？

梅爾加入谷歌（Google）時，該公司連她在內只有二十名員工。她為谷歌效力了十三年後，跳槽成為雅虎的執行長，並表示這是一個「相對容易」的選擇。她回想剛加入谷歌時，該公司會進行問卷調查，發現「人們無法區分雅虎和整個網際網路的區別。」在她看來，雅虎是「網路上最好的品牌之一」。[4]

針對梅爾的新職位，《紐約時報》如此報導：「谷歌的其中一位最高階主管瑪麗莎．梅爾將出任雅虎的下一任執行長，這使她成為矽谷和美國企業界最備受矚目的女性之一。」[5]

然而，雅虎的名字家喻戶曉是一回事，過去幾年它發展得並不順利又是另一回事。《富比士》在報導梅爾的任命時，也不忘提到：「委婉地說，雅虎是一家問題企業。作為網路公司，它已過氣多年，其股價也證實了這一說法。」[6]

「財經內幕」（Business Insider）新聞網站指出，雅虎為安卓（Android）和 iPhone 推出的應用程式「令人尷尬」，並補充說：「競爭對手只需數月甚至幾週就能更新和改進產品，而雅虎卻要花上『數年』。」[7]

不只《富比士》和「財經內幕」給予雅虎負面評價。《紐約時報》一方面肯定雅虎曾是「一家開創性的網路公司，於一九九〇年代塑造了這個行業」，另一方面也指出在梅爾接手時，該公司正在為不被淘汰而苦苦掙扎。[8]當臉書（Facebook）和谷歌的「網絡巨頭」地位已然確立之際，雅虎卻「苦無明確的策略，即使其使用者規模仍是網路上最大的網站之一。」為了遏止財務虧損，雅虎將面臨裁員數千人的局面。該篇報導指出，「最大的問題在於，梅爾女士——或任何人——是否能協助雅虎重拾昔日的地位。」[9]

事實打從一開始就擺在眼前：梅爾要扭轉這家公司的命運，將是一項艱鉅的任務。

雅虎在困境中掙扎、難以找到穩定方向與市場定位的情況，也反映在其高階領導層的頻繁更迭上。若把臨時執行長也包括在內，梅爾是在不到一年內第五位擔任該職位的人，[10]而她的前任上任不足四個月便遭撤換，[11]原因是外界質疑他的履歷「可能並不完全屬實」[12]（他事後將此稱為「無心之過」）。

梅爾從一開始就明知要面對挑戰，但她依然接下該職。為了迎接她的到來，雅虎鋪上了紫色地毯（並非比喻，是貨真價實的地毯），還在辦公室貼滿印有其肖像及

「HOPE」字樣的海報。[13]

儘管風險顯而易見，仍有人認為，接任執行長對梅爾來說是策略性的一步，並且值得一試。正如《富比士》所言：「梅爾當然有理由冒險。〔……〕。不少觀察者認為，儘管在大眾眼中梅爾表現突出，但在可以預見的未來，她在谷歌的發展已達極限。此外，眾所周知雅虎的狀況已陷入一團亂，要是梅爾未能扭轉劣勢，也不見得會承受多大責難。相反地，她若能力挽狂瀾，將會成為超級明星。」[14]

可惜，事情的走向並非如此。

梅爾出任雅虎執行長期間，確實推動了一些積極變革。「財經內幕」寫道：「不出數月，雅虎以過去十年未曾有過的速度推出新產品。一年內，雅虎的產品設計贏得數個獎項和媒體的讚譽。截至二〇一三年夏季，每一季都有數萬人來雅虎應徵。雅虎終於擁有一支數百人的智慧型手機應用程式開發團隊。」[15]

她重啟了多項產品，終止了一些過時項目，並大舉收購了多達四十一家新創公司。[16]

然而，擔任這家網路巨頭的執行長對梅爾來說並非一帆風順。在此期間，她幾乎持續不斷地面對外界的檢視與批評。與凱倫·布雷迪相同，她因產假長度而受到批評（但兩人被批評的原因都是因為產假太短，而非過長。布雷迪在女兒出生後僅休息三天便復工，[17]而梅爾的產假據報導只放了兩週[18]）。此外，梅爾還被批評「拒絕詳談」職場性別歧視、[19]

「模仿史蒂夫・賈伯斯（Steve Jobs）」，[20]以及管理風格過於說教。據說，員工曾被告知需要做某件事，理由是「梅爾說了算」。[21]批評她的聲浪幾乎從未停歇。

其中有些批評也確實不是毫無根據。

二〇一三年，仍由梅爾領導的雅虎身陷資料外洩風暴，客戶的密碼、私人訊息和個人資料均被竊取。[22]當時估計共有十億個雅虎用戶的帳戶受到影響，但到了二〇一七年，已收購了雅虎的威訊（Verizon）證實，雅虎的全部用戶——即三十億個帳戶無一倖免。[23]

這並非梅爾任內的唯一難題。她大膽地進行了幾個併購案，但未能帶來預期的業務成長。[24]分析師丹・奧爾茲（Dan Olds）指出：「她在任內斥資超過二十三億美元，收購了五十三家公司，但其中絕大多數公司的員工都被整合進雅虎，其產品則被取消。」[25]

梅爾上任前，雅虎就已經存在人事問題，隨著公司合併後員工數量激增，使問題進一步惡化。梅爾上任初期，董事會就明確表示支持大規模裁員，而且認為有其必要，並計劃將員工人數大幅削減百分之三十五至百分之五十。[26]

梅爾並不同意這樣的裁員計畫。

然而，她上任不久後就發現，早在她上任前，與外部品牌建立合夥關係的計劃已然展開，藉此外包部分工作，從而減少內部員工人數。

不僅如此，她還很快發現，僅僅在位四個月的其中一位前執行長曾啟動一項計畫。據

「財經內幕」披露，該計劃內容為「將數據中心從三十一個減少到六個，並將員工人數削減多達三分之一（計一萬五千名員工和三千名承包商）」。這項計劃並未向員工透露。「數百名雅虎員工被告知的是，他們最終將被裁員，但還不會立刻發生。」[27]

裁減數千名員工是梅爾作為領導者被期許的任務，她卻拒絕這麼做。[28]相反地，她告訴董事會：「任何形式的裁員，尤其是削減百分之三十五到百分之五十，將對員工士氣造成嚴重傷害」，以及「雅虎若要扭轉局勢，需要用上所有能招攬到的人才，她可不想冒險讓優秀員工流失。」[29]

公司外部的形象不佳，內部又籠罩著大規模裁員的隱憂，這樣的雅虎在梅爾加入時，員工士氣低落也是可想而知。有報導指出，幾乎每到週四，只要過了下午四點半，辦公室便空無一人準備迎接週末。為了激勵士氣，梅爾每週五下午召開全體員工會議，稱為「ＦＹＩ會議」。會議旨在讓雅虎「徹底透明」，鼓勵員工向公司領導層提出具挑戰性的問題，甚至問及機密話題亦無妨，接著再由梅爾本人或高階領導團隊的成員現場回答。某程度上，此會議也是為了回應雅虎員工長期以來的抱怨而設，他們認為領導層缺乏溝通和透明度，導致員工只能「閱讀媒體報導」來了解高層的管理計畫。[30]

不出所料，許多提問都與工作穩定性有關。梅爾曾在二〇一二年的一次會議上，試圖安撫這些擔憂，她表示：「目前我們的著眼點不在裁員，而是穩定組織。我無法保證未來不會有變化，但就目前而言，我們並未積極地計劃或討論裁員。」[31]

FYI會議似乎為雅虎帶來幫助，在高層管理團隊與此前感到被蒙在鼓裡的員工之間搭起了亟需的溝通橋樑。

違背董事會的期望是個高風險的決定，也使梅爾面臨更嚴格的檢視。董事會原本預期進行大規模裁員，多個團隊將被迫離開公司，不管個別成員的表現如何。梅爾卻選擇專注於提升員工的表現，並引入了季度績效評估（quarterly performance reviews，簡稱QPRs）。*

二〇一三年底，一名員工詢問在即將舉行的FYI會議中是否可以匿名提問，梅爾同意了。然而，根據「財經內幕」的報導，「收集到的問題內容過於尖銳，以至於梅爾決定不等到週五才回應。」[32]匿名提問幾乎都把茅頭指向QPRs，批評該制度挑起了員工之間不必要的競爭，並導致表現優秀的員工抗拒互相合作。

梅爾試圖解釋QPRs背後的邏輯，但與員工的關係仍然很緊張。

二〇一四年，梅爾公布了雅虎十年來「最低的季度收益」。[33]一位分析師提出，雅虎

* 梅爾把從谷歌學到的目標與關鍵結果（objectives and key results，簡稱OKRs）這一員工管理與績效評估系統，重新包裝為雅虎的QPRs。這套績效管理系統至今仍以不同形式為大多數大型科技公司所採用。在此系統中，主管會根據團隊內互相評分的常態分佈，將團隊成員的績效以四分位數分等。

不宜再繼續獨立運營，應由科技界的「四大巨頭」（蘋果、亞馬遜、臉書或谷歌）之一收購。這一建議的基礎也並非因為單次的業績不佳報告。根據分析，儘管當時雅虎市值達三百三十億美元，並持有價值高達三百七十億美元的阿里巴巴股份，但這其實意味著「扣除這些股份後，整個雅虎的核心業務，包括所有的網頁產品和內容網站，實際市值竟為負四十億美元」。[34]以這種「分類加總估值法」（SOTP）計算，這家梅爾曾經認為在大眾眼中無法與網路本身區分的公司，其價值反而「比一無所有還糟」。[35]

分析師建議，最好的解決方案也許是找到一位買家，由他「出售雅虎的亞洲資產，並吸收其業務單位」，這樣做將「替雅虎的股東賺大錢……即使這意味著解散公司，並讓梅爾在任僅兩年後就卸任執行長」。[36]這一方案受到董事會青睞，其中一名董事曾去信梅爾，警告她若保留公司對阿里巴巴的持股，並「一如外界所猜測，進行大規模收購和／或現金充裕剝離（cash-rich split）」，那麼「我們將視此為必須整頓雅虎領導層的明確訊號」。[37]

梅爾再次冒險，違背董事會的期望。儘管在梅爾上任前，雅虎已將持有的半數阿里巴巴股份以每股十三元賣回母公司，梅爾卻並未屈服於董事會的壓力，出售公司剩餘的持股。事實證明梅爾的決定正確，兩年後，阿里巴巴刷新了首次公開募股（IPO）的紀錄，其股價在首日交易結束時飆漲至六十八美元，[38]隨後更攀升至一百八十一美元，為雅虎賺回數倍於其初始投資的收益。[39]

無論梅爾的決策成功與否，她在領導雅虎期間，始終要抗衡媒體的嚴密檢視，以及來自董事會中「行動派投資者」（activist investors）*的壓力。由於「雅虎的核心業務未見起色」，高階管理團隊成員又相繼離職，而持續進行的高額收購案又沒有帶來回報（包括耗資數十億美元收購社群媒體巨頭湯博樂〔Tumblr〕），梅爾經常要應對要求她辭職的呼聲。[40]

另外，梅爾也因公司開支而遭受砲轟，「包括每年花費一億零八百萬美元為員工提供免費餐飲，以及花費七百萬美元舉辦二〇一六年的跨年派對」。這些批評尤其尖銳，因為她雖然不願裁員，「卻還是在二〇一五年和二〇一六年裁減了超過兩千個職位。」[41]

二〇一五年，電信巨頭威訊啟動了收購雅虎的計畫，斥資數十億美元。合併於一年後完成，梅爾亦隨即卸任，並退出了董事會。[42]

一位分析師如此評論梅爾在雅虎的任期：「打從第一天，她與這份工作就不太匹配〔……〕。不是說她不努力，而是她缺乏反轉局勢的執行能力，而雅虎的董事會也顯然沒有提供幫助。」[43]

---

* 譯註：指利用其股權向公司管理層施壓，以改變其決策或取得公司控制權的股東。

接任一個新職位是個令人興奮的時刻。若擔任的是領導職位，那往往是多年努力、專業和經驗的結晶，值得好好慶祝。在大多數情況下，我們會懷著興奮與熱情投入新角色，準備打響名號、在職涯的下一階段建立自我。此時，世界彷彿盡在掌握，或至少理應如此。

或許正因為這樣，許多關於女性職涯發展的文化討論都滿足於停留在「玻璃天花板」——承認這道障礙的存在，我們便能建構那些成功打破此障礙的女性先驅的敘事。若不深入描繪之後的故事細節，便可以幻想那是個無拘無束的環境，一位新上任的女性領導者在其中翱翔，彷彿她的上升軌跡無可限量。

不幸的是，情況往往並非如此。現實中，故事的後續經常是立於不穩定的「玻璃懸崖」之上：女性領袖尚未投入工作，就在非因自身過錯的情況下，被置於岌岌可危的位置走向失敗。

我並不想只當壞消息的傳遞者。一開始，我是如此期待女性職涯發展的下一階段，事實上，我第一次發現「玻璃懸崖」這個現象時，原本是在尋找成功的例子。這些範例就像亮晶晶的小寶石，我可以將它們高舉在陽光下，以證明憑藉足夠的意志力、決心，也許再加上一點運氣，女性也能在職場中晉升至最具權力的職位，並展現能力。這將證明女性的實力超凡，並為後世代表性不足的領導者鋪平道路。

而我的方法和期待之所以有誤，主要有兩個原因。

首先，推動改變的負擔，不該落在那些已經受到最大邊緣化的群體身上。正如我們不會期待黑人和全球多數族裔（Global Majority）*在承受種族歧視的結構性影響、甚至危及生命時，還得自行「解決」種族歧視問題一樣；同樣地，將女性的職涯進展寄託於「更強的意志力或決心」，永遠無法解決結構性的偏見、歧視與性別不平等的問題。這個錯誤的想法正是我們陷入當前困境的根本原因——因為，在像英美這樣的個人主義社會中，成敗全被歸於個人，這個根深蒂固的觀念大大限制了我們識別、應對「玻璃懸崖」經驗的能力，也使我們難以建立共同語言來討論這一現象。†

第二個原因是，即使極為成功的女性故事確實存在，但也少得可憐，比我原先期望或注意到的還要稀罕。相反，反覆出現在我眼前的，是差點成功或短暫成功的故事。而最糟糕的故事莫過於女性領導者一次又一次地發現自己被置於注定失敗的領導崗位，就好比站

* 譯註：「全球多數族裔」包括白人以外的所有人口，約占全球人口的百分之八十五。

† 個人主義文化是指相對於群體，個體的需求與願望更受重視及被賦予更高的價值。生活在這種文化中的人尤其重視獨立性、競爭，以及個人的自由、選擇和成就。因此，個人需求遠比群體需求更大程度地形塑社會行為。我們傾向相信「白手起家」，並將個人成敗完全歸因於自身，而非置於更廣泛的社會背景，理解其中的各種因素。研究顯示，個人主義程度最高的文化依次為美國、澳洲、英國、加拿大與荷蘭；相對而言，最具集體主義特質的文化則包括委內瑞拉、哥倫比亞、巴基斯坦、秘魯與台灣。

在隱形的懸崖上，再怎樣竭盡全力都終將重重摔落。

女性「肆意搗亂」董事會

二〇〇三年，英國《泰晤士報》在其商業版頭版刊登了記者伊莉莎白·賈吉（Elizabeth Judge）的文章，標題為〈董事會中的女性：助力還是阻礙？〉。[44]賈吉在文中提出證據，聲稱英國富時一百公司在任命女性進入董事會之後「股市表現糟糕」，既虧損又貶值。她特別指出，在「女性富時指數」（Female FTSE Index，簡稱ＦＦＩ）[*]中表現最佳的企業，在股市中的表現卻格外糟糕。

該篇報導的語氣古怪，似乎樂於抓住機會來揭穿「女性能夠成為成功領導者或董事會成員」的這個「迷思」。

賈吉一開始就寫道：

> 想太多了吧！什麼打破「玻璃天花板」，然後運用女性獨特的技能去提升英國大型企業的表現。在英國，女性大舉進駐董事會不必然會凱旋而歸——至少股價表現如此反映。
>
> 根據對富時一百公司股票的分析，那些未因追求政治正確而任命女性進入董事會的

公司，表現都優於那些在最高層積極推動性別平等的公司。

賈吉主張，女性進入董事會「擾亂了公司的業績和股價」，更下結論說，女性實際上對企業不利，「沒有女性的董事會也許對英國企業界更好」。[45]這篇文章隨後被刪減，如今則已完全從《泰晤士報》網站上移除。

如此奇怪的論調令人費解。

不過，這也不失為一個有趣的主張，假如屬實，確實值得研究和報導。可惜的是，賈吉對證據的引述在各個重要方面都未達水準。指出這點的是蜜雪兒・萊恩和亞歷山大・哈斯蘭，亦即後來提出「玻璃懸崖」一詞的兩位研究員。他們對該文的準確性存疑，於是開始挖掘數據，以揭示女性走向領導職位的真實故事，以及她們就任後對企業的影響。

賈吉的文章指控女性「肆意搗亂」英國各地的董事會，這說法最大的問題是她省略了故事的開端，這是個極為嚴重的疏漏。缺少開頭就無法交代故事背景脈絡，這樣的報導就像是在說，我們女性踩著細高跟鞋，咚咚咚地走到董事會的桌前，坐下來、環顧四周，然

* 「FFI」是按照董事會中女性成員的數量，對當時一百公司進行排名。

後小聲對自己說：「喔天啊——我根本不知道我在這裡幹嘛。」

但事實絕非如此。只需要花些時間檢視在這些女性進入高階職位之前，這些企業究竟發生了什麼事，就能看出賈吉在撰文時未曾考慮到的故事背景。在這樣的脈絡下，一個更加清晰、更耐人尋味的故事將在我們眼前展開，故事的內容既令人震驚，也對我們理解整體情勢至關重要。

這正是我們要討論的主題。

當我們稍微把視角拉遠，輕輕拉開布幕的一角來窺探幕後真相，就會發現：早在任命女性為領導者和董事會成員之前，這些企業的表現就已經非常糟糕；我們也會看清楚，在女性終於獲得展現其專業領導能力的機會時，又是在怎樣特定的情況。

我們可以看到，女性太常處於孤立無援、缺乏支持、過度關注（hyper-visible）的境地，最終還得為一個已經走向失敗的局面負責。

天花板真的被打破了嗎？

我們必須正視這種過度關注，因為圍繞女性被任命為領導職位的諸多言論，大多源自於她們外表可見的差異。女性領袖感覺受到過度關注的主因之一，是當她們突破「玻璃天花板」、身居高階職位時，她們也很可能會成為該領域「唯一」的女性。*

我敢肯定，許多踏出舒適圈、挑戰性別刻板印象對個人能力限制的人來說，包括我在內，都對這樣的經歷再熟悉不過。那些身處此境的女性會體會到一種感覺，即使知道自己沒變，但其他人可能會把你看成更為龐大、更顯眼的存在。在他們眼中，你代表所有與你相似的人，你的個人成就與失敗也因此成為整個群體的能力指標。

忽然之間，這些女性肩負起（或感覺自己肩負起）所有未來潛在女性領導者的成功與前景。這股沉重的壓力很快就會使新上任且代表性不足的領導者覺得，要處理的危機遠比當初談好的來得多。

我們已經知道，高階領導職位在組成上通常嚴重偏向白人與男性，因此，女性擔任該層級的職位時，很可能會是第一位和唯一一位在該領域中工作的女性。正如前職業美式足球球員、金牌得主及美國國家美式足球聯盟（NFL）首位女性教練珍・維爾特博士（Dr. Jen Welter）在二〇二三年的一場論壇中提到的：「當你是『第一個』，那本質上也意味著你是『唯一的一個』（……）。我作為第一個，希望確保自己不會也是最後一個。」對她來說，這「代表要持續曝光和發聲，並且堅定地用腳把門撐住，確保其他人也能進來。」[46]

* 亦即在某個領域或組織內，第一位或唯一一位具有某種性別、種族、性取向等特徵者。

當我們環顧四周，意識到自己正在開創新局時，往往會覺得必須拿出最好的表現。這不僅是為了自己、個人聲譽或成就感，更是為了確保不會因為我們表現不佳，而讓那扇門在其他人有機會一起突破前被關上。

這可是個沉重的負擔。

但這正是這份負擔，那些充當開拓先鋒的女性領導者們願意為了我們所有人而承擔，儘管有些人可能不願承認這一點。

◎請試著這樣思考——

我們許多人都是看著《穿著Prada的惡魔》（*The Devil Wears Prada*）或《辣妹過招》（*Mean Girls*）等電影長大的。耳濡目染之下，我們把女性之間的競爭，尤其是在職場上的競爭，視為不可避免，甚至值得追求。因為這種競爭會推動女性成為最優秀的人才，無論付出什麼代價。所以，除非你有很強的個人主義傾向，否則這整件事可能看起來有點……呃，無感吧？

當然，成為「唯一」對某些人來說可能很困難，但也許你會覺得，假如能站上那個位置，你一定能表現出色。誰知道呢？也許你是對的。不過，我想花點時間仔細探討這些「唯一」的人及其真實經歷。

- 百分之二十的女性表示，她們經常是其工作場所中唯一或少數的女性，換言之，她們就是那些「唯一」。這個比例在高階女性中倍增，約有四成高階女性是「唯一」。
- 相比起其他女性，身為「唯一」更有可能在她們所在的工作場所中引人注目，並被他人視為所有女性的代表。她們表示自己感受到「被嚴格審視、被要求達到更高的標準、時刻保持警惕且被排擠」，這些經歷皆有損她們的心理健康。
- 在工作場所中作為「唯一」的女性，遭遇到職場「微歧視」的比例較高：超過八成的「唯一」者在工作中面臨「微歧視」，而整體女性的比例為百分之六十四。
- 身為「唯一」的女性被要求「證明自己能力」的可能性，是其他女性的兩倍；被誤認為職位較低者的機率則高出百分之百；在職場中遭受言語貶低的機率則約為兩倍。
- 身為「唯一」的女性在職涯中遭受性騷擾的可能性是其他女性的兩倍。
- 身為「唯一」的女性考慮離職的可能性也比其他女性高出百分之

一百五十。

這些情況在黑人及全球多數族裔女性、身障女性，以及女同志和雙性戀女性中更為普遍。[47]

女性被迫管理殘局

當企業準備任命新領導人時，那些選擇任命女性的企業，往往處於與任命男性領導人截然不同的情境中。這一差異顯示，儘管天賦、資質和能力無關性別，機會的獲取卻與性別息息相關。*

蜜雪兒・萊恩和亞歷山大・哈斯蘭調查並分析了企業在任命女性領導者前的表現，他們的發現令人震驚。[48]他們發現，在景氣低迷的時期，那些任命女性高階領導者的企業在任命實際發生前的幾個月，就已「持續表現不佳」。這表示「女性比男性更有可能被委以與公司表現不佳相關的職位。」[49]

換句話說他們發現，女性更有可能在已知企業正處於困境時獲得領導職位。這使得女性在風險更高的時期晉升，成功的機會變得更低、達成目標更加困難，甚至在尚未開始工作之前就已被貼上注定「失敗」的標籤。

這一發現推翻了賈吉的說法。賈吉聲稱她提到的那些業績欠佳的公司，是因為在董事會成員任命上過於追求「政治正確」，並以此作為女性本身缺乏領導能力的證據，但實際原因（或至少部分原因）很可能是這些公司先前的表現就不理想。

這項發現意味著，並不是女性擔任領導職務後導致了企業的財務下滑，相反地，企業本身的財務下滑才更有可能促成女性領導者的任命。†

於是，「玻璃懸崖」這個現象便被定義出來。

＊ 關於「玻璃懸崖」現象不可不提的兩個要點：

一、必須認清，自「玻璃懸崖」被發現以來，這一現象也在持續擴大。此外，這種經驗不只與性別有關，在領導層中代表性不足的種族邊緣化男性身上，也能清楚看到相同結果。

二、這一現象也已被證明不限於企業環境。被種族邊緣化的教練比白人教練更有可能被「晉升」去帶領敗績連連的運動團隊，同樣的情況也出現在政治領域。只是本書聚焦於企業職場環境中，「玻璃懸崖」現象所帶來的性別化經歷。

† 萊恩和哈斯蘭在一項後續研究中，回顧了十年來對「玻璃懸崖」現象的研究。他們指出：「這種（女性在危機或困難時刻被任命的）趨勢，也許正是在二〇〇七年至二〇〇八年全球金融危機後，更多女性得以取得高階職位的原因之一。」這一個觀察值得深思。

「玻璃懸崖」究竟是什麼？

「玻璃懸崖」現象揭示，女性更有可能在企業或組織長期表現不佳的情況下，才獲得擔任領導角色的機會。

到目前為止，我們以企業估值或股價的下跌來衡量一家公司表現不佳，但值得注意的是，「表現不佳」的時期可能涉及各種因素，例如備受矚目的醜聞或商譽風險，可能會對新任領導者造成連帶的負面影響。[50]無論是哪種因素使企業陷入困境，我們都可以觀察到，長期未能脫困的企業會突然變得更有意願任命女性擔任最高領導職位。這表示，「（只有）在企業面臨高失敗的風險時，女性才會比與她具備同等資格的男性優先被選中為領導者。」[51]

雖然萊恩和哈斯蘭最初的研究出自艾希特大學，但我想明確指出，這個問題並不僅限於英國女性的經驗。猶他大學的研究人員隨後針對《財星》雜誌評選的美國五百大公司（後文簡稱「《財星》五百強」），進行了類似的研究。該研究追蹤過去十五年內，這五百家公司更替執行長的情況，所涉及的數據非常龐大，並得出了一模一樣的研究結果：與任命白人男性執行長的公司相比，由代表性不足者出任領導者的公司更有可能處於某種形式的長期危機中。[52]

因此，我們可以合理地說，當女性在面臨組織失靈（organizational failure）的公司中擔任領導職務時，她們成功實踐變革的機會受到限制，而即使她們自身沒有過錯，被視為表現失敗，甚至是從「懸崖」上墜落的風險——不論是自願還是被迫——也會大幅增加。

此外，女性領導者履新後，通常要在更短的時間內證明成敗，[53]她們也較少獲得使企業轉虧為營所需的工具或支持。[54]這兩點事實使我們能開始理解女性所面臨的困難，以及女性不僅能登上最高領導職位、還能在此職位上茁壯的成功案例為何寥寥無幾。

當然，不是每位女性領導者的任命都與「玻璃懸崖」有關。並非每位女性領導者被任命時，企業都已經陷入某種不是由她們所致的困境，也有一些女性領導者接手的是業績優異的企業，能充分支持她們取得巨大成功。同樣，也有一些男性領導者被分配到風險較高的職務。我的目的不是要否認這些事實。「玻璃懸崖」現象所凸顯的，是不同群體進入這些高風險職位的可能性，而研究顯示，女性領導者遇到這種情況的機率幾乎是男性領導者的兩倍。[55]

◎請試著這樣思考——

在深入討論「玻璃懸崖」現象前，我想先釐清一點——因為有人可能會指出，儘管數量不多，但女性確實在高階領導層中占有一席之地，從而推斷「玻璃懸崖」現象並不存在或不真實。就種説法就像是在説，因為巴拉克・歐巴馬（Barack Obama）當上美國總統，就認定種族歧視並不存在。

簡而言之，事情並不是這樣運作的。

「玻璃懸崖」之所以發生，任命的背景至關重要之餘，還需要同時存在許多不同且看似無關的因素（將於下一章討論）。換言之，沒有任何心理學或生物學因素，或企業生活中不可或缺的部分，會導致「玻璃懸崖」成為女性擔任最高階領導者的必然結果。除非相關條件已經被設定好（這些條件尤其常見於女性和邊緣化群體的任命中），「玻璃懸崖」才會發生。

研究人員將這一現象與全球暖化類比：我們不應該因為一次寒冷的冬天，就否定全球暖化或認為它不真實。同樣地，確實有女性迴避過「玻璃懸崖」，不代表它就不存在——這只表示在這些女性的案例中，某些背景和決定性因素造就了更穩定的任命。

這些研究人員（無論是研究「玻璃懸崖」還是全球暖化）以及本書的目標，不是要證明這種現象是真實的，而是要研究它發生的背景條件和情況，以及哪些措施能減低其發生的可能性和一旦發生所造成的影響。

了解「玻璃懸崖」現象

「玻璃懸崖」現象出現在女性和其他代表性不足的領導者任命上，許多長期研究都確認了這種現象存在於全球多國知名企業中。然而，由於女性在這些專業職位中的代表性仍然嚴重不足，即便像猶他大學的研究追蹤了十五年的數據，其樣本數量還是有可能不夠。因此，我們可以透過假設情境和思想實驗，來認識「玻璃懸崖」以及我們對它的偏見。接下來介紹其中三個實驗。

實驗一

二〇〇七年，萊恩、哈斯蘭與第三位研究人員湯姆・波茲美斯（Tom Postmes）合作進行了一項實驗。[56]他們先向受試者提供某虛構領導職位空缺的細節，而該職位所在的公司可能表現良好或表現不佳。接著，再向受試者提供三位潛在受聘者（招聘的職位包括：在陷入困境的公司擔任財務總監、負責「備受猛烈批評案件」的辯護律師、出選困難選區的候選人）的描述：「資格相同的男性與女性各一位，以及一位顯然不適合該職位的男性。」受試者的看法與現實世界的研究結果一致：女性在「組織表現下滑時獲得任命的機會，高於表現正在改善時。」

實驗二

《哈佛商業評論》也對「玻璃懸崖」現象進行了假設性研究。[57]其中一項實驗把一百一十九名大學生分成兩組，每組各閱讀一篇關於一家有機食品公司的報導，公司的執行長即將退休。兩組學生分別被告知該名執行長是男性和女性，有一半學生讀到的報導中稱公司表現不佳（關閉門市、裁員），另一半則讀到其業績良好且持續增長。讀完報導後，學生們需要選出新任執行長，候選人為一男一女，兩人同樣符合資格。在分配到現任執行長為男性的一組中，百分之六十二讀到公司業務蒸蒸日上的學生選擇了男性繼任者；然而，讀到公司處於困境的學生中，只有百分之三十一選擇男性繼任者，另外的百分之六十九選擇了女性繼任者。至於現任執行長為女性的一組，則不論公司的表現如何，選擇男性繼任者和女性繼任者的比例保持不變；正如《哈佛商業評論》所言：「『玻璃懸崖』消失了。」

實驗三

最後一項實驗同樣來自《哈佛商業評論》。[58] 一百二十二名學生被安排閱讀一篇關於一家超市的文章。文章有兩個版本，皆提及超市即將更換執行長，但分別描述其經營狀況為困難和良好，而潛在的繼任者為一男一女。學生們在閱讀了對兩人的描述後，需要從中選出新任執行長。結果顯示，認為超市處於困境的學生傾向選擇具有傳統女性特質的繼任者，而認為超市運作良好的學生則傾向選擇男性繼任者。這意味著，大多數受試者（百分之六十七）選擇由男性領導成功的公司，而對於面臨危機的公司，大多數受試者（百分之六十三）則認為女性更適合接管。

當然，在理論和實驗之外，現實世界中亦有許多實際的「玻璃懸崖」案例正在上演，如同本書每一章的開頭所見。遺憾的是，柔伊．克魯茲和瑪麗莎．梅爾的經歷絕非個例。

我在本章的開頭曾說，希望自己能傳遞好消息，所以你可能會好奇，我為何要說這些事情。這些事情怎麼看都不算好消息！但我真心相信，啟動這個對話非常重要，因為只有當我們了解自己正面臨著什麼，才能開始進行必要的改變。或至少，我們可以以更客觀、更完善的角度看待自身經歷。

現在，我們對此現象已有所了解，接下來讓我們花點時間來談談其潛在成因。

◎請試著這樣思考——

有些人對女性接下處於困境的領導職位表示同情，但也可能會同時認為，就算情勢對她們不利，領導者的職責就是應該扭轉公司命運。因此，這些人也許會主張，領導者上任前發生的任何事情都與她們上任後背負的期望與成功機會無關。

期待新任領導者在接手表現不佳的公司後，能像接手表現良好的公司一樣成功，是不合理的。要彌補的差距，以及需要重建的士氣，這些任務即使落在最有經驗的領導者手中，也難以輕鬆達成。

話雖如此，有關「玻璃懸崖」的初步研究發現，儘管由女性接管的企業更可能早已處於困境，但「在整體景氣低迷時，任命女性為高層的公司在其上任後，實際上出現了股價顯著上升的情況。」[59]這一發現有進一步的證據支持：「在股市下跌期間，任命女性進入董事會的公司比任命男性者，更有可能持續數月表現不佳。然而，在任命後的三個月內，這種差異便會縮減，任命女性的公司與任命男性的公司在股票的報酬率上無明顯差異。」[60]

有趣的是，研究發現，女性被任命進入董事會後，即使會計等客觀指標顯示公司表現良好，這些公司在主觀指標（例如依賴人際互動與認知的股市表現）上卻仍被判定為表現不佳。[61]更多研究表明，「與董事會有女性成員的公司相比，董事會為全男性的公司估值溢價（valuation premium）高出百分之三十七」，這可能導致投資者降低對前者的估值。[62]（投資者至少有一名女性董事的公司市值為其資產帳面價值的百分之一百二十一，而全男性董事會的公司則為百分之一百六十六。）事實是，這些認知並未準確反映公司實際的業務表現。

所以，情況到底孰好孰壞，端看你參考的是哪份研究，即使我們可能未必這樣認為。而考慮到種種不利因素存在的前提下，如果你問我的看法，我會說能有這樣的成績已經相當不錯。

「玻璃懸崖」為何會發生？

在女性領導之路上發現了這個新的、大家往往心照不宣的障礙後，我們不免會想指責誰。當我們意識到問題的存在，自然會希望找到責任方，藉此集中火力去推動改變。然而，這一現象的特別之處在於，它在很大程度上是潛意識造成的結果——並非出自任何人明確的惡意，而是與我們的文化對性別角色的理解與期待息息相關。正因如此，我們必須謹記，「玻璃懸崖」的成因並非生理性別，而是文化所塑造的性別規範和刻板印象。正如前述《哈佛商業評論》的第二項實驗所示，學生們是根據性別化特質，而非性別身分，來評估潛在繼任者的適任性。現在，讓我們深入探討可能造成「玻璃懸崖」的幾個因素，以及我們為何經常將女性置於注定失敗的位置。

想到管理者，就想到男性；想到危機，就想到女性

「想到管理者，就想到男性」（think manager, think male）是個屹立不搖的現象，並且經過充分研究。[63]簡單來說，它指的是大多數人若被要求想像一位領導者或主管，腦海中迅速浮現的形象通常是男性。這並不令人意外，因為我們一生中接觸的童書、歷史書籍和商業報導中，充斥著男性領導者的名字和面孔，他們占據了領導職位。我們經常討論某些族群代表性不足，卻較少談到其反面；必須謹記，若某族群的代表性不足，就有另一個族群的代表性過高。在商業情境中，男性在領導職位上的代表性高得過分，使得我們普遍將男性視為「最適合」擔任這些職位的典範。這一簡化形象深植於我們的集體意識，以至於我們視主導力、自信、獨立和競爭心等典型的男性特質為「優秀的領導者」所必備。[64]

當然，這是就沒有危機的情況而言。較新的研究似乎顯示，雖然「想到管理者，就想到男性」在多數情況下依然成立，但在危機時刻，它有可能被「想到危機，就想到女性」所取代。[65]那麼，為什麼會出現這種情況呢？

對「軟技能」的期待

當企業正處於困難時刻，業績不佳，且員工的士氣低落之時（眼看著情況變差、工作岌岌可危，很難保持積極），我們對企業需求的認知，以及對新任領導者應具備哪些特質的期待，也會隨之改變。傳統上被視為低價值和較女性化的特質可能突然備受重視，例如：對情緒的敏感度、人際關係技能、提升士氣的能力和協作領導（collaborative leadership）。在其他時候，這些特質可能會被忽視，甚至被視之為缺點（不妨想想那些既過時又厭女的刻板印象：一位過於情緒化、不夠專業以致無法自我調節的女性領導者，彷彿子宮在她體內亂闖）。[66]

研究發現也支持這一點：當女性突破「玻璃天花板」，晉升至企業最高階的領導職位時，她們經常被任命負責需要更多與他人密切合作的領域，例如人事與人力資源管理，而非生產部門。這些職位更依賴人際互動，並伴隨額外的情感勞動和可能出現的人際衝突，因此具備情緒智慧和協作能力至關重要。

以新冠疫情為例，在這段期間，實力再雄厚的企業都因未來的不確定性而陷於苦戰。而在這場苦戰中，女性高階管理者持續被工作夥伴評為更優秀的領導者。她們的協作、溝通和關係建立等人際技能，讓團隊成員感受到被理解與被傾聽，進而對她們的領導計劃產生信任和信心。[67]

女性是最佳的代罪羔羊

儘管研究顯示女性在危機時期能成為更優秀的領導者，[68]但當我們深入探討「想到危機，就想到女性」這一觀點時，會發現其中存在一個警示。萊恩和哈斯蘭的後續研究發現，女性之所以在企業遭逢困難時被任命為領導者，是與刻板印象中的女性特質有關，而這些特質在「領導者僅需退居幕後、忍受危機，或為公司業績不佳充當代罪羔羊」時尤其備受青睞。研究人員指出，「這些結果與以下觀點一致：女性被選任『玻璃懸崖』職位時，可能是被安排好注定要失敗的。」[69]

我想花點時間仔細談談這項研究。

萊恩和哈斯蘭身為「玻璃懸崖」的研究者，希望再深入了解與「想到危機，就想到女性」這一想法相關的現象。他們進行了一項實驗，除了向參與者提供一家身陷危機的公司的詳情，也告訴他們在這波危機中，該公司的領導者可能被要求承擔的角色類型。這些選項有：

一、退居幕後，承受危機；
二、為不可避免的失敗負責（即充當代罪羔羊）；
三、在危機中管理人員及人事問題；
四、擔任發言人，進行損害控制（damage control）；
五、掌控大局，改善公司表現。[70]

隨後，參與者需要針對上述每種情境，評價刻板印象中的男性與女性特質，並判斷這些特質受青睞的程度。研究結果顯示，當領導者被期望擔任發言人（選項四）或掌控局面以改善公司表現（選項五）時，在其任命上並未出現對女性或傳統女性特質的偏好。

然而，當領導者被期望默默承受危機（選項一）、充當代罪羔羊並承擔個人責任（選項二），特別是被期望在人事管理上表現出色、妥善處理人員問題（選項三）時，「想到危機，就想到女性」的偏好再次浮現，女性獲任命為領導人的機會更大——如果這能算是

「機會」的話。

萊恩和哈斯蘭總結說：「女性獲任『玻璃懸崖』職位並不只是因為被寄予扭轉頹勢的厚望，而是因為她們被視為理想的代罪羔羊；或者換成較溫和的說法，則是因為她們被認為具備在危機時期處理人事問題的適當技能。」

這種將女性安排在容易被不公平歸咎於失敗的位置的傾向，也與梅爾的案例類似，並呼應了休士頓大學心理學教授克莉絲汀・J・安德森（Kristin J. Anderson）的觀點。她指出：「將女性置於失敗風險更高的職位上，潛在的原因之一在於，女性被視為較可以犧牲的對象，更適合作為代罪羔羊。」[71]

因此，在業績不佳的時期，例如「玻璃懸崖」現象發生之時，女性便成為接任領導職位的首選，而這很可能與期待她們扭轉企業的命運無關。而真正的原因是她們被視為善於管理人員的主管，並且能夠為超出她們控制範圍的組織失敗負責，[72]甚至包括在她們上任之前就已經發生的問題。[73]

為陷入困境的企業指引新方向

當一間企業苦戰已久，且看不到明顯改善時，該企業的負責人可能會設法表明他們正在進行重大變革，並朝著大膽的新方向邁進。[74]

而這種改變可以透過直接任命一位未曾領導過該企業的「代表性不足的領導者」來快速而有效地達成。某程度上，這解釋了為何在種族上被邊緣化的男性也會經歷「玻璃懸崖」，以及為何當企業過去已由非典型領導者掌舵時，這樣做的效果有限（見實驗二，頁84）。針對這一研究，普渡大學的研究員夏克拉・摩根羅特（Thekla Morgenroth）於二〇二〇年接受英國廣播公司訪問時這樣解釋：「刻板印象的實際內容或你認為這些族群所具備的特質其實並不重要，重要的是『哦，他們不一樣。』至於他們如何不同並不重要，只要他們在外表上明顯不同就行了。」[75]

女性是理想的過渡人選

另一種思路則認為，當企業陷入困境時，即使高層並不真正信任、也不打算支持某位領導人，仍會選擇任命她來接手，因為這總比什麼都不做來得好。因此，在企業困難時期進入領導層的女性，即使擁有必要的技能，也未必有人期望她能帶來真正的改革，她的任命反而只像是暫時性的過渡安排。日內瓦大學的研究員克拉拉・庫里奇（Clara Kulich）在接受英國廣播公司訪問時表示：「你只是把她放在那裡，直到找到更好的解決方案，但你才不是真正相信她的實力。」[76]這也讓我們回到先前的討論：女性領導者經常得不到實現真正變革所需的工具或時間。企業不過只把女性視為等待「理想男性繼任者」來接任的過渡人選，不太可能在她們身上投放資源。[77]

創造雙贏局面

換個較憤世嫉俗的說法：假如一家企業長期表現不佳，那麼最「審慎」且能被外界認為有所作為的做法，可能就是任命一位代表性不足的領導者：一位有別於所有前任領導者的人選。或許精明的企業也早已意識到了這點。至少在某些層面上，「玻璃懸崖」正是這些企業策略性地「兩面下注」的結果。

讓我們試想：假如一家企業陷入困境，那代表過去的管理方式或領導者顯然出了問題。因此，引進一位截然不同的領導者及其新的視角，很可能會是以下兩種結果之一。第一種結果是，新領導者的想法和做法成功改變企業現狀；當然，前提是企業給予新領導者足夠的時間和支持去落實改革（遺憾的是，現實往往並非如此）。[78]這是最理想的情況。另一種結果則是，新領導者未能成功。這時，新領導者將為所有問題承受責難，然後引咎辭職——從「玻璃懸崖」墜落。隨後，企業便可恢復代表性過高者的領導，[79]卻仍持續頂著

「曾經給予一位女性機會」的光環，彷彿這是一家多麼包容、多麼進步*的企業。[80]

但是，這為什麼重要？

自從我認識到「玻璃懸崖」後，便決心要盡己所能，向更多人介紹這個現象。除了透過TED演講，我也會到企業、非營利組織，甚至政府機關及部門進行宣導，提升聽眾的意識並一起討論解決方案。大多數時候，人們聽到這個現象的反應都是既好奇又驚訝，但偶爾也會遇到不以為然的反應。

這倒不是說他們否定這一現象的存在，或是否真的對代表性不足的領導者造成影響。他們質疑的不是數據的真實性，而是這個現象是否重要。他們的態度與其說是斬釘截鐵的「怎麼可能」，更像是漠不關心的「嗯……那又怎樣？」

當我更深入探究這些人的回應時，他們的問題通常可以這樣總結：「我相信這情況很糟糕，但是……說真的，這有什麼重要的嗎？我們本來就應該多元化，我們本來就應該給更多人機會。這不是大家想要的嗎？我們已經做到了。所以，只要這些如願發生，其他

*（對此，我只能給一個史上最浮誇的白眼。）

的又有什麼關係？優秀的領導者無論如何都會表現出色，如果有些人本來就不適合當領導者，那也不關我的事。」

但問題就在這裡——他們錯了。因為「玻璃懸崖」不只會影響那些在工作中首當其衝的人，它其實影響的是我們所有人。

用過去的經驗來預測未來，這本來就是人之常情，每個人都會這樣做，儘管這樣做並不完美，卻經常是我們做出決策和預測事態發展時的首要依據。在像我們這樣的文化中，女性領導者本來就是少數，而這其中又有絕大部分不得不在晉升的過程中，力抗她們尚未就任前就已預設失敗的條件。這種情況將會形成一種「女性領導」等於「失敗」的聯想，只會讓女性的晉升之路越發難行。

因此，如果我們想要真正實現公平競爭，並建立一個如我們所期望般任人唯才的工作環境，這件事對我們每個人來說都極其重要。接下來，是我認為這件事為什麼很重要的一些原因。

削弱個別女性的領導潛力

當然，最直接受到「玻璃懸崖」影響的，無疑是那些親身經歷的人——那些努力打破了「玻璃天花板」，並具備能力與機會接任理應是其夢想職位的人。只是，最後這份理想工作卻演變成了惡夢。

研究顯示，儘管女性比男性更容易在高風險的環境中擔任領導職位，她們卻較少獲得支持或實權，因而難以在此職位上成功。[81]女性在這些既受矚目又高風險的領導職位上，任期平均較短，且有百分之三十八的女性執行長遭到開除，而男性執行長則為百分之二十七。[82]時間和支持決定了在任者能否成功，然而，由於女性被汰換的比例高於男性，她們通常不像男性同儕般，有足夠的時間將艱難的開局轉化為光明的未來。

就算身處「玻璃懸崖」情境中的女性領導者被指派去解決的，是繼承自前任領導者的問題，研究顯示，若她們無法成功且迅速地解決這些問題，讓掙扎中的企業重回正軌，人們不會記得該企業在她上任前的狀況，反而會將爛攤子完全歸咎於她。她將淪為「失敗的代名詞」，此後的職涯發展也將受到影響。[83]

有研究也顯示，當職位難以為繼，女性領導者只能選擇（或被迫）離職時，外界對公司表現不佳的解釋多會聚焦在「領導者的個人特質與能力，而非周遭的情境與背景因素」。由於女性在不穩定的職位上時，代表性高得不成比例，她們為負面結果所承擔的不公平批評與責難也是不成比例的，遠高於她們的男性同儕，即便問題根本不是由她們造成的。[84]

這一點可以從觀察未來的領導機會將由誰獲得，以及這樣的機會出現的頻率中，看出明顯的證據。

假如某人在某公司遭遇了一次眾所矚目的挫敗，那麼先給予他一點時間和空間，他日再由另一家公司委以類似職務，應是個審慎之舉。但我們觀察到，實際上連這種「重新任用」的機率在「領導無方」的男性與女性領導者身上也各有不同。同樣研究「玻璃懸崖」的艾莉森．庫克在一場訪談中指出：「這些女性得到了這些機會，她們才華橫溢、無比出色，但一旦出了什麼差錯，我並沒有看到她們被另一家公司重新延攬。」[85]

◎請試著這樣思考——

有些人在聽到女性領導者被迫離職的機會更高時，會試圖將這種現象合理化，認為這並不是什麼壞事。他們的邏輯是：「既然某公司任用過女性，那麼將來也會再這麼做。畢竟，此舉已表明該公司的開明態度，不是嗎？」然而，這種情況非常罕見。以《財星》五百強為例，在六百零八次的執行長更替中，只有四次是由另一位女性接任離職的女性執行長。[86]

只有四次。

與其說企業會為另一位女性開啟大門，「玻璃懸崖」的結局通常是安全地回歸到由典型白人男性領導的「常態」。這種現象被稱為「救世主效應」（Saviour Effect）。[87]

「救世主效應」指的是當一位代表性不足的執行長或領導者離任時，接替他們的通常會是一位白人男性。[88]而這樣的安排會向包括投資者、同仁、股東和媒體等各方釋出一個訊號：企業已經重新回到正軌，而且更重要的是，現在掌舵的人具有一雙「穩妥可靠的安全之手」。

削弱所有女性的領導潛力

本章前面我們才剛討論到，在某些環境中，特別是職場環境，身為「唯一」的代表時，往往顯得格外顯眼，並且會因為被期待代表整個群體而承受壓力。這既不公平，也不切實際，更是沉重的情緒負擔。然而，這種情況仍舊普遍存在。這也表示「玻璃懸崖」損害的不只是那些面臨職業高度不穩定的女性，也會對所有可能被輕率歸為同一類的其他女性造成影響。

當我們對女性領導的案例總是過於集中在那些被視為「失敗」的經驗，而不去理解這些女性是在更加嚴峻的條件下被任命的，那麼女性「天生」不適合領導的錯誤印象就會被越描越黑。

研究顯示，當兩件相對罕見的事情同時發生時，例如，一位女性被任命為某企業的領導人，以及該企業長期表現不佳，人們往往不會將這兩者視為彼此無關的獨立事件，而是會傾向認為它們之間存在「有意義的關聯」。[89]這表示，我們的大腦不會將這兩件事分別放在這兩個思考框架中：

一、這家公司由女性領導。

二、這家公司的業績表現不佳。

而是會將這兩個不常見的情況一併放入一個簡化的框架來思考：

三、這家由女性領導的公司表現不佳。

這樣一來，這兩個情況就不只是相關而已，而是形成了因果效應。其造成的結果是，女性在接任領導職位時，就更有可能因為那些在她們上任前早已存在的負面結果而承受責難。因此，負責遴選下一代領導人選的人，也就更不可能會選擇女性，尤其是在一家尚未面臨危機的企業中。[90]

眼見為憑，才能追求

「玻璃懸崖」現象的普遍存在除了使企業誤判女性領導和失敗之間為因果關聯，因而傾向不任用女性領導者，也影響下一代有志成為女性領導者的期望和意願。

我們都聽過那句老話：「看得見才能成為」（See it to be it.）。近年來，我聽過許多關於「角色榜樣」的討論，以及年輕女性在看到這些領導者擔任應得的職位後深受啟發。然而，我並不認為目睹一個又一個女性苦苦掙扎，隨後被貼上「失敗者」的標籤，是下一代所尋求的啟發。

遺憾的是，任命一位代表性不足的領導者並不總如我們所想，使企業中具有相同身分的初階員工受到激勵。反之，這可能引發一些意想不到的問題。

白人男性以抽離態度面對代表性不足的領導者

雖然我無法說自己喜歡「玻璃懸崖」現象或它對女性職涯造成的限制與影響，但有一項研究讓我特別無法接受。我並不是說這項研究不好，它是一項優秀且重要的研究，但它揭示了「玻璃懸崖」的持續影響，以至於有時候我寧可自己不要知道得太多。

讓我告訴你，當針對白人男性「高階主管」發現自己由一位既非白人又非男性的執行長領導時，研究有何發現吧。我在為關於「玻璃懸崖」的ＴＥＤ演講蒐集資訊時，首次注意到這一點。自此，它便在我的腦中縈繞不去，也是我在討論「玻璃懸崖」時最常被問及的一點。一如往常，我在蒐集資料時著重在尋找好故事、一個成功的案例。我希望能找到一線曙光，期盼能看到團隊團結起來，支持代表性不足的領導者，幫助他們遠離「玻璃懸崖」的邊緣。

但我發現情況並非如此。接下來才是我發現的情況。

這項由密西根大學進行的研究並不針對代表性不足者擔任執行長的經驗，反而探討當白人男性主管迎來來自少數群體（無論是種族或性別）的新上司時，他們有何感受。[91]

根據挺身而進基金會的數據，只有白人男性這個族群，其代表性會隨職位級別的晉升而增長。也就是說，其他所有族群在職位較低的層級中代表性更高，而隨著職位越高，其代表性逐漸下降，但白人男性在最高層級中的占比卻最多。因此，當一位新領導者上任，這群白人男性的感受，以及他們彼此之間和與這位新領導者的互動方式，將決定這位領導者的成敗。這點的重要性更在於研究指出：「過去對高階主管如何看待任命少數群體成員為執行長的考量不足，這點尤其值得關注，畢竟來自少數族群的執行長所面對的直屬下屬，很可能不成比例地以白人男性居多，這種人口統計上的差異可能會顯著影響白人主管在內心與行為上的反應。」[92]

研究首先發現，當一位非典型執行長被任命（在該研究中，非典型即黑人、全球多數族裔或女性），主要構成高階管理團隊的白人男性傾向視這位新執行長為與自己截然不同的「外團體」（out-group）成員，而非「內團體」（in-group）成員。這是因為種族和性別不僅在自我身分認同上扮演重要角色，也影響我們在首次與某人見面的當下，對其身分的聯想。[93]現有的研究發現，我們對「外團體」成員的看法較為負面，並認為他們的能力和效能低於與我們明顯相似的人。因此，白人男性領導者很可能基於內心的偏見，對新領導者的策略式領導能力、潛在績效及表現作出不利判斷。研究人員指出：「除了上述『通用』的群體間偏見（intergroup bias），白人男性高階主管還傾向於對少數族裔和女性及其領導能力展現出特定的負面偏見。有證據顯示，白人男性往往認為少數族裔和女性不太具備資格擔任領導職位，包括執行長，並認為他們在這些職位上的績效較低。」[94]

如果事情僅止於此，那確實令人遺憾，但應該還不至於世界末日。代表性不足的領導者雖然將面臨更艱難的挑戰，但隨著時間推移，他們也許能夠扭轉局勢，「證明自己」配得上這個職位。然而，這僅僅是故事的開端，這些白人男性高階主管的不信任與不支持所帶來的影響，才真正使情況變得棘手。

那麼，除了對非典型的新任領導者有所戒備外，當他就任執行長時，這群白人男性還會做出什麼行為呢？

在此情況下最值得關注的是，這些白人男性表示，當領導者的種族或性別與他們的身分不一致時，他們較難對企業產生「個人認同」，而他們對企業的「個人投入感」也有所降低。這促使他們與企業保持距離，工作表現和產出因而受到影響。

其中一個原因可能是，他們假設這位新任領導者是某種平權行動的受益者，而非因自身條件或實力而取得擔任此職位的資格。正如研究指出：

> 「群體間偏見」通常展現於貶低外群體成員的成功與職業成就，並將之過度地歸因於特殊待遇。〔……〕白人通常認為非裔美國人的成功部分來自偏好性選拔過程，例如平權行動；男性對於女性的職業成功也抱持類似的看法。這些深植於潛意識的假設，進一步促使白人男性低估少數族裔或女性執行長的能力。[95]

他們認為與自己相似的領導者必然是憑實力贏得職位，卻不太相信在種族或性別上與自己不同的領導者也是如此。

此外，一旦新任執行長上任，白人男性主管也會不那麼正面地看待企業的重要面向及未來前景。這是因為對外群體成員的負面評價並不限於個人層面，而往往會延伸至對執行長的想法、提案和倡議的判斷。結果是，這群高階主管並不「熱衷」於支持並推動新執行長努力實施的整體策略，進而削弱他們對所任職之企業的個人認同感。[96]

由於白人男性高階主管假設女性能晉升至最高階職位並非基於實力，而是得益於其他因素，他們可能會視女性執行長為一種風險，畢竟沒有人希望被拖到他人的「懸崖」上一起受累。這是一種自我保護策略，這些主管或許有意識地或在潛意識中相信，與他們認為具有風險的領導者保持距離是確保自身職涯能走得長遠的最佳做法。

不要忘記先前我們討論過，聘任代表性不足者為領導者的企業已長期處於危機或表現不佳的機會高於平均，這將造成巨大影響。即便是最傑出的領導者，也不可能憑一己之力使一家企業轉虧為盈。她需要她的團隊，尤其是高階團隊成員，積極支持企業及她對企業的願景。然而，假如她身為女性或是邊緣化群體，其存在本身打從一開始就阻礙了這種支持，她被推下「玻璃懸崖」的可能性將會大增，甚至不必等到她投入工作。

同樣地，如果這就是故事的結局，那也已經夠糟糕了。但很不幸，事情並未就此結束。當一位代表性不足的領導者上任後，對企業而言還會產生其他同樣出人意料的後果，而這次受影響的是那些潛在的下一代非典型領導者。

我原本預期當一位代表性不足的領導者進入企業時，在較初階的團隊成員身上會出現涓滴效應（trickle-down effect），尤其因為我們都知道，如果一家企業曾由女性領導，可以緩解「玻璃懸崖」的影響。既然這情況發生在由代表性不足的執行長所領導的主管身上，我想，較初階的團隊成員應該也能從中受益。可惜的是，實際的研究結果與這一假設徹底相違。

研究顯示出的是，女性或種族邊緣化員工不但未因執行長的身分與自己相似而受到激勵，反而可能承受負面影響。這與該執行長的行為或能力無關，而是因為代表性不足的執行長會影響白人男性領導者在企業內協助他人的意願。

研究顯示，白人男性高階主管在面對非典型領導者時，對企業的投入感和認同感都會減少，導致他們更不願意協助同事和初階團隊成員，無論是與某項工作相關或職涯發展上的協助。這些協助在主管的職責中實為不可或缺。[97]更糟糕的是，他們並未停止向其他白人男性員工提供這些協助。研究發現，他們對企業缺乏投入感及不願意協助和支持同事，這尤其為女性或「少數族裔」高階主管帶來負面影響。

真相有可能是這樣嗎？預想中的激勵和鼓舞沒有發生，我們原本希望會受惠的群體反而因「外團體」偏見而受害。

當我讀到論文的這段時，只感到內心一沉：

> 經典的社會學地位的理論指出，當某特定社會群體的個別成員取得較高地位，其益處可以「涓滴」至該群體中地位較低的其他成員。然而，本研究證明了相反的效應：當個人接下某矚目的高階職位任命，實際上可能不利於其所屬群體的其他成員（即其他女性和少數族裔高階主管），原因正是白人男性高階主管的偏見。〔……〕當企業任命女性或有色人種執行長後，白人男性減少對少數族群同事的協助，這一傾向尤其不幸，因為來自少數族群的領導者本來就難以獲得同儕協助。[98]

「玻璃懸崖」的雙重傷害

這項研究令人心碎，尤其在於它說明了偏見如何使「玻璃懸崖」的傷害倍增。白人男性高階主管不信任在種族和性別上與自己不同的執行長，繼而以抽離的態度看待自己所任職的公司及在其中的職責。如此一來，新上任的非典型領導者將更難爭取到團隊的支持、認同和全力以赴，這些都是使公司轉虧為營的必要條件——她又往懸崖邊緣更靠近了一步。*

而令人心碎的還不只這些。這些白人男性主管的工作表現不僅下降，他們還放任其職責中至關重要的部分不管——那就是管理和培養他們團隊。然而，正如我們所見，他們並非一視同仁地誰都不管；相反，他們最有可能停止支持和指導團隊中代表性不足的成員。換言之，任何既非白人也非男性的成員都不會得到他們的支持和指導。剝奪任何群體——尤其是那些本已難以獲得提攜的群體——應得的時間、關注、支持和指導，只會使其中的個體更加不利。本來，這些人若得到適當（亦即平等）的支持和關注，完全有可能通過自己的努力晉升為下一代領導者。

假如在這當中還能存有一絲希望，那就是：如同所有事物，這並非自然而然，而是偏見、社會制約和既定期待的結果。當然，我並不否認這些根深蒂固的問題難以改變，但並非完全不可能。哪怕是些許改變，例如避免白人男性（或任何一個同質的群體）占據企業的最高管理層，都能減輕這種潛在抽離的影響。

由於目前多數高階主管皆為白人男性，我們可以合理推測，來自其他種族和性別群體的員工更習慣在領導者的身分有別於自身的企業中工作。這必然降低了他們對於在最高管理層中看見自身身分被反映的期望。

員工難以投入，這對代表性不足的領導者和整體業務都是有害的。若想減低此風險，我們必須在最高管理者之間乃至於各高階管理層中推動多元化。在知道高階管理層往往由白人男性把持的前提下，這項研究的結果尤其令人不安，因為任命一位代表性不足的執行長很可能會激發此族群的敵對反應。如果我們能夠使這一層級的領導結構更多元化，問題將得到緩解。如果我們能確保管理層成員的身分有多元的種族和性別，那麼將會大幅降低他們無法理解或支持代表性不足的領導者的風險。

懶人包

- 「玻璃懸崖」現象由蜜雪兒．萊恩和亞歷山大．哈斯蘭提出。促使他們展開研究的，是《泰晤士報》上一篇標題為〈董事會中的女性：助力還是阻礙？〉的文章。
- 女性並非企業衰敗的始作俑者，反而經常在企業已陷入困境時，才被任命為領導者。這從一開始就限制了她們成功的機會，並順理成章地把失敗丟給她們負責。
- 「想到管理者，就想到男性」反映了我們的社會習慣將領導力與男性特質聯想在

＊ 我相信你一定聽過那句話：「事倍功半」。

一起。然而，一旦出現問題，這一預設便被另一種刻板印象取代：「想到危機，就想到女性」。

- 一旦突破「玻璃天花板」，代表性不足的領導者往往成為「唯一」的存在——即在其工作場所中，作為某性別、種族或性取向的首位或唯一代表。這使他們承受更大的壓力和引人注目。
- 我們的文化對女性的期待可能造成「玻璃懸崖」，這些期待包括：
  - 擅長養育和照顧他人是對女性的刻板印象之一。這種技能通常不被視為充當領導者的必要條件，卻在危機時期變得至關重要。
  - 女性是理想的代罪羔羊。女性領導者被引入某企業後，若無法即時解決該企業面臨的所有問題，這些問題將被歸咎到她身上，並成為開除她的理由。
  - 任命一位未被充分代表的領導者象徵新的開始或方向的改變。當企業處於困境，引入一位前所未有的領導者能有效地對外宣示其求新與求變的決心。
  - 女性被視為理想的過渡人選。由於女性的職涯不如男性般受到重視，她們更有可能在企業繼續尋找「理想男性繼任者」期間，被任命為暫時領導者。
  - 企業透過任命女性領導者來宣傳其進步形象，坐享文化光環。即使這位女性領導者隨後的任期較短，該公司仍因大膽、包容的形象而受到公眾讚譽。

- 由於缺乏一套語言來說明「玻璃懸崖」是一種文化現象，我們誤以為職業上的「失敗」完全是個人問題，這也削弱了我們對女性領導潛力的整體認知。
- 當領導者既非白人又非男性時，白人男性不但不予以支持，更會以抽離的態度應付企業及自身職務，這會對女性領導者設下更大的障礙。這種抽離也見於他們對初階團隊成員的管理：他們會選擇性地撤回對代表性不足的團隊成員的支持，降低這些成員未來晉升並成功擔任領導職位的潛力。

第三章

值得冒險嗎？

一個人一生中最孤獨的時刻
就是看著自己的全世界分崩離析
卻什麼也做不了
只能呆呆盯著。
——F・史考特・費茲傑羅（F. Scott Fitzgerald）[1]

德蕾莎．梅伊（Theresa May）曾是大衛．卡麥隆的內閣中，一位鮮少曝光的成員。人們對她的印象是專業、可靠和保守黨成員。儘管不怎麼令人興奮，她在二〇一六年成為了英國歷史上第二位女性首相。[2]

梅伊在未經大選的情況下接替了前首相卡麥隆，他在帶領英國人民舉行公投後辭職，但公投結果卻與他的建議相違：英國結束了與歐盟四十年來的關係。

在此之前，梅伊經營著低調而成功的政治生涯。她被形容為「專心致志、不張揚和勤勉敬業」。她於一九七〇代末加入保守黨，當時該黨「偏愛出身比她更優渥的男性。」[3]即便如此，她自一九九七年起擔任美登赫選區（Maidenhead）的國會議員，並在成為首相前擔任內政大臣長達六年。梅伊深諳政治，並對她一生參與其中的這個政黨瞭如指掌。

脫歐公投後，卡麥隆也辭任了保守黨黨魁，梅伊接任時幾乎沒有受到競爭對手的挑戰，並將自己塑造成「穩健可靠的人」，以帶領國家度過脫歐談判的陣痛期。

《華盛頓郵報》如此描述當時的政治局勢：「英國已投票決定脫離歐盟。卡麥隆已辭職。被視為接替他的熱門人選決定不參選。力挺英國脫歐的政黨領袖也已辭職。」[4]

梅伊成為一位未經選舉的首相，肩負著一項明確且全方位的任務：帶領英國完成脫歐。她接下的角色必須將公投結果落實，但這場公投並非由她發起，其結果更是她所反對的——而這一切都在公眾的密切審視下進行。

這並非英國保守黨女性首次被捲入「玻璃懸崖」的討論，但之前未曾有例子來自首相層級。研究人員以二〇〇五年的英國大選為例，探討為何該黨女性議員獲得的「席次明顯少於」男性同僚。他們發現，「女性候選人所競逐的席次明顯更難取勝完全解釋了這一差異。」[5]也就是說，黨內女性較少獲勝，原因在於「男性被選中競逐更容易贏得的席次，而女性則被分配到難以勝選的席次」。[6]

類似的情況是否也發生在梅伊身上？黨內的男性是否不願意接手這個許多人認為幾乎毫無勝算的局面？似乎正是如此。

萊恩與哈斯蘭在《泰晤士報》寫道：

梅伊發現自己的處境很尷尬，需要收拾一場並非由她引發的危機。在各種情境中皆可見類似案例：那些製造問題的男性似乎不願意挺身而出，承擔領導責任。他們樂於耐心等候，伺機而動，靜待塵埃落定。

我們未必同情梅伊，畢竟這位首相無疑清楚她為自己招惹了怎樣一個爛攤子。然而，我們也應該認清，她和許多尋求領導職位的女性一樣，若非局勢一片混亂，可能很難獲得這樣的機會。對渴望成為領袖的女性而言，往往只能在毒酒杯與一無所有之間二選一。[7]

萊恩在另一篇文章中進一步闡述：「你會看到所有男人都在說：『我們留下來是要幹嘛？』我們看到卡麥隆離開了，我們看到鮑里斯．強生（Boris Johnson）也離開了〔……〕。並不是說他們希望女性失敗，而是他們自己不想失敗。」她接著指出，由於女性獲得領導職位的機會少之又少，「假如她們想要有機會，通常必須在出現領導真空時抓住它。」[8]

儘管梅伊曾反對英國脫歐，但她上任後喊出「脫歐就是脫歐」（Brexit means Brexit）的口號，並於二〇一七年一月提出一個「比預期更強硬」的脫歐計劃——不出三個月，她便啟動了《里斯本條約》（Lisbon Treaty）第五十條，正式展開為期兩年的程序，帶領英國脫離歐盟。[9]

同年稍晚，梅伊為了鞏固自己作為國家領袖的正當性，宣布提前舉行國會大選。當時的民調顯示，她的支持度領先工黨，以及在公投後人民渴望「確切、穩定和強勢的領導」。然而，在該次選舉中，保守黨雖然創下了自柴契爾夫人於一九八三年贏得福克蘭戰爭後大選以來的最高得票率，但工黨在得票率上的增幅也是自一九四五年以來最高，並成功吸納數百萬來自小黨的反保守黨選民。[10]梅伊的表現還算不錯，但還不夠好、不如預期的好，還不足以確立她作為一位擁有公眾授權的首相。事前民調引導保守黨預期的好結果並未發生在梅伊身上，相反，當她試圖落實卡麥隆於公投時提出的「人民意志」（will of the people）時，還面臨到更多的黨內問題。

萊恩在接受《Vox》採訪時指出，「無論對脫歐有何看法，這種情況都是難以應對的，而她的領導聲望因此受到影響。」[11]

二〇一八年十二月，國會議員發起對梅伊的不信任投票，正式尋求將她免職。她以二百票對一百一十七票的結果得以留任，而國會規定在十二個月內不得再次發起投票。然而，要在國會內部爭取到對其領導的支持已經越來越難。正如英國廣播公司所言，「她將在叛變的國會議員手中遭受似乎永無止境的政治折磨，而這還只是開端。」[12]

梅伊持續就其提出的脫歐協議草案尋求支持，最終卻三度被國會否決。第一次表決時，該草案以二百三十票被否決，這是國會歷史上政府遭遇的最大挫敗。一共有一百一十八名保守黨議員違背指示，投票反對該草案。[13]

當梅伊第三次也是最後一次提出經「稍作修改」的脫歐協議草案時，保守黨內已經公開呼籲她辭去首相職務。梅伊承諾若草案獲得通過，她將辭職。然而，草案再次遭到否決。權力不斷從梅伊手中流失，她的內閣也公開討論取代其草案的方案，而初級部長辭職的頻率高到新聞已幾乎不再報導。[14]

二〇一九年五月，梅伊在唐寧街*發表「情感激動的聲明」，宣布她將辭去首相職務。她表示：「未能完成脫歐的任務將是我永遠的遺憾。」她又補充：「如今我已認清，由一位新首相來領導這項工作，才符合英國的最大利益。」[15]

梅伊既未提議舉行脫歐公投，也未在成為首相前表態支持脫歐，她卻不得不承擔脫歐的後果，而且往往缺乏黨內支持。史丹佛大學的社會學家瑪麗安・庫珀（Marianne Cooper）在接受《華盛頓郵報》採訪時表示：「即使發起公投的是卡麥隆，並引發了當前的混亂局面，但被記住的很可能會是梅伊。多年後，提起脫歐大家會想到卡麥隆還是梅伊呢？誰的名聲將永遠與國家的集體記憶相連？卡麥隆很快就退下舞台。他或許是始作俑者，收拾此殘局的卻是梅伊。」[16]

二〇二〇年聖誕夜，接替梅伊的新任首相鮑里斯・強生成功與歐盟達成貿易協議。雖然梅伊表示她會投票支持該協議，但她告訴國會議員，自己在二〇一九年向他們提出的協議草案「條件更好」。[17]

——

在經歷我們所看到和討論過的這一切之後，也許你會覺得，這一切有些徒勞。也許你會以為我要說，既然明知情況如此，女性就應該意識到，無論我們多麼努力工作、多麼成功、擁有多大的潛力，一切最終可能都是白費——因為，就算看似終於有所成就，突破「玻璃天花板」，克服了偏見與歧視，命運依然不站在我們這邊。

我想讓你知道，我並不這樣認為，也希望你不要這樣想。但如果你現在的確有這種感受，我完全可以理解——至少此刻如此。

我花這麼多時間說明「玻璃懸崖」，並不是想讓女性止步不前，也不是在說它的存在就代表我們注定失敗、所以應該放棄那個看似天真的「力爭上游」的念頭。絕對不是這樣。我的真正用意是讓這種經歷被看見，以此作為自身的借鑑，這樣當我們繼續在職涯上闖蕩時，如果我們想要避開的話，便能識別並避開這種情況。

但同時，我們也必須認識到，即使我們知道「玻璃懸崖」的存在，甚至懷疑自己正落入其陷阱，有時候，那依然是對我們來說最好的下一步。

或者，至少是我們仍然想要踏出的那一步。

若是這種情況，我們該如何評估是否值得冒險呢？

＊ 譯註：唐寧街十號為英國首相官邸。

這值得付出那麼多努力嗎？

我曾待過這樣一家企業，我的團隊在決定投入一個新項目或支持某倡議前，都會先自問：「這杯果汁值得這麼費力去擠嗎？」（Is the juice worth the squeeze?）言下之意即：這個項目的預期成果，值得我們投入所需的時間、精力和資源嗎？如果答案是值得擠，我們就用力給它擠下去；如果不值得，那我們就回到原點，等待下一個機會。

在討論職涯及其下一步發展時，有時難以估算最終能擠出多少果汁。誰也無法準確預計長遠的結果，我眼中的大好機會在你看來，可能沒那麼吸引，反之亦然。* 承擔一個具有潛在「玻璃懸崖」風險的新職位，對你而言可能完全可以接受，也可能完全無法想像，而這取決於你生活及工作至今，其中的諸多因素。不管怎樣，選擇權在你手中，但我們還是可以盡可能睜大眼睛，把一切看個清楚。

識別自己可能面臨「玻璃懸崖」

並不是說一旦女性受聘於任何企業的任何職業，都有可能面臨「玻璃懸崖」。但當風險確實存在，一開始未必易於察覺。

正如我們所見，「玻璃懸崖」是一系列因素已然在運作的結果。此現象並非普遍真理，也絕不會孤立地存在。相反，只有在特定情境與期望的相互作用下，它才會發生。正如萊恩指出：「我們的研究發現，『玻璃懸崖』的發生取決於多重因素」，因而無法指認出哪個單一因素，能夠確切無疑地告訴我們正在走向危險。[18]不過，我們可以對某些因素組合保持警覺。以下的檢查項目總結了需要注意的因素，這些因素能使一個新的工作機會淪為潛在的危險位置。

企業的當前表現

正如我們所見，企業和組織若長期表現不佳（例如估值和股價下跌，或聲譽受損等），將更可能打破常規，聘請一位代表性不足的領導者來扭轉局勢。

＊ 我也學到了一件事：當下看似是職涯上的災難，事後回顧卻往往呈現出不同面貌。舉例來說，我在二十出頭時第一次被解雇，那是一份行政工作。我當時非常沮喪，但現在則明白，要是沒有那次經歷，我就不會學會辨別惡劣的工作環境，也不會養成仔細檢查合約的習慣——這一習慣在我之後的每份工作中都發揮了極大的價值。此外，我也意識到，如果沒有那筆資遣費，我會繼續過著月光族的生活，而不會開始存錢。

某企業若為上市公司，要查看其過去五個月的股價相對容易。你也可以快速上網搜尋，檢查一下自己有否錯過該企業所涉及的任何公共事件或爭議。

企業的歷任領導者

若某企業曾經由女性領導，新任領導者幾乎不會遭遇「玻璃懸崖」。由於已有先例，再度聘任女性領導者將不再代表打破常規，也不會被外界視為新的風險。

在檢視企業及其領導層的組成時，不僅要留意董事會和最高階管理團隊，還要留意各個高階管理層級。該企業是否致力於性別平等？還是女性員工過度集中於較初階的職位？同時，也要檢視企業的薪資差距數據。

在英國，但凡雇用超過二百五十名員工的企業都必須每年公布這些數據（新冠疫情期間也不例外）。從以上兩方面檢視企業，有以下兩個目的。第一，你為何會想在一家不重視女性的企業工作呢？第二，若企業中不同層級的性別代表性不夠透明，薪資差距數據就是個有用的指標：性別薪資差距較大通常意味著女性集中在較低薪和初階的職位上，而男性則憑著較高的薪資浮上頂層。（或由隱形的「玻璃電扶梯」載至頂層，稍後我將討論這台電扶梯。）

職位缺乏明確目的或目標

正如我們所見，女性在「玻璃懸崖」情境中面臨的風險之一是被任命為暫時性的過渡人選，直到企業找到並引進適任該職位的「理想男性繼任者」。沒有人願意在無意中充當他人成功的墊腳石。假如該職位的目標與職責不明確，或似乎只集中於重新凝聚或重新激勵士氣低落的團隊，那麼你在接任後，可能會發現自己處於「玻璃懸崖」的邊緣。

支援系統不明

缺乏內部支援系統使女性在「玻璃懸崖」情境中難以成功，這些支援系統攸關她們能否爭取到更多團隊成員擁護其願景。沒有這些支援系統，女性就無法建立必要的權威來確保其領導的成功。這個職位是否有其他高階領導者在旁支援？你覺得他們會支持你提出的倡議嗎？

外聘新人比內部晉升更不穩

有趣的是，研究顯示，外部聘用的執行長比內部晉升的更容易陷入不穩定的處境，而身處這種處境的女性又比男性多。* 外部聘用增加了轉換至新職位的困難度，因為身為女性本已不符合多數人對領導者的期望，來自外部則使她們在企業內部成為「局外人」。正如萊恩和哈斯蘭指出：「這導致她們的工作更加艱難，因為她們沒有足夠的內部聯繫來了解公司的運作方式。」[19] 也因此，除了領導公司和建立自己的權威，她們還需要同時學習新環境的遊戲規則。這在某程度上解釋了為何外部聘用的執行長被迅速解聘的可能性，是內部晉升者的六點七倍。[20]

困於天花板與懸崖邊之間

如果你正在接洽或已經接受符合上述某些條件的職位，面臨「玻璃懸崖」的可能性的確較高，但這並不代表你不能迎向此挑戰。

你也許會覺得，自己有可能踏進一個難以成功的境地，但你已經準備好承擔風險。你明知道風險的存在，但你將勇於抓住職涯上的機會，邁步前行。而這樣的選擇，其實背後有許許多多非常合理的理由。

缺乏其他機會

且以梅伊於二〇一六年大選中的處境為例。很有可能她在住進唐寧街首相府的第一晚，就已經清楚自己面臨的是個多麼不穩定的局面。當然，也有可能她對自己將要面對的潛在困難懵然不知。但更可能的情況是，她認為登上全國最具權力之位的這個機會，不會降臨第二次。萊恩這樣分析伊梅的決定：「於脫歐期間擔任首相可能是她能期盼的最佳機會。她不像鮑里斯・強生，能等待更好的時機出現。」[21]

曾反對脫歐公投的梅伊也許相信，當下的英國正處於公投後的紛亂，她的「軟技能」[†]正是引領國家邁向穩定所需的。又或者，她可能認為這是她爭取最高領導職位的唯一機會，因而決定在困難重重中抓住此機會。

我們都知道才能並無性別之分，但遺憾的是，在許多企業中，晉升的途徑卻受到性別

* 女性占百分之三十五，男性僅占百分之二十二。
† 雖然「軟技能」不見得是梅伊的強項，正如許多人所認為的。

影響。當機會看來少之又少，一旦降臨，我們可能更傾向抓住它——即使是孤注一擲，總好過遙遙無期地苦等下次機會。我們甚至可能擔心，哪怕成功的機率再怎樣微乎其微，這次都可能是唯一的機會了。

在第一章中，我們見識到許多領導者、導師和提攜者都不願推薦「少數族群」成員爭取升遷或其他新機會，因為他們認為這些人可能會面臨更嚴格的審視（的確如此），並擔心難以說服高階利害關係人（stakeholder）相信這些人具有潛力。我們也討論過「斷階」現象，許多女性本該迎來首個職涯突破，在通往管理職位的階梯上踏出第一步，卻受到忽視而由她們的男性同儕取得機會。即使女性已準備往職涯的下一階段走去，卻一次又一次被錯過，因為管理者和領導者未能如實看出她們的潛力。

雖然女性在績效評量上獲得高分的可能性比男性高百分之七點三，她們的潛力卻仍被雇主低估。平均而言，女性的潛力評分比男性低百分之五點八。[22]不幸的是，這種對女性潛力的偏見只會隨著她們晉升到更高職位而加劇。研究顯示，「女性越是在企業階梯上攀升，她們的潛力評分與實際未來績效相比就越低。」[23]研究又比較了績效與潛力評分相同的男性和女性員工，並發現女性不但於日後評量的得分超越男性，而且更可能留任，即便她們的潛力被低估。然而，對其潛力的低估並未隨著時間自我修正。即使這些女性的表現超越了潛力評分，未來的潛力評估仍然持續給她們打低分。無論女性留在目前的職位，或獲得晉升並在新職位中表現出色，低估依然持續。[24]

女性對被忽視習而為常

即使女性努力工作，比預期中做得更好也更多，並承擔額外任務以協助公司順利運作，她們的付出卻往往被忽略，或升遷的討論未將之納入考量。

部分原因在於，女性比男性更可能承擔企業內「無助於晉升的」（non-promotable）庶務，例如組織活動、記錄、列席委員會或員工資源小組（Employee Resource Group，簡稱ERG），或處理那些不起眼卻至關重要的行政工作，諸如此類的瑣事往往未在工作描述中列明。[25]這些庶務又被稱為「辦公室家務」（office housework），往往頗為耗時，卻與創造收入或提升形象無直接關聯，因此無法作為討論加薪或晉升時的參考。[26]

另一方面，男性則較少被這類低價值且容易被忽視的庶務占用，因而能投入更多精力於「辦公室家務」以外的工作。這類工作被稱為「表面光鮮的工作」（glamour work），亦即那些高曝光度的任務與專案，通常能為企業創造利潤，並有機會與高階管理團隊成員合作，從而建立人脈，拉攏他們在未來提攜或支持自己。

女性早已習慣了自己的貢獻被忽視和低估，彷彿我們是隱形的。或許正因如此，當我們終於獲得應得的認可，並因此得到晉升或其他新機會作為回報時，我們只想藉以走出陰霾，享受成果。我們會毫不猶豫地抓住此機會，即便新職位的狀況並不完全理想。

遲來而緩慢的晉升

研究顯示，女性每年在公司內獲得晉升的機率比男性低百分之十四，因為掌握晉升的主管不但偏重某些高度主觀的特質，而且這些特質往往與典型的男性行為相關，例如「果斷的表達能力、執行力、魅力、領導力、企圖心」。[27]

整體而言，女性在職場中與高階領導者接觸的機會較少，也似乎因此較少從他們或主管身上獲得關於職涯發展與晉升的建議。而研究則顯示，獲得這類建議的員工更有望晉升。如上所述，女性或許因為習慣被忽視，當其能力與領導潛力終於獲得肯定時，往往因擔心這是唯一的機會而急於把握，即便這個機會並不理想。

對著一面空白的牆談判

過去幾年，我注意到每當討論女性在企業中缺乏晉升機會時，她們總是首先被檢討。

最常見的反駁是：「女性若更『挺身而進』，就會獲得晉升。如果女性更大膽發聲、為自己爭取並表現得更像個領袖，就能得到她們所渴望的晉升機會。」

事情要是這麼簡單就好了。事實上，女性與男性要求晉升的頻率相當，而在高階職位的層級中，女性甚至比男性同僚更常主動爭取晉升。[28]儘管如此，女性的晉升速度仍然較慢，次數也比男性少。

若女性就晉升進行游說，獲得晉升的可能性比沒有這樣做的女性高一倍以上。[29]然而，百分之三十的女性在提出晉升要求後，被形容為「專橫」、「好鬥」或「令人生畏」，相比之下，僅有百分之二十三的男性受到類似評價。[30]

無論對女性或男性而言，協商都能爭取到比原條件更好的結果，但許多男性表示他們不必像女性那樣頻繁地協商就能如願以償。事實上，「男性更可能表示自己並未要求加薪或升遷，因為他們的薪酬已很合理，或他們已處於適合的職位。」[31]發聲固然重要，但要達到所期望的結果，還需要有人傾聽。

新冠疫情的影響

樂施會（Oxfam）估計，新冠疫情在短短十二個月內，讓全球女性損失了超過八千億美元的收入。[32]此金額相當於九十八個國家的國內生產總值（GDP）之總和，而且尚未計入從事「非正式行業」者的損失，例如製衣工人或家庭幫傭。在這些行業中，女性所占的比例再次過高。

根據麥肯錫全球研究院（McKinsey Global Institute）的研究，女性占全球「正式」勞動力的百分之三十九，但在新冠疫情所造成的失業中，卻占百分之五十四。[33]樂施會估計，[34]這相當於損失了超過六千四百萬個工作機會。*

我在參加聯合國峰會期間，從聯合國秘書長安東尼歐．古特瑞斯的演講中得知一些令人深思的數據。他向來自世界各地的與會者表示，新冠疫情爆發前，聯合國估計全體人類仍需一百年才能實現性別平等。到了二〇二三年，這一估計卻在新冠疫情的影響下躍升至三百年，單就英國而言，則還需要一百二十年才能實現性別平等。

我們在為女性爭取平等上，乃至於促進其職業與財務方面的安全上，皆未取得預期中的進展，反而不進則退。

新冠疫情對女性而言是一記重擊。

女性經常被迫承擔全球社會因素所帶來的影響，這些因素既超出我們的掌控範圍，其導致的混局也非因我們而起，我們卻被期望去收拾它。既然所有事情在各個角度看來都充滿了風險，那麼，何不嘗試由我們主動承擔風險？那些資深、聰明且專業的女性又怎會不說：「好吧，我明白這可能會出問題，但至少我會試試看」？

我想，這就是為什麼女性會選擇踏入充滿不確定性的職位，努力追求事業上的最高成就。

一場經過深思熟慮的風險

英國董事學會（British Institute of Directors）公司治理主管派翠西亞．彼得（Patricia Peter）曾辯稱：「我知道有些女性不想加入一個欠缺挑戰性的董事會，她們認為，如果加入一家經營良好的公司，可能不會受到注意。」[35]

我不確定自己是否認同這種觀點。[†]就我個人而言，我認為如果能為女性創造有利條件，使她們在有望成功的組織中事業有成和獲得關注，而不是將她們置於高風險的情境下，對每個人來說都會更好、更輕鬆。

但也許我的想法是錯誤的，也許我想得不夠全面，並且低估了女性在迎接職涯新挑戰

* 以及，在正式工作方面，全球女性的損失為百分之五，而全球男性的損失則為百分之三點九。

† 不，我完全不同意這種觀點。

時對風險的渴求。

選擇直面「玻璃懸崖」的女性並不愚蠢，她們是聰明絕頂的專業人士，而且事業正如日中天。她們既不天真，也非不知就裡。相反，她們早就準備好要當領導者，經過評估後，認為自己有機會將別人留下的爛攤子轉化為自己的成功。長期研究「玻璃懸崖」的猶他州立大學管理學教授艾莉森．庫克指出：「這並非剛好發生在她們身上，而是由她們一手促成。」[36]

這些人是開拓者和冒險者，並且在其整個職涯中始終如此。

對風險的渴求更甚

庫克訪問了決定接受「玻璃懸崖」職位的人，受訪者為來自各行各業的三十三位女性和「有色人種」高階領導者。[37]她發現受訪者之間有個頗值得關注的共通點：幾乎所有人都選擇擁抱不確定性，並在職涯中多次接受高風險、攸關成敗的任務。[38]這並非偶然、環境使然或運氣不佳，而是一種有意識的策略，旨在證明自己和推動職涯發展。

庫克對英國廣播公司說：「他們當中有很多人從一開始就展現了這種行動力，早早就為證明自己的領導價值做好準備。他們在整個職涯中，都會遇到這類情況。他們被稱為

『扭轉困局的高手』。〔……〕他們在極其艱難的情境中表現出色，因為他們不得不一再面臨並克服類似局面。」[39]

抱持相同觀點的還有在獵頭與顧問公司光輝國際（Korn Ferry）負責執行長繼任業務的珍・史蒂文森（Jane Stevenson）。她告訴《Vox》：「女性更願意投身於成功率較低的情境，因為她們認為自己或許具備創造改變的獨特能力。」[40]

當面臨困境或需要收拾爛攤子時，男性和女性可能會以不同的方式看待。史蒂文森表示：「女性對她們所參與的社群懷有強烈的使命感和高度的承諾，這可能有別於她們對自身職涯發展軌跡的想法。」該公司研究部門的副總裁伊芙琳・奧爾（Evelyn Orr）補充說：「有那麼一種人，他們並不那麼在意失敗可能對自身所造成的影響。」[41]

決心一試，即使成功機會渺茫

接受高風險的職位本質上並非毫無風險。如我們所見，從「玻璃懸崖」上墜落的女性不太可能獲得第二次機會，而不斷地收拾爛攤子並一次又一次地重新證明自己，只會讓人身心俱疲。

儘管我才剛討論到，有一批領導者習慣尋求具有挑戰性並足以決定其事業成功的轉職，但也有實驗性研究顯示，女性整體而言比男性更不會受到高風險的領導機會吸引。[42]女性更不可能表達會接受她們看來風險較高的職位，但她們卻仍高度集中在這些職位上。某程度上，低風險職缺的匱乏也許解釋了為何女性看似如此願意接受這些挑戰。又或者，正如最早研究「玻璃懸崖」的萊恩和哈斯蘭所言：「這些機會（低風險職位）的可得性可能削弱了其吸引力」，以至於當女性逐漸意識到真正提供給她們的，只有高風險的機會時，這些機會便顯得更具吸引力。[43]

我認為我們現已具備所需的一切，來評估各種情況和機會，並決定怎麼對我們最好——無論是選擇說「不，謝謝，我討厭這個」，還是「好啊，我覺得自己準備好並願意一試」。適合某個人的選擇，未必適合另一個人。然而，當我們決心一試，可以從一開始就借助某些工具來提高成功的機會，並遠離懸崖邊緣。

懶人包

- 「玻璃懸崖」現象由「多重因素決定」，也就是說，幾個看似無關的因素結合起來，才會促成這一現象。這些因素包括：
  - 企業的當前表現：企業的表現是否低於歷史水平？

- 企業的歷任領導者：企業在此之前是否僅由白人男性領導？
- 缺乏明確目的和目標：是否有清晰且一致的成功標準，以及明確的達成時間表？
- 支援系統不明或不存在：你是否能依靠同事提供支持與認同？

• 即使我們已經意識到「玻璃懸崖」及其帶來的風險，在某些情況下，我們仍有可能選擇承擔明知具有潛在不穩定性的職位。這些情況包括：

- 缺乏其他晉升機會：女性每年獲得公司內部晉升的可能性比男性低百分之十四。此外，即使女性在績效評量中獲得高分，她們的潛力評分平均仍然較低。
- 習慣了被忽視：女性往往被過度期待承擔維持企業運作所需的庶務，這些庶務既瑣碎又經常被忽視，在涉及晉升的決策中也沒有參考價值。女性忙於這些庶務，而被認定無暇參與和晉升相關的「表面光鮮的工作」，亦即那些引人注目、攸關晉升和可以接觸到高層團隊成員的任務。
- 渴望風險與屢屢充當變革者：許多擔起可能面臨「玻璃懸崖」之職位的人，過往曾多次接手他人迴避的挑戰，儘管這背後的最大原因是並無其他機會供他們選擇。

- 新冠疫情對女性的經歷和職場生活影響尤甚：女性在新冠疫情所造成的失業總數中占百分之五十四，相當於損失了超過六千四百萬個工作機會。
- 新冠疫情前，聯合國估計我們距離實現性別平等尚有一百年之久。到了二〇二三年，這一估計躍升至三百年，而英國則需要一百二十年才能實現性別平等。

第四章

奠定成功條件

我無法讓你明白。
我無法讓任何人明白
我內心正在發生的事情。
甚至我無法向自己解釋。
——法蘭茲・卡夫卡（Franz Kafka）[1]

二〇一三年十二月，通用汽車（General Motors）宣布任命瑪麗．巴拉（Mary Barra）為新任執行長，她成為全球首位領導汽車公司的女性，媒體爭相報導。[2]而且，有別於女性在企業面臨危機時才被任命為領導者的普遍案例，當時的通用汽車似乎經營得不錯。[3]美國政府剛剛出售了在該公司的剩餘股份，這些股份於二〇〇八年該公司因金融危機而瀕臨破產時購入作為投資。根據各方說法，該公司已經重新站穩了腳步，[4]並且氣勢如虹，以至於《Elle》雜誌撰文指出，巴拉逆轉了女性在企業面臨某種危機時才會被任命為領導者的趨勢。該篇文章提到，「該公司在業績好轉時聘用巴拉為領導者，等於對她說，『我們信任你能保持這一良好勢頭』，而非『我們把這爛攤子丟給你，如果你無法把垃圾變成黃金，我們就怪罪於你』。至少到目前為止，並未傳出關於她的育兒安排或工作生活平衡政策的無休止的討論，不像之前瑪麗莎．梅爾所遭遇到的。我感覺這是真正的進步。」[5]

巴拉的整個職涯都在通用汽車度過，出任執行長前，她已在其中深耕了三十三年。她對該公司瞭若指掌，並且了解其緩慢及有時過於複雜的特性。例如，當她在二〇〇九年成為人力資源部門主管時，即把代代相傳的十頁穿著規範精簡為僅僅「穿著得體」四個字，讓各團隊的主管自行詮釋。[6]看來，巴拉在這家公司克服了二〇〇八年金融危機後出任其領導者，將憑藉她對公司內部的既有了解，簡化混亂或不必要的運營流程，帶領該公司在成功的基礎上更上一層樓。

可惜這份樂觀竟是曇花一現。

巴拉就任執行長僅兩週後，一場無法想像的災難找上了通用汽車。其車輛的點火開關被揭發存在缺陷，已導致十二人喪生，需召回一百六十萬輛車。接下來的兩個月內，因點火開關、煞車零件、安全氣囊或其他零件的問題，通用汽車共召回超過三百一十萬輛車。[7]當時，有人猜測實際的死亡人數可能高於最初被報導的十二至十三人。[8]到了二〇一八年，「財經內幕」新聞網站報導，通用汽車的零件缺陷造成了一百二十四人喪生和二百七十五人受傷。[9]

不出所料，當如此大規模的危機衝擊一家企業時，所有目光都轉向其執行長，期待她能給出一個解釋，並闡明為了確保此等大災難不會再次發生而採取的具體措施。

隨著事件持續受到關注，宣布召回的車輛數量不斷增加，壓力也隨之增加，因為，該公司顯然早知道這些缺陷的存在。有報導稱，通用汽車早在十多年前就知道其車輛有此缺陷，卻從未採取任何行動。

儘管巴拉在這些問題浮現時才剛上任兩週，且調查結果證明她和其他高階管理人員並未直接涉及召回延誤，她仍因身為通用汽車的領導者而成為眾矢之的。人們期待她能對這些致命缺陷以及公司為何未能及早採取行動作出解釋。[10]

巴拉出席美國眾議院聽證會時表示：「我無法告訴你為何一個安全缺陷竟然拖延多年

才公布……但我可以告訴你，我們一定會找出答案。」她又說：

「在得知問題的當下，我們就毫不猶豫地採取行動。我們向全世界坦承，我們出了問題並需要解決。〔……〕我們這樣做是因為，無論過去犯下了什麼錯誤，現在和未來的我們都不會逃避責任。今天的通用汽車將採取正確的行動。首先，我向所有受到這次召回影響的人，特別是那些失去親人或傷者的家人和朋友，表達我最真誠的歉意。」[11]

巴拉向公司內部傳遞的訊息似乎與對外的公開表態一樣真誠且不逃避責任。在委託調查此次事件後，巴拉解僱了十五名員工，並「處分」了另外五名員工，理由是為從得知安全問題至下決定召回受影響的車款之間的十年延誤負上責任。[12]她在發給員工的影片訊息中表示：「在這次事件中，我們的流程出現了問題，導致了可怕的後果。」[13]

儘管採取了這些行動，且巴拉本人並未涉及導致此次事件的相關情況，多家報紙仍然批評她「迴避關於責任的問題」。[14]

另一邊，也有人讚揚她的回應開放、坦誠，以及儘管並無個人過錯，仍願意承擔針對她的指責。車輛鑑價機構凱利藍皮書（Kelley Blue Book）的分析師卡爾．布勞爾（Karl

Brauer）指出：「瑪麗．巴拉深諳為通用汽車近期面臨的重大挑戰負上全責的重要性，這尤其有助於她向外傳達這是一家全新的通用汽車。」[15]

巴拉在當時發表的一份聲明中表示，有關零件缺陷的報告揭示了以下內容：

一次又一次，個別員工未能披露關鍵資訊，這些資訊本可徹底改寫那些受點火開關故障影響的人的命運。假如這些資訊能被及時披露，我真心相信，公司能夠妥善處理此事。

我知道你們討厭聽這些，我也一樣討厭談。但我希望你們聽清楚。事實上，我希望你們永遠不要忘記這件事。這不僅僅是通用汽車面臨的又一次業務危機。我們不會只是修復了這個問題就繼續前行，而是必須更進一步地修復我們系統中的缺陷——這是我的承諾。事實上，許多缺陷已經得到了修正。而且，我們會針對受影響的各方做正確的事。[16]

這是一份異常坦率且充滿個人色彩的聲明，出自一位正在經歷職涯中最大危機的執行長，這場危機也奪走了許多無辜生命。根據各方評價，巴拉成功應對了新職位的挑戰，她看出公司內部的「無能和無視模式」，這模式導致車輛出現致命問題，對此她進行了必要的改革，並引入一系列流程，以防類似事件再次發生。[17]

巴拉為了並非由她造成的局面承擔責任，許多女性領導者亦是如此，但她的情況是一個異常直接且致命的「玻璃懸崖」案例。[18]

此案例的另一個不尋常之處，是巴拉成功度過了這次危機。這也許是因為，從事件發生的先後順序明顯可見，影響企業的問題是她接任時繼承的，而非由她引起。這種因果關係在企業於危機中任命女性領導者的情況下，鮮少能如此清晰地呈現在大眾面前。

二〇一四年，在一次公司全員大會上，巴拉對員工們說：「我永遠不想把這件事拋諸腦後。我希望將這段痛苦經歷永久銘刻在我們的集體記憶裡。」[19]

為了應對這場危機，巴拉推出了一系列內部流程，旨在降低類似事件再次發生的可能性。其中包括設立「為安全發聲」（Speak Up For Safety）內部熱線，讓員工盡可能方便地報告安全問題。巴拉指出：「解決問題的最佳時機就是發現問題的那一刻。〔……〕大多數問題都不會隨著時間的推移而變小。」[20]

二〇一八年，通用汽車是全球唯二不存在性別薪酬差距的企業之一。

二〇二二年，巴拉在《富比士》選出的「全球百大最有權勢女性」中排名第四。[21]

我們不難想像，一位女性在收集所有必要資訊後，意識到面前的機會可能存在「玻璃懸崖」風險，但仍然決定冒險一試。在此情況下，她的選擇並不等於她注定會遭遇徹底的失敗。理解這點是很重要的，因為情況絕非如此。事實上，選擇在充分了解情況的前提下接受挑戰，更能保持警惕，並在開始前就以自己的方式奠定成功的條件。

為自己奠定成功基礎的方法之一，是從一開始就明明白白地表達我們是誰、我們願意為這個職位或這家公司付出什麼，以及對我們自己和新雇主而言，成功應該是什麼模樣的。

接受新職位之前

我們已經見識過，當事物能被清楚命名，就變得不那麼可怕了。這個最微小的掌控行為卻足以讓我們感到有所裝備和充滿力量，得以迎向困境和考驗。

直到現在，「玻璃懸崖」對許多人來說，仍然是個隱形和被忽視的現象。原因很簡單：這正好反映我們難以辨識正在經歷的結構性障礙。職場隱喻中頻繁地使用「玻璃」一詞並非偶然。奧黛．蘿德（Audre Lorde）在〈將沉默轉化為語言與行動〉一文中，提醒我們思考：「你還未掌握什麼詞彙？你要說的是什麼？那些你日復一日吞下，並試圖化為己有的壓迫是什麼——直到你被壓迫至病倒甚至死去，卻仍舊只能沉默？」[22] 若缺乏理解「玻璃懸崖」的詞彙，人們甚至連辨識它的機會也沒有，更遑論克服它。這好比在與一個隱形的對手搏鬥——如果你無法真正看見或說出你所面對的問題，更別說向他人描述它，那麼勝算將微乎其微。

但現在，我們已經掌握這些詞彙，這意味著我們奪回了一點力量。我們可以運用這一點新獲得的力量，展開非常必要卻可以不易開口的對話，儘早為自己奠定最可望成功的條件。誰知道呢？說不定我們甚至能脫穎而出。

那麼，我們該從哪裡開始呢？

從辨識風險開始

意識到某個職位很可能陷入「玻璃懸崖」，但仍決定一試，也許會是個可怕的時刻。你可能會感到自己正獨力承擔巨大風險，從懸崖墜落或被推下去的隱憂使你不堪重負。

當你準備接下的職位具有頗高的「玻璃懸崖」風險，你首先要公開承認這一點。在對話和協商中，儘早提出你的擔憂和猶豫。

承認所處的情況和你對此情況的感受。讓大家知道你即將接任的職位可能比平常更具風險。消除任何神秘感或模糊性，並把握機會以自己的方式來詮釋這一情況。畢竟，你即將迎接一項重大的挑戰——如果你能以對自身敘事的了解和掌控迎向這項挑戰，要克服它很可能會容易許多。

從圍繞新職位的初步討論，到面試過程和了解該職位的實況，甚至在你已經擔任該職位後，都要讓「玻璃懸崖」成為對話主題。

話雖如此，我知道這並不容易。

這些關於知識和權力的對話固然令人生畏。即使是在最理想的情況下，協商工作機會都是困難的，更何況要你向潛在雇主指出，你成功的機會已受到其一直以來的營運方式限制。

但是，我希望我們都能同意，與這些對話相比，不對話才真正可怕。默默地投身於一個充滿風險且毫無保障的職位，每天對壓迫忍氣吞聲，這才真正可怕。

所以，請問問題。多多發問。

詢問公司的歷史、其目前的表現、至今面臨過的最大挑戰。詢問其領導歷史及所預期的最大挑戰。了解該職位的成功標準，以及公司是否有意識地創造這些條件來支持你成功。詢問在邁向成功的進程上，何時要達成哪些關鍵指標。最後，問問看潛在雇主是否聽過「玻璃懸崖」，並且是否意識到招聘中的這個職位很有可能陷入此現象。

開心見誠地與他們分享你的顧慮，讓「玻璃懸崖」在討論中浮現為主題。

你也可以在正式接下此風險重重的職位前，利用這段時間，來辨識雇主們或未察覺，卻可能使你上任後處境更加艱難的因素。例如，如果這家企業過去的領導者都來自代表性過高的族群，那就向他們詢問這一情況。不必害怕直言不諱。我們現在知道，某企業若在危機時期任命女性領導者，「玻璃懸崖」出現的可能性取決於該企業之前是否長期由男性領導。若該企業的領導團隊構成相對平等和包容，「玻璃懸崖」便幾乎不會發生。如果我們能提出正確的問題，就更能找到有助於我們做出最佳選擇的資訊。[23]

在正式簽約前，要你把對這個職位的疑慮攤開來說的確挺嚇人的。你也許會擔心，若問得太多、提出太多觀點，或顯得過於煩人，這個機會就會被收回。但就像沒有人會在未詢問和討論薪資與福利待遇的情況下接受高階職位一樣（其實任何層級的職位都應如此），我們也不應該接受那些不願投入時間來確保我們成功的企業所提供的職位。除了迴避討論薪資，一家企業若對於「玻璃懸崖」的潛在風險態度曖昧、不願深入探討，那麼它也很可能不會替你的長遠利益著想。一家企業若不願意正視員工可能面臨的風險，並提前與你共同規劃怎麼做才能幫助你在上任後盡量成功，那麼，你幾乎不可能打破既有困境，克服「玻璃懸崖」。尤其是我們已經知道，要避免陷入這一現象，獲得支持、時間與團隊的認同至關重要。

支援網絡的重要性

我們必須明白，企業皆有可能表現不佳或身陷危機，但不同危機的風險程度並不相同。企業內部的支持程度會顯著影響某個職位的穩定性。[24]且讓我們回到萊恩與哈斯蘭的研究，該研究涵蓋長達十年的「玻璃懸崖」相關證據、對該現象的解釋及其影響。研究的其中一個環節是向受試者提供一個企業面臨危機的情境，並要求他們評估由男性和女性於這段困難時期領導該企業的合適程度。受試者被告知，領導者「能夠」或「無法」依賴「來自相關利害關係人及更廣泛組織網絡的支持與信任」。這一變因造成決策上的關鍵差異。當支持和資源兼備時，受試者傾向選擇男性來擔任領導者。但當支持與資源匱乏時——亦即「玻璃懸崖」有條件發生——受試者則會選擇由女性來擔任領導者。研究進一步指出，「額外數據顯示，在這類些情境下，女性被選為領導者是因為受試者預期她在組織內部爭取認可的能力較強。然而，當領導者能夠獲得社會資源時，受試者則回歸到較為傳統的性別假設，認為男性領導者會比女性更具效能。」[25]

有趣的是，在同一項實驗中，研究人員發現，受試者只有在缺乏社會資源或支援網絡時，才意識到該職位的危險性。這顯示，在危機時期擔任領導者被視為風險較低，是因為有強大的支援網絡協助領導者應對挑戰並管理風險。然而，面臨「玻璃懸崖」的女性往往無法從企業內部獲得這種支持。

這意味著，如果我們希望在新職位上創造成功案例，就必須確定（或至少嘗試確定）該職位或組織內部的支持程度。然而，一旦情況變得艱難，我們就不能單純依靠這一方面的支持。同樣重要的是，要記住並依靠你的外部社交網絡——那些見證過你迎接並克服挑戰的人。假如你的職場生活開始變得困難，他們很可能會拉你一把。

讓你的個人網絡保持開放。告訴他們你正在做的選擇，以及你從中觀察到的潛在風險。跟他們分享你的擔憂，讓他們知道，你在努力適應這段新經歷的同時，可能會需要他們的支持。這樣做的價值不只見於情況變糟時，在成功的時刻我們也需要有人一同分享喜悅。挑戰一個在你看來具有潛在個人和職業風險的新職位，最終取得成功，不是很值得讓人知道嗎？

不過，如果在過程中真的出現問題，有過來人相助總是好的，這樣你就毋須費力補充可能會越說越複雜的細節。你也毋須從頭解釋，尤其是那些難以察覺的「玻璃」問題。相反地，他們對故事的背景瞭若指掌，也早就知道故事的全貌，並準備好在你有需要時立即提供支持。

確定時程

如同我們所見，女性執行長被迫離任時，* 其任期往往比男性同儕短。整體而言，女性在適應環境、執行策略，還是將崎嶇的開局扭轉為勝利時刻，所獲得的時間較少。

在與企業初步就其提供的職位對話時，你就應該提及這一點。除了向該企業查詢其對於績效或業務的成功標準，也要與之討論落實改革並取得成果的時程。

二〇〇九年一月，梅爾的前任卡蘿・巴茲（Carol Bartz）離開任職了十四年的前東家，與雅虎簽訂合約，將擔任其執行長四年。[26] 她的任務是扭轉這家網路巨頭的業績，該公司在她上任前已陷入困境。據悉，她帶來一套戰略計劃，旨在助雅虎重置業務、重奪成功。[27]

二〇一一年九月，巴茲在聘約履行僅兩年八個月後，向全公司發出一封題為「再見」的電郵，內容如下：

---

* 指非因自願離職的女性執行長，或非因退休、併購等因素而離任。

致全體同仁：

很遺憾地告訴大家，雅虎董事會主席剛剛來電，通知我被解雇了。能與大家共事是我的榮幸，祝福各位未來一切順利。

卡蘿[28]

巴茲被解雇了，而且是透過電話通知。[29]隨後，雅虎以「組織重整」之名，以白人男性提姆・摩斯（Tim Morse）取代巴茲，出任代理執行長。截至巴茲離職前，摩斯一直擔任財務長（CFO）。*

「他們甚至沒有讓她把計畫實現。」艾莉森・庫克向英國廣播公司表示。[30]儘管巴茲提出的計畫已獲得同意，她所簽署的也是約定好任期為四年的定期契約，但這些都不足以保住她的職位。

巴茲隨後承認，要是雅虎經營順利，她可能永遠不會獲得這個吸睛的職位——也等於是在說，在她上任之前，導致她最終從「玻璃懸崖」墜落的條件已然奠下。正如她在接受「蘋果橘子經濟學」（Freakonomics）的播客訪問時說：「女性在企業處於困境時，獲任為執行長或高階職位的機會絕對更大。」[31]

但認識並理解這些風險，不等於在眾目睽睽下失敗——至今仍被許多人說成是個人的失敗——不會痛苦和困擾。事後，巴茲在接受《衛報》採訪時，形容雅虎的董事會是「糟蹋」了她的「笨蛋」。[32]被如此冷待的人為何會有這番感受並不難以理解。

顯然，巴茲的任命所包含的時程未能保護她免於墜落或被推下懸崖。總體而言，承認「玻璃懸崖」的存在並意識到自己為其發生提供了條件的公司，更有可能設置必要的防護措施，以減少「玻璃懸崖」的潛在影響。

投身於這些職位總是令人畏懼和充滿未知，但一旦我們決定面對這項挑戰及其風險，仍可主動採取某些措施，以降低從「玻璃懸崖」墜落的可能性。

讓你覺得值得投入時間和精力

雖然我們之中很多人工作不只是為了薪水，但若認為獲得最合理的報酬不是我們努力的目標之一，那就太天真了。

* 摩斯僅擔任代理執行長，接替他的史考特．湯普森（Scott Thompson）才是雅虎的正式執行長，湯普森也是白人男性。

了解自身價值，切忌自我降價

如果我們要擔任這些備受矚目的職位，並承擔從「玻璃懸崖」墜落對個人及職業聲望造成的負面影響，那麼這一切必須是值得的。你可以稱之為「承擔高風險職位的激勵措施」，或「高危工作津貼」。無論怎麼稱呼，重點是要確保自己能夠獲得應有的回報。而實現這一點的關鍵，就是協商得宜。

我並不打算在這裡開設一堂協商大師課。無數書籍、網站和播客都能提供更詳盡的探討，也更具權威性。不過，有些關於女性進行協商的事項，我認為值得分享給大家。

男性比女性更常協商

男性比女性更常進行協商，這一事實未必令人意外，但仍是對我們的提醒。研究顯示，百分之四十二的男性願意主動爭取更高的薪資，女性卻只有百分之二十八。[33]兩性對協商感到自在的程度有別，自其職涯起點已然存在。研究發現，剛從商學院畢業、投入首份工作的女性中，只有百分之七會就起薪進行協商，而男性則有百分之五十七會這樣做，這導致女性於其職涯中的頭一年就比男性少賺七千美元。這一薪資差距可能會伴隨女性的整個職涯，[34]最終，在平均長四十五年的職涯中，累積損失近一百萬美元。

女性一旦協商，結果往往更好

同樣不令人意外的是女性協商往往會得到更好的結果，但同樣地，這依然是個重要的提醒。當新職位向你招手時，要記得協商，以爭取更好的待遇。

女性要當一位自在又自信的協商者，其價值不僅限於面試階段。女性上任後，「要求加薪的女性獲得加薪的機會比未要求者加薪的女性高一倍」。[35]而且，當女性為彼此進行協商，她們的成功率只會倍增。

相比起為自己的需求或想法爭取，女性為彼此爭取的結果更好。[36]事實上，當女性代表他人協商時，她們的成功率比男性高出百分之十四至百分之二十三。[37]

這大概是所有人直覺上都認定的真相。幫助別人總是比幫助自己來得容易。當朋友正在尋找新的機會、準備要求晉升或就新職位的條件進行協商時，作為旁觀者的我們能輕易列出他們的致勝特質，以及理應獲得最佳回報的原因。當我們不因眼前眾多棵樹而迷失，就能看清樹林的全貌——這也許是幫助別人總比為自己爭取容易的原因之一。

然而，另一個原因可能是我們的老朋友——性別社會化（gender socialization）。因為，儘管我們的文化可能謹慎看待為自己的需求奮力爭取的女性，以至於她很可能不再討喜，為他人爭取的女性卻不會被如此看待。女性代表他人爭取並沒有違反對女性的刻板印象，反而展現出社群意識與合作精神，這些特質與社會對女性的期望相符。[38]如此一來，女性就不會因為擔心不討喜而放棄爭取應得之物。

女性因害怕不討喜而寧願不協商

正如與性別角色和「玻璃懸崖」相關的一切，女性對協商的態度反映的是社會化，而非女性與生俱來的特質。在西方社會，女性被訓練和期望要避免衝突——女性要尋求解決分歧的方法，而非主動挑起爭端。[39]或許正因如此，女性在協商時對於表明自身需求有所猶豫。

社會化和集體期望可能使女性害怕一旦協商，她們會被貼上「咄咄逼人」或「不討喜」的標籤，這使她們認定不值得冒險。但在「玻璃懸崖」的情境下，風險本來就已經壓在女性身上（或至少感覺如此）。既然如此，我寧願冒險爭取高薪，而不是默默地在一個徒具風險卻無回報的環境中苦撐。

當然，無論男性或女性，在協商時都希望能成功表明自身需求，並爭取到與此相符的結果。然而，女性在協商的過程中很可能承擔額外的心理負擔：為求成功必須表現強勢，「過於」強勢卻會被視為「不討喜」。[40]研究顯示，社會化使我們期待女性要友善、柔和，女性若力求符合這些女性特質，她們為自己爭取權益的能力卻會被削弱——她們傾向討好他人，而非透過協商爭取到自身需求。[41]結果，女性會調整自己的行為，使自己顯得更隨和及願意配合，以至於在同一場協商中，她們提出的要求和最終所得都比男性少。當她們感覺到再要求下去就會「不討喜」時，就會停下來，以求全身而退。[42]

問題在於，擔心「不討喜」並非毫無根據。

哈佛法學院（Harvard Law School）的研究顯示：「女性不但得不到所要求的更高薪資，更會被認為較不宜雇用和較不討喜，也較不可能獲得晉升。」相對而言，「男性在協商中要求更高薪資時，通常不必擔心引起反彈，因為這一行為與男性為果斷、大膽且以自身利益為重的刻板印象相符」。[43]

只有當我們調整對協商的看法，才能使協商更加成功。

改變預期，女性便能在協商中占上風

一項非常有趣的研究揭示，成功協商很大程度上取決於我們自身的社會預期。[44]這項研究由西北大學進行，旨在分析協商中的性別刻板印象，結果令人驚訝。

當我們預設成功協商有賴傳統上被視為女性強項的「軟技能」，例如溝通能力、高情商*或合作能力時，女性的協商成果優於男性（她們更頻繁地獲得自己所期望的結果）。然而，當成功協商被設定為有賴傳統的男性特質，例如果斷、堅定或主導性時，男性的獲益則優於女性（後者為協商的常態）。

也許我們就是期待男性在協商時表現得更為強勢，因為這符合社會對男性特質的想像。隨著時間推移，我們對「男性風格」的協商方式產生了刻板印象，以至於女性不僅對協商望之卻步，更會因實際參與而承受被討厭的風險。

在工作之外保有自我

童妮・摩里森（Toni Morrison）曾為《紐約客》撰寫過一篇精彩的文章，標題為〈你的工作說明你是誰〉。她在文中描述了童年時在一位富有女士家中當清潔工的經歷。我經常想起這篇文章，以下為其結論：

一、無論什麼工作都要好好做——不是為了老闆，而是為了自己。

二、是你成就了這份工作，而非這份工作定義了你。

三、你的真正人生在於我們，在於你的家人。

四、你不是你的工作，你是你自己。

自此我為各式各樣的人工作過——有天才也有蠢人、有機敏的人也有遲鈍的人、有寬宏大量的人也有心胸狹窄的人。我從事過許多不同工作，但自從與父親的那次對話後，我從未將工作的層級視為衡量自己的標準，也從未將工作的穩定性置於家庭的價值之上。[45]

我完全同意。我認為，擁有並維持工作與生活的平衡，並在工作之外保有自我，不僅是幸福的關鍵，還能減輕「玻璃懸崖」的影響。

失去工作確實不好受，但遠不及失去自我糟糕。

---

* 包括情緒商數（Emotional Quotient，簡稱 EQ），或一個人的「情緒智力」（emotional intelligence）（詳見第五章）。

吸睛的高階職位需要你投入一切——或至少，如果我們允許此情況發生，它確實有可能發生。我在一家尖牙股公司工作時，曾一再目睹這種情況。所有大型企業，尤其是創新科技公司，都會定期進行大規模的業務重組，導致匯報關係（reporting line）瞬息萬變，職務也隨著業務需求的變化而調整（而業務需求又會隨著客戶和員工的需求改變而調整）。若要以開放性應對由內部和外部因素驅動的變化，員工就必須在職稱、職責，甚至工作地點等方面保持靈活。*

與這些大規模、足以影響整家企業的變動並行的是裁員不斷，自二〇二〇年代以來，這成為了各大科技公司的常態。業務重組、對事項之優先順序的調整，以及新員工的數量未達預期，這些意料之外的變化使現行計畫不得不也跟著改變，而改變之一包括裁員。[46]突然之間，我們感到工作的穩定性大不如前。[47]

無論是在哪家企業，業務重組和推動重大變革都不容易，甚至令人畏懼。就我所見，我的同事看待工作的態度大致上分為兩種，而他們適應變化的意願、對未來的信心與樂觀程度似乎受到這兩種截然不同的態度影響。

第一群人將自己在尖牙股公司的職務、職位和頭銜視為身分與自我認同的核心，†即使在工作以外的生活亦是如此。這使得他們往往更願意將公司的需求置於個人需求之上，以免失去這個構成自我認同的重要元素。相較之下，另一群人不把職位視為身分認同的一部分，而僅僅視之為一份工作，他們願意用一定的時間與專業知識來換取與公司約定的報酬（這也是我的態度）。對第二群人來說，當一天的工作結束時，「隸屬於公司」的自我認同也會隨之大減。我也觀察到，這群人更能從容面對公司的變動、業務重組，甚至裁員。包括我在內的這群人明白，當某個職位的價值失衡，或回報不再與投入相稱，我們大可離開，自我認同不會因此而有一絲受損。

我們或許可以辯稱這是有道理的：這群人視工作為交換商品與服務的手段，對職位的投入程度自然有限，也不會太在意職位的不穩定性。但我認為情況不盡然如此。我那些視工作為一場交易的「了不起的同事」[‡]，為自己在工作以外保留了極其重要之物──身分認同與自我。正因如此，他們能夠評估公司所提出的變革是否符合員工的利益，乃至於公司的實際需要。

抗拒將工作與自我融為一體的衝動，使他們能夠更堅定地守住界線，對那些可能造成自己或家人困擾的決策說不，甚至提出質疑（例如被要求搬到其他國家）。相較之下，那

* 靈活變通向來非我強項。

† 在這些以股票高速成長、高績效、創新與高薪著稱的企業工作，對某些人而言是榮譽的象徵。

‡ 我曾任職的那家公司稱每位員工為「了不起的同事」，可不是我發明的奇怪誇獎！

些以職位為核心來建立自我認同的人則無法如此，因為拒絕不但會置其工作的穩定性於風險中，可能因此失去職位，更會失去自我認同中的重要部分。

我懇請你要堅決捍衛自己在任何工作關係之外的身分。工作來來去去，尤其是那些充滿不確定性的「玻璃懸崖」職位。要是情勢不對，或出現意料之外的發展，你都必須確保自己有所依靠。*

這份依靠部分來自健康的工作與生活平衡，亦即盡可能避免將工作與生活混淆。

維持健康的工作與生活平衡

高階職位可能會相當繁重，尤其當我們受聘來重整並振興處於危機時期的公司和團隊時。

最近，我的一位朋友離開了她在亞馬遜擔任已久的職位，轉到抖音（TikTok）投入新職。她年紀輕輕，而且雄心壯志，但遺憾的是，儘管她滿懷期待與抱負，該職位並不適合她。她告訴我，她想離開，但又不想讓公司失望。

我一邊聽著，一邊點頭附和，然後跟她說了以下這番我認為她當下最需要聽到的話。

我也想跟你分享這段話：你的工作不是真實的，它不在乎你。它無法在乎。當然，與你共事的個別同事會在乎你，但他們也會在合適的時候離職。那麼，公司本身呢？它根本不在乎你。它無法在乎，因為你的工作不是一個人，不管你怎麼做，它都不會回報你的愛。

我們為何要把所有時間、精力——甚至整個自我——都奉獻給一個永遠不會回報我們愛的事物上呢？當然，如果我們去世了，公司可能會送上一束花，但在那之前，公司早就已開會討論接下來該怎麼辦，以及該如何填補這個職位空缺。

我們為何要卑躬屈膝，為了成就別人的事業而犧牲自己？尤其當我們根本不是股東。（請務必協商爭取股票。）

我們看待這些職位的方式，也會影響新一代女性對職場的期望和抱負。根據麥肯錫管理顧問公司與挺身而進基金會於二〇二二年共同發表的《職場女性報告》（Women in the Workplace），每三位三十歲以下的女性中就有兩位表示：「如果高階領導者展現出她們嚮往的工作與生活平衡，她們會對晉升更感興趣。」此外，大多數三十歲以下的女性（百分之五十八）表示，她們在過去兩年內變得更加重視職涯發展，而絕大多數三十歲以下的女性（百分之七十六）則認為工作彈性變得更加重要。[48] 年輕女性希望職場能為她們提供彈

* 我最終在二〇二二年的業務重組中離職，就在我領導抗議跨性別恐懼的罷工後，參與的員工除了英國人，亦來自歐洲其他國家、中東及非洲。如果我在工作之外的自我意識、價值觀和身分認同不夠堅定，我絕不可能承擔這樣的風險並表明立場。

性，而非單向地向她們索求彈性，只付出而無回報。

劃定界線，為自己設置防護欄。依靠你的支援網絡，並在投入新職之前，坦誠討論你可能會因「玻璃懸崖」而面臨的難題。

這一切都不容易，甚至會讓人不好受，彷彿我們因清楚表明願意為這個職位付出的底線，反而身陷風險。但如果我們決定承擔風險，投身於一個不穩定的職位來收拾別人留下的混亂，就必須確保這個決定同樣符合我們的利益與需求。

懶人包

- 如果你決定接受一個極有可能面臨「玻璃懸崖」的職位，以下措施可以減低風險：
  - 事先承認這一點。一開始就要辨識風險，無論是在與公司協商時，還是在你的社交圈內，這能使你感到情況可控，並獲得支持。這些討論可能令人畏懼和不舒服，但總比發現自己站在懸崖邊緣卻得不到支持或理解來得好。
  - 確認公司內的重要人際關係與支援系統。「玻璃懸崖」最常出現在缺乏明確內部支援系統的職場中，在支援十足的環境中，這一現象幾乎消失。因此，在下決定前，從你的人際網絡中找出最親密的對象，並評估你能從他們獲得多少支持。

- 預先確定時程。逆轉企業困境不僅具有挑戰性，還需要時間。因此，應提前就關鍵領域的進展和變革於何時發生與企業達成共識，並確定雙方皆以此時程為衡量成功的標準。

• 假如你決定接受一個極有可能面臨「玻璃懸崖」的職位，這個職位必須值得你冒險。你必須勇於協商，表明自己的需求。認清自己的價值，切忌主動降價。

• 失去工作並不好受，真的很不好受，但失去工作和自我則是雙重打擊。維持和捍衛你在工作以外的身分，平衡工作與生活，記住你是誰，也記住你為何已經如此出色。

第五章

問題出在我身上嗎？

讓我們永不停止思考—
我們身處的「文明」到底是什麼？
這些儀式是什麼，
為何我們要參與其中？
這些職業又是什麼，
為何我們要從中獲利？
——維吉尼亞・吳爾芙（Virginia Woolf）[1]

二〇一四年十月，時任美國特勤局局長茱莉亞．皮爾森（Julia Pierson）在與國會議員進行了一場氣氛特別緊張的聽證會後，辭去了職務。她於二〇一三年三月上任，改寫了該機構自一百五十年前成立以來皆由男性領導的歷史[2]——卻僅在任十九個月。

儘管她的任期短暫，她獲得歐巴馬總統親自提名並隨之被任命，最初仍被視為值得慶祝。歐巴馬宣布由她擔任此職位時表示：「茱莉亞於特勤局服務的三十年間，始終展現該機構男女幹員皆常備的全情投入與奉獻精神〔……〕。茱莉亞完全有資格領導這個機構，不僅在重大事件中守護美國民眾、確保我們的金融體系安全，還要保護我們的領袖和第一家庭，包括我自己的家庭。」[3]

人們曾對她寄予厚望——那麼，情況為何急轉直下呢？

在皮爾森短暫擔任特勤局局長期間，維安多次出現嚴重漏洞。首先，一名約聘保全人員曾三度被判定企圖傷害罪和毆擊罪（assault and battery），卻仍在亞特蘭大與歐巴馬總統共乘電梯，並且攜帶槍支。此事不僅未向總統本人或其團隊通報，也並未提交給「專門審查違規行為的調查單位」處理。[4]

僅僅幾天後，一名持刀闖入者翻越圍欄，輕易進入白宮內部，並一路闖入東廳。這起事件再次構成嚴重的維安漏洞，而特勤局未能如實披露其嚴重性。*

發生這些事件後，國會議員和政界人士表示對皮爾森領導的特勤局缺乏信心，批評該機構缺乏透明度，並表達了對總統安全的嚴重關切。總統最初仍為她辯護，最終則承認「鑑於近期以及不斷累積的相關報告」，該機構需要新的領導者。[5]

無論是民主黨還是共和黨的多位政治領袖都認為，皮爾森該是時候卸任了。其中，眾議院監督委員會的首席民主黨議員伊利亞·康明茲（Elijah Cummings）在接受有線電視新聞網（CNN）採訪時表示：「如果她無法重建外界對特勤局的信任，無法整頓內部文化，我寧願她離開。我告訴她，這是一項艱鉅的任務。」[6]

皮爾森在接受《彭博新聞》採訪時，回應了外界要求她辭職的呼聲：「為了特勤局和美國公眾的最佳利益，我認為我應該辭職。國會已經對我領導這個機構的能力失去了信心，媒體也表明了他們的期望。」[7]

許多人都認同這一決定——畢竟，維安機關的職責是提供保護，確保人們免受潛在威脅和危險，而非讓他們身陷險境，然後又未能充分披露維安漏洞的嚴重程度。當時，公關公司羅維爾（Lovell Communications）的總裁羅絲瑪麗·普洛林（Rosemary Plorin）指出：「當總統在媒體報導前的片刻才得知重大維安漏洞，你就必須意識到自己的職涯已經大幅縮短。」她還補充說：「茱莉亞·皮爾森已經毫無翻身機會。特勤局所遭遇的信任危機，

* 他們最初的報告稱，該闖入者並未攜帶武器，且僅抵達白宮建築的門口。

甚至比通用汽車還要嚴重。」[8]

我想我們都會認同，這一切看起來都不太妙，而且確實出現了極為嚴重的疏失。但我們不妨停下來，想一想：在特勤局迎來首位女性領導者的十九個月前，這個機構的狀況又是如何的呢？在那之前，特勤局真的得到了美國民眾的充分信任嗎？

答案是斬釘截鐵的「不」。歐巴馬總統提名皮爾森擔任特勤局的新局長，她也在隨後接任此職，當時這個機構其實正身陷引起公眾譁然的醜聞風暴。

據報導，在前任局長馬克・蘇利文（Mark Sullivan）任內，十一名特勤局幹員提前到哥倫比亞為歐巴馬的出訪進行維安部署時，曾僱用二十名性工作者，造成維安漏洞。[9]此外，他們又到卡塔赫納（Cartagena）的一家夜店狂歡，並向群眾吹噓自己為歐巴馬工作，此行是為了保護他。[10]這並非單一事件，同年，三名特勤局幹員到阿姆斯特丹執行相同任務，竟因「在飯店醉酒鬧事」而在歐巴馬抵達前一天被遣返回國。[11]這一醜聞傳出後，公眾一片譁然，並對特勤局嚴加檢視，該機構落入尷尬不已和名譽嚴重受損的境地。[12]而幾天後，《華盛頓郵報》以〈特勤局度過了「華盛頓最糟糕的一週」〉為題，報導有人聽到已婚幹員在飛機起飛時開玩笑，說出「輪子升起，婚戒脫下」（wheels up, rings off）這句廣為流傳的特勤局「座右銘」。[13]

因這些醜聞而被勒令辭職的特勤局幹員中，有兩位是擁有超過二十年資歷的高階領導者。許多人因此質疑，這些事件究竟是偶發的判斷失誤，抑或反映了更深層次的制度性問題，源於蘇利文長達七年的領導下所形成並最終失控的組織文化。[14]不過，蘇利文堅稱，這些事件並不代表更廣泛的問題或管理不善。

根據《衛報》引述，二〇〇二年六月，《美國新聞與世界報導》「把特勤局描述為一個『充滿問題』的機關，這些問題涵蓋酗酒、刑事犯罪，以及幹員被指控與白宮員工發生婚外情等。」該篇文章還補充說，九月的一篇後續報導指出，特勤局的處境猶如「壓力鍋」，「人力嚴重流失」的同時職責卻日益繁重。[15]

又有報導指出，由於管理不善，特勤局面臨資金不足與人手短缺的問題，並逐漸形成了「鬆懈和走捷徑」的文化。[16]曾協助揭露哥倫比亞之行不當行為的記者兼《中情局內幕》（*Inside the CIA*）一書的作者羅納德・凱斯勒（Ronald Kessler）表示：「特勤局的職責日益繁重，卻沒有足夠的幹員，他們全都在加班。」他認為，這導致「基本安全預防措施」被忽視。[17]

你也許會說，這是截然不同的兩種情況。特勤局讓可能危及總統安全的漏洞發生，與部分幹員在夜店玩過頭並不能相提並論。

這麼說或許也沒錯。不過，皮爾森的前任在任時也曾發生安全漏洞。當時，兩名真人實境秀明星成功潛入白宮，參加歐巴馬主持的國宴。[18]他們「雖然不在賓客名單上，卻能通過三個〔獨立的〕特勤局檢查站」，凱斯勒形容這是「蘇利文領導下標準鬆散的進一步證據」。[19]該事件發生於二〇〇九年，比哥倫比亞事件和皮爾森任命要早三年。根據《華盛頓郵報》的報導，眾議院監督暨政府改革委員會國家安全小組主席傑森・查菲茨（Jason Chaffetz）曾表示，他「擔心該機構的領導層需要打掉重練〔……〕。特勤局的管理存在嚴重問題，而他們必須承認這一點」。[20]

皮爾森上任時，擺在她面前的是個超級爛攤子——特勤局不只聲譽受損，也面臨資源（可用預算）和人員配置的問題。這使她作為該機構歷來首位女性領導者的處境更加艱難，也更值得關注。二〇一三年，在她接受任命時，《衛報》寫道：「白宮透過任命一位女性，傳達了一個訊息：對大男人文化零容忍。」[21]

皮爾森接手的特勤局早已不堪重負，「長期處於資金和人力不足的狀態」。[22]她在國會作證時指出，該機構的員工數量比「最佳水平」少了五百五十人，這是她上任時就已經存在的問題，並且很可能導致她在任時面臨的種種困難。[23]發生第二起維安漏洞事件，亦即一名男子持刀闖入白宮園區後，《華盛頓郵報》的報導如下：

前特勤局幹員表示，他們擔心這次維安漏洞可能與該機構制服部門過去一年來人手嚴重短缺有關。該部門主要負責白宮園區的安全，特勤局曾從全美各地的分局調派幹員臨時支援。這些幹員自然不太熟悉白宮園區的環境和入侵應變計劃。[24]

相比之下，皮爾森的前任蘇利文獲得時間和機會繼續擔任此職，並有可能解決特勤局在其領導下所面臨的問題。而皮爾森則接手了一堆問題，卻在不到兩年內因未能迅速整頓亂局而被迫離職。

—

二〇二三年國際婦女節（International Women's Day）的慶祝活動之一，是「世界女性藝術節」（Women of the World Festival）在南岸中心（Southbank Centre）舉辦的一場座談會，主題為「玻璃懸崖」，我受邀擔任主持人。*我既緊張又興奮，不確定會遇到什麼情況。儘管我經常受邀到企業講述這一現象，但這將是我首次與公眾進行這樣的討論。由於「玻璃懸崖」至今仍相對受到忽略，我無法確定大家對這個話題是否感興趣，這場座談會

* 在南岸中心演講一直是我的夢想，但我從未想過會成真。就在我收到主持人邀請函的同一天，碧昂絲也宣布將舉行「潮流復興」（Renaissance）全球巡迴演唱——老實說，這可能是我人生中最美好的一天。

又將吸引多少人來參加。

結果，這場座談會不但爆滿，更是當天報名人數最多的場次。

早在會場開門前，當我還在測試麥克風並確認牙齒沒有沾到口紅時，意外發現大批女性聚集在會場外，想要搶占座位。

好吧，我心想，這場座談會確實命中了某些重要議題。

門一開，座位迅速被填滿，但排隊的人似乎半個也不減，越來越多女性陸續進來，站在會場後方，或坐在地板上、窗台上，甚至有人趁工作人員轉身清點人數時，從他們的手臂下鑽過去，偷偷溜進來。

即使再怎樣擠，會場仍沒有足夠空間，數十位女性最終無法入場。這場活動幸運地得到英國手語（British Sign Language）翻譯員的支持，這樣一來，即使只有幾位聽障者成功搶到前排座位，其他較晚抵達的聽障者也能站在玻璃門外，透過翻譯員的手語全程觀看討論內容。

這場活動除了是我首次意識到這一現象引起極大關注，現場提問的性質也使我印象深刻。我原本預期問題會偏向理論性質，從對此現象的學術理解發問——我一直以來都是從這個角度理解「玻璃懸崖」。然而，這些犧牲週六下午來參與討論的女性提出的問題既個人又迫切。她們正在職業懸崖的邊緣搖曳，迫切需要建議，也渴望知道自己並不孤單。她們感激地表示，這場座談會為她們提供了詞彙與視角，讓她們意識到，自己所經歷的並非個人失敗。她們一再強調，儘管她們為自身經歷而難過，但能夠認識到這是一個超越個人層面的結構性問題，並透過共同經歷來建立社群，這使她們感到欣慰。

活動接近尾聲時，一位獨自前來、坐在第一排的女性舉起了手。我把麥克風遞給她，她表示自己沒有要發問，只是想感謝我們談論了這個重要議題、一個她從未聽說過的概念。正是因為這次的討論，她終於理解自己當前在職場上的處境。

她解釋說，她在公司內被提升至一個新設立的高階財務職位，但在她上任之前，情況已經漸趨惡化（這正是促成「玻璃懸崖」的典型條件之一）。她努力了好幾年，最終還是被迫離開這份原本夢寐以求的工作，原因是她認為老闆並沒有給予足夠的支持。她試圖以輕鬆的語氣對我們說，一切都沒關係，自從不再勉強自己去挽救這份工作，她開始覺得輕鬆了些，因為無論她怎麼做、怎麼努力，情況就是無法好轉。她告訴我們，當她不再執著於拯救自己和這個職位，而是選擇放手，才終於感到一絲解脫。她受夠了過去幾個月所承受的壓力，於是聘請了律師，起草了離職協議，終於看到了出口。她說，她在接受這個職位時才三十多歲，還很年輕，原本以為自己已經準備好了，但顯然並非如此，而她認為這正是問題所在。

「我真的以為自己準備好了。」她一邊搖著頭，一邊把麥克風遞回去。誰都看得出來她很難過。

我也為她感到難過，但我的角色是主持人，而她也沒有提出問題，我只好環顧四周，看看哪位舉手的觀眾要發言，並打算在座談會結束後找機會和她聊聊。

認識我的人都知道，在情緒激昂的場面中我比較冷靜，幸運的是其他與會者恰好與我相反。她們立刻伸出援手，給予這位女性她所需和應得的安慰。她目睹自己曾經夢寐以求的工作化為惡夢，這樣的痛苦她們看得出來。她一方面堅信自己已經準備好擔任這個職位，另一方面卻難以反駁自己其實還沒準備好，這樣的自我懷疑她們也能理解。她正在經歷一場內在的身分重塑，不再視自己為能夠接受並戰勝新挑戰的女性，而是承認自己不自量力，如今正在為過大的野心付出代價。對此她們也能明白並感同身受。

她視自己為問題的根源，但這根本不是事實。因為，她肯定是非常出色，才會得到那個職位的。一旦我們意識到「玻璃懸崖」是個文化現象，而非個人的失敗，就能看清許多我們原本可能會怪罪自己之事，其實是大結構的一部分，遠遠超出個人能掌控的範圍。

那一刻我意識到，仍有成千上萬的女性處於與那位在座談會上發言的女性相同的境地。她們以為接下了夢寐以求的領導職位，直到終於意識到自己面臨「玻璃懸崖」，已是在其邊緣上搖搖欲墜的地步。由於缺乏其他解釋，她們責怪自己怎會走到這個地步，最終無可避免地從懸崖墜落。

我想對這些女性說：你正在經歷「玻璃懸崖」現象的可能性，遠高於你不適合這份工作，特別是如果你接任時，公司的前景已經不容樂觀。事實一再證明，女性是卓越的領導者，在許多情境下，甚至比男性更優秀。然而，這些故事和數據卻鮮少出現在我們的文化對話中。

正因如此，才有了本章的主題：問題不在於你。而我將證明這一點。

女性領導力的真相

我們必須誠實面對女性晉升至「玻璃天花板」後，其領導經驗與生活的現實。

我的背景主要在於廣告業，當我想像一位領導者時，腦海中會浮現以下畫面。首先，我的想像預設了這位領導者是男性。這有夠荒謬的，對吧？畢竟，經歷了這麼多努力，爬梳了這麼多研究，參與了這麼多對話，甚至我自己也曾經擔任領導者，我卻依然無法擺脫社會化植入我腦海中的男性形象。不過，至少我能誠實面對這一點。

而當我想像一群領導者時，腦海中浮現的畫面讓人不禁懷疑是在看《廣告狂人》（*Mad Men*）——白人男性們吞雲吐霧，每個人手裡都握著一杯加了冰塊的烈酒。*我想

* 廣告業至今仍與《廣告狂人》所呈現的刻板印象驚人地相似，我也真的從未在一間沒有開放式酒吧的辦公室工作過。

像他們正在低聲交談、專注地盯著圖表看、主持一場重要的會議……這些都是影集裡典型的領導者行為，但現實中的領導者才不是這個樣子。首先，現在已經不是七〇年代了。其次，女性的領導經驗，尤其是那些受聘來領導危機中的企業的女性，根本就不是我在任何一部電視劇或電影中看到的那樣。我敢打賭，她們也不存在於你看過的電視劇或電影。

——

二〇二〇年，阿曼達・布朗（Amanda Blanc）加入英傑華集團（Aviva），擔任這家業務遍布全球的英國保險巨頭的執行長。二〇二三年，媒體紛紛報導在該公司的年度股東大會上，有股東針對她發表「性別歧視」和「貶低」的評論。根據英國廣播公司報導，其中一名股東在會議上指控布朗「在演講中強調了對股東的回報，但這與英傑華過去十年的股價表現不符，這代表『她不是這份工作的合適人選』。」然而，同一篇報導亦提到，「自布朗上任以來，英傑華集團的市值增長了約三分之一。」另一名股東質疑布朗是否應該「穿褲裝」，而第三名股東則向整體女性董事發出「地圖炮」：「她們很擅長基本家務，我相信這強項將反映在董事會的未來方針上。」[25]

股東大會結束後，布朗透過領英（LinkedIn）發表聲明：「坦白說，在金融服務業工作了三十多年後，我對昨天出現在年度股東大會上的那些性別歧視和貶低人的言論早已見怪不怪了。〔……〕我想，當你長期聽到同樣的偏見言論時，或多或少會變得麻木。」她接著表示，她和業內許多女性領導者一樣，早已從所屬公司的董事會中積累了「相當多的厭女傷痕」。她補充說：「我的職位越高，這種不可接受的行為就越明目張膽。」[26]

可悲的是，布朗並不認為女性在高階職位上的際遇或獲接納的程度有所改善，這看法呼應了聯合國秘書長所言的女性權利與機會停滯甚至倒退。而且，布朗認為情況正在惡化。她指出，這類言論在過去可能只會私下流傳，如今卻有人肆無忌憚地公開發表性別歧視的觀點與說辭，這才是「一種新的發展」。

在當今社會，若有公司流露出哪怕是一絲性別歧視都理應是禁忌。然而，這種禁忌卻潛藏惡果：性別歧視地下化，女性在領導職位上面臨的諸多問題也隨之被掩蓋。這些問題未被納入公共討論，未被點名也就無人處理，也無人能夠為此做好準備，於是性別歧視的循環便在放任下持續下去。

這是不可接受的。因此，如果你即將踏入或已經身處領導職位，我希望你了解職場的現狀。因為我們知道得越多，就越能充分準備，並且更有可能為自己打造更好的成果。

當上領導者又怎樣？女性仍被期望承擔隱性工作

一旦女性擔任領導職位，即使是最高階的領導職位，仍需隨之背負一系列額外的隱性期待。這些期待卻不會落在男性身上。

這些期待就像辦公室裡的庶務，但提升到了全新的層次。二〇二二年，挺身而進基金會與麥肯錫管理顧問公司共同發布年度《職場女性報告》，該報告凸顯出職場中女性與男性領導者在任務、職責和期望上幾個有趣的差異：

- 女性領導者致力維持職場的DEI（diversity, equity, and inclusion，即多元、平等與包容），為此投入大量時間的可能性比她們的男性同事高一倍，而且這並非她們的份內工作。百分之四十的女性領導者表示，這些貢獻在績效評估中並未獲得承認或考量。
- 女性比男性更可能成為「以人為本」的領導者，更傾向「持續採取行動促進員工福祉，例如關心團隊成員並協助他們管理工作負荷」。
- 儘管有百分之八十六的公司表示，主管支持團隊成員的福祉是「非常或極其」重要的，但只有百分之二十五的公司正式認可領導者為此所承擔的額外情感負擔。[27]

以上種種說明，為何有百分之四十三的女性領導者表示自己曾經過勞，相同情況卻只發生在同一職級中百分之三十一的男性身上。此外，女性領導者因工作負擔過重而選擇轉職的可能性比男性領導者高出一半。[28]

即使女性有能力並準備好擔任領導職位，現實卻是女性被默認要承擔遠超其本職要求的額外工作，而這遠遠超過對男性同事的期待。

被解雇並不等於你做得不好

這一切確實不公平，毫無疑問。而且很遺憾，在終於能談些正面的事情之前，我還有最後一個不公平的事實要跟你說，那就是男性和女性領導者被解雇的情況也是不公平的。

簡而言之，男性領導者在企業表現不佳時會被解雇。女性領導者在同樣的情況下也會被解雇，但即使業績良好，她們還是有可能工作不保。[29]

女性執行長即使在企業蓬勃發展時，也會失去工作。[30]研究顯示，女性執行長被解雇的可能性比男性執行長高約百分之四十五。此外，男性可以透過提升自身績效來保住工作，但女性領導者難以以同樣的方法自保。[31]

其中一位研究人員指出：「解雇執行長通常被解讀為良好的公司治理，因為這證明董事會認真履行其監督職責。然而，我們的研究揭示，董事會在評估執行長的表現及其去留時，存在看不見但嚴重的性別偏見。」[32]

另一位研究人員*補充：「本研究發現，與她們的男性同儕相比，女性高階主管承受額外的壓力與檢視。這是個問題，因為女性在突破『玻璃天花板』時已經面臨重重障礙，但即使她們成功攀上企業頂層，似乎仍然要面對額外的挑戰。」[33]

◎請試著這樣思考——

提出「玻璃懸崖」的目的是要爭取即使女性並不勝任，也要把職位給她們嗎？是要給予女性無限的時間、資源和支持，然後眼睜睜看著她們失敗嗎？

我們必須謹記，「玻璃懸崖」是社會現象，而非個人問題。少數女性所擔任的職位不受或較少受到此現象影響，不代表這一現象就不存在。同樣地，一位高知名度的女性高階領導者失去工作，也不一定是「玻璃懸崖」所致。

有時候，女性——即使是高階領導者——也有可能工作表現不佳。又或者，她們不符合某特定公司的需要，又或者時機不對，又或者，正如你我都知道，還有無數其他因素可能在背後影響一個人在職位上的成功，無論這個人是什麼性別。

莉茲·特拉斯（Liz Truss）是英國史上「最短命」的首相，這是「玻璃懸崖」所致，還是因為她真的不適任？情況並不總是那麼明確，個人因素也往往牽涉其中。

值得慶幸的是，情況並非全然悲觀。當前的職場環境未必能真正保障和尊重女性領導者，但有力的證據顯示，當女性獲得機會並能夠按照自己的方式領導時，表現確實十分出色——尤其是在危機時刻。

＊這項研究與另一項研究非常相似，後者針對被揭發行為不當的財務顧問。根據該研究，女性顧問被解僱的可能性比男性高百分之二十，而在同一領域找到新工作的可能性則比男性低百分之三十。該研究發現：「儘管行為不當的男性是女性的三倍，但女性卻遭受原雇主和潛在雇主更嚴厲的懲罰。」

女性在危機中的領導表現更為出色

平均而言，女性獲任最高階領導職位的時間比男性晚得多：女性首次擔任執行長的平均年齡比男性大四歲，而董事會在選任女性執行長時，也比選任男性執行長多花三分之一的時間。[34]但女性一旦就任，其表現往往優於男性，尤其是在危機時刻。

在迎接二〇二三年國際婦女節之際，個人理財俱樂部（Personal Finance Club）匯總了一些數據，以反映普爾五百指數中由女性領導之企業的表現。[*]結果令人驚訝。首先，在這五百家企業中，只有百分之六點四（三十二家）由女性擔任執行長。但接下來的這點也許更令人意外：儘管女性執行長只占少數，她們所領導的企業在過去十年間的表現卻「顯著優於」由男性領導的企業，具體情況為「女性領導之企業[†]的報酬率為百分之三百八十四，而由男性領導的則為百分之二百六十一。」[35]不僅如此，與女性領導者共事的人也普遍給予她們更高的評價，而以上兩項差距在危機時刻更形擴大。[36]

新冠疫情因素

如果我們想探討性別在危機時刻對領導力的影響，其實不需要看得太遠。過去幾年，我們都經歷了新冠疫情這場全球危機。首相或總統（或同等職位）可以說是最高階的領導職位了，而分析各國應對疫情的數據，或能讓我們更清楚地了解女性在危機時刻的領導表現。

那些由女性領導的國家在新冠疫情期間過得怎樣？與由男性領導的國家相比，有何差異？

簡而言之，由女性領導的國家過得更好，好得多。

研究人員分析了來自一百九十四個國家的數據，並考慮各種社會人口統計變項（socio-demographic variables），發現由女性領導的國家（例如德國、紐西蘭、‡丹麥、台灣和芬蘭）的防疫成果在各個環節上都明顯更好。[37]這些國家平均比男性領導的國家更早進入封鎖狀態，死亡人數減少了一半。

---

* 標準普爾五百指數（Standard and Poor's 500，簡稱 S&P 500）追蹤在美國證券交易所上市的五百大企業之股票表現，是全球最受關注的股市指數之一。

† 雖然這些公司並非在整個十年期間都由女性擔任執行長，但研究人員指出：「如果僅比較這些公司在由女性擔任執行長的期間，女性領導的公司仍然表現優於男性領導的公司（同時也領先整體市場！）」。

‡ 即使將紐西蘭與德國這兩個女性領導者的國家，以及美國這個男性領導者國家這些「極端值」排除在統計之外，根據《衛報》對該研究的報導，女性領導者相對成功的證據反而更加明顯。

其中一位研究人員向《衛報》表示：「這項分析清楚證實，在各種特徵皆相似的國家中，由女性領導的國家表現更佳，確診病例和死亡人數均較少。」他補充說，疫情期間，女性國家領導人面對風險的態度相當有趣，既願意承擔，也懂得規避。她們「在關乎生命的決策上傾向規避風險」，因此比男性領導的國家更早實施封鎖措施，同時，在經濟領域則「更願意承擔風險」。

研究人員指出，這項研究顯示，「女性領導在當前危機中為國家帶來了優勢」。[38]

這一結論與溫斯頓律師事務所（Winston & Strawn LLP）科技反托拉斯（又稱「反壟斷」）小組聯席主席蘇珊娜・托比（Susannah Torpey）的看法一致。她指出，在疫情期間，女性領導者力排眾議，不畏公眾反對而選擇聽取科學家的建議，她們即使「面對嚴厲批評和對短期經濟影響的擔憂，仍有能力做出明智決策」。[39]

然而，是否只有在全球疫情下，才能凸顯出由女性來為整個國家做決策的差別？抑或，女性整體而言就是更適合在危機時期擔任領導角色？

動盪時期，員工更傾向由女性領導

詹格福克曼領導力顧問公司（Zenger Folkman）在疫情前分析了對超過六萬名領導者的

評價，發現與女性領導者共事的員工認為她們比男性領導者優秀。為了驗證這一結果在疫情的第一階段是否仍然成立，研究人員再次進行調查。[40]

雖然樣本數量大幅減少，但仍足以證實疫情前的研究結果，而新的調查更發現男女領導者的評價差距進一步擴大，直接與女性領導者共事的員工對她們的評價比疫情前還要好。這表示女性在這段極其艱難的時期展現出超卓的領導能力。這份研究使用了十九項「關鍵能力指標」來衡量領導者，女性在其中十三項得分較高。*

除了能力評估，該研究也調查了每位領導者的「員工敬業度評分」，此評分來自其直系下屬對自身工作的滿意度與投入度。在疫情期間，男性領導者的員工敬業度評分為四十九點二，「略低於平均水平」。† 這結果並不令人意外，畢竟在疫情期間工作極為艱難。然而，女性領導者的得分「明顯較高」，達到五十五點二。

由女性領導的員工不僅給予她們更高的評價，對自身工作也更滿意和投入。

但為何會這樣呢？

為了解開這個問題，研究人員進一步檢視疫情期間員工最重視的關鍵能力。他們發

---

* 男性領導者得分較高的只有「技術／專業專長」一項，但研究人員指出，這一差異「不足以達到統計顯著性」。

† 平均分為五十。

現，在這種高風險與瞬息萬變的時期，員工更看重人際技巧，例如「啟發與激勵他人」、「有力溝通」、「協作與團隊合作」和「建立關係」。這些能力與女性在社會化過程所培養的特質吻合，而女性在這些方面通常表現得更為出色。

我們低估了情緒智力的價值

二〇一七年，世界經濟論壇（World Economic Forum）調查了情緒商數（Emotional Quotient，即情商或EQ）或情緒智力（emotional intelligence）在職場上的影響，結果令人震驚。該研究測試了情商及其他三十三種職場技能，發現情商是「最能夠預測績效表現的指標，能夠解釋所有類型職位中百分之五十八的成功率。」高達百分之九十在職場上表現優秀的人在情商測試中獲得高分，換成工作績效最低的組別則下降至僅百分之二十。研究人員指出：「低情商的人要在職場表現優秀也並非不可能，只是機率微乎其微。」[41]

高情商不僅與職業成功有關，還對收益有極強大的正向影響。研究發現，高情商者平均每年比低情商者多賺二萬九千美元。這種關聯性如此強烈且直接：「情商每增加一分，年薪平均便增加一千三百美元」，此結論更適用於各行各業、各級職位和全球各地。研究人員甚至表示：「我們尚未發現有任何職業的績效與薪資與情商沒有密切相關。」[42]

這結果使我感到意外，因為這不是我們通常用來形容成功與領導力的詞彙或特質。然而，我們都知道，當「玻璃懸崖」現象出現時，當組織面臨風險或處於不穩定狀態時，我們往往會期望女性領導者能以其較親和的手段來應對。

正如前文所述，企業在遭逢危機時更可能任命女性為領導者，原因之一是人們認為女性擁有較豐富的「軟技能」，而這些「軟技能」有助於重新凝聚經歷艱難時期的團隊。上述研究也似乎印證了這一點。

那麼，「軟技能」對於領導者的價值何在？某些特定的「軟技能」在危機時期真的那麼有用嗎？

事實顯示，在高度不確定與瞬息萬變的時期，相較於冷漠、疏離或權威式的領導風格，人們更希望自己的領導者能夠理解並共情當下的困境，以及團隊即將面對的挑戰。在這種情況下，人們特別渴望和重視透明度。

當事情真的「大條了」，不論身處何種職位，人們往往會進入生存模式，選擇低調行事，避免掀起波瀾，希望一切盡快恢復正常。談論出現問題的事情並不容易，我們可能因而感到脆弱，為求安全而採取「一切如常」的做法。然而，領導者及其團隊都清楚這只是表面上的平靜。在這種時刻，透明度與真誠或許能發揮關鍵作用。

凡妮莎．艾克塔（Vanessa Akhtar）任職於以西雅圖與波士頓為基地的管理顧問公司，她在接受作家莎拉．康乃爾（Sara Connell）採訪時表示：「在困難時期，透明度至關重要。照顧好你的團隊、展現脆弱，同時為他人創造可以展現脆弱的空間，這些都極為重要。讓員工看見你也是個普通人，並讓訊息盡量清晰，是在困境中持續前行的關鍵。」[43]

另一項有助於領導者成功應對危機的「軟技能」則是同理心。最近，《富比士》形容同理心是「企業發展的戰略要素」。[44]非營利組織觸媒（Catalyst）*的研究顯示，在「極具同理心的高階領導者」手下工作的受訪者中，有百分之六十一「經常或總是在工作中有所創新」，而當高層領導者缺乏同理心時，這一比例則下降至百分之十三。以上第一組受訪者亦表示，他們「經常或總是感受到投入」，卻只有百分之三十二的第二組受訪者有同感。[45]

與一位展現出同理心的領導者共事，使人更具創意、懷抱更遠大的夢想，並願意承擔更大的風險，以期為企業帶來更豐厚的回報。研究人員得出結論：「培養具有同理心的領導力是一種有效的策略，既能幫助企業以人性化和真誠的方式應對危機，從而滿足員工的情感需求，也能提升生產力。」[46]

這一事實是女性領導者向來就知道的。前職業美式足球球員、金牌得主及國家美式足球聯盟首位女性教練珍．維爾特博士（我曾在第二章提及）深知若想與球員建立聯繫，並取得他們的信任，她必須展現真實的自我。她在 Indeed.com 舉辦的女性領導力論壇上說：

「我非常清楚，自己永遠不可能在『當男人』這件事上勝過男人。」於是，她並沒有企圖要「當男人」。相反，她善加運用與生俱來的技能與能力，而非強迫自己去遵循某套刻板的領導模式。[47]

因此，儘管我們擔心女性的「軟技能」可能使她們更容易被推上「玻璃懸崖」，即在危機中被賦予領導職位，但當領導者採取更開放、透明且具同理心的管理方式時，似乎能為企業和團隊帶來實質的益處。

然而，無論一個人對身處「玻璃懸崖」作何感想，無論他們過去的領導經驗如何，我想強調——遭遇「玻璃懸崖」並非個人的錯。我真心希望，能夠用語言來描述這種現象，以及更全面地了解女性對自身領導經驗的陳述，能幫助大家看清這一點，也能讓那些正在面對這種情況的人不那麼孤單。

不是你的錯，而是整個體制存在缺陷，且沒有人願意談論它。正如我們在前面的章節所見，即便女性的表現優於男性，她們的潛力評分仍然較低，這代表女性必須一再證明自己的領導潛能，才能被嚴肅看待並獲得晉升機會。而正如本章所示，即便女性成功上位，她們仍極有可能面臨一大堆難以預測的阻力、偏見與期望，也難以為此未雨綢繆。

---

* 譯註：該非營利組織以打造適合女性及所有人的職場為宗旨。

就算女性登上最高層級，她們依然被期待充當關懷和照顧者，承擔被低估和缺乏支援的「辦公室家務」；相同的期待卻不會落在男性身上。既然如此，女性與其坐等被迫離開領導職位，不如對此職位再無幻想，寧願自行退出以重掌自己的命運，這難道不是在意料之中嗎？這波研究人員口中的「大分手潮」（Great Break-Up）真的那麼令人意外嗎？

懶人包

- 共事者評價女性為更出色的領導者。
- 在截至二〇二三年的十年間，由女性領導的企業在收益方面表現優於由男性領導的企業及整體市場。
- 即使女性成功晉升至最高領導職位，她們的經歷往往與我們所期待和想像的理想化領導形象大相逕庭。原因如下：
  - 額外的「辦公室家務」。即使身處企業最高層級，女性仍無法擺脫「辦公室家務」，她們被期待承擔額外的任務，包括促進DEI，或關懷和照顧團隊成員等。這些期待超出了她們正式的職責範圍，不僅不被納入績效評估，還可能使她們過勞。

- 即使業務良好，仍面臨解雇風險。整體而言，女性執行長被解雇的可能性比男性高約百分之四十五。而男性領導者通常是在業務不佳時才會面臨此風險，但女性即使帶領公司取得良好業績，仍可能被解雇。

• 女性似乎更善於在危機時期領導，這可能與她們的職場 EQ 較高有關。較高的 EQ 與職場成功（及薪酬）直接相關。女性領導者往往表現得更加真誠、透明和有同理心，這些特質能提升員工的投入度與創造力。

- 新冠疫情期間，由女性領導的國家在「在關乎生命的決策上傾向規避風險」。她們優先遵循科學家的建議，且未因此舉可能影響經濟而向壓力屈服，因而比由男性領導的國家更早實施封鎖措施。最終，與疫情相關的死亡人數在她們所領導的國家也較少。

- 當危機來襲時，員工更傾向於為女性領導者工作。一項涉及六萬名領導者的研究發現，在十九項潛在能力指標中，女性在其中十三項的表現優於男性。

第六章

大分手潮

直到一位白人男子來到某個地方之前，
那裡什麼都不存在。
只有當他來到，說出：「砰！我發現了你。」
這時你才算存在。
——米瑞安・馬卡貝（Miriam Makeba）[1]

二〇一四年，鮑康如（Ellen Pao）成為 Reddit 的臨時執行長。擔任此職前，她在科技領域已夙負盛名。她於二〇一二年起訴前雇主，成為「矽谷最受矚目的性別歧視訴訟」[2]的原告。*

鮑康如在加入矽谷科技界之前，曾接受企業律師訓練並從事過相關工作。二〇一三年，她加入 Reddit，主管業務發展和策略合作，隨後接替辭任的黃易山（Yishan Wong），成為執行長。

鮑康如擔任執行長僅八個月，期間遭受了極大的網路攻擊與騷擾，最終遞交辭呈。儘管如此，在她短暫的任期內，她仍成功在 Reddit 內部及其公共平台上推動了多項重要變革。

內部變革包括聘請顧問來協助公司更趨多元，並在面試中詢問應徵者對多元化的態度。鮑康如曾表示，這樣做確實「篩選掉了一些人」。[3]此外，她取消了招聘過程中的薪資協商，認為這對女性求職者不利，改為向所有應徵者提供兩種薪資方案（一種側重於現金報酬，另一種則提供較多股權）。後來她接受《衛報》訪問時，談及了自己的決定：「我在擔任 Reddit 執行長時，能做的不只是對抗歧視本身，而是營造一個公平的環境。例如，確保整間公司的薪酬制度公平，這能幫助所有人，不僅是女性和少數族群，還包括那些不擅長協商的男性，或那些協商能力較弱、導致團隊成員因薪資不均而不滿的主管。」[4]

鮑康如對 Reddit 平台所做的改變同樣大膽。在她上任之前，Reddit 一直被視為一個「無所不容」的空間，而她的改革最終似乎正是導致她下台的原因。[5]

鮑康如在其短暫的內期內，禁止了復仇式色情（revenge porn）內容——許多其他社群媒體紛紛效法。[6]此外，她與另外兩位高階主管聯手封禁了五個備受爭議的 Reddit 社群，這些社群曾利用該平台騷擾個別人士，其中包括擁有超過十五萬訂閱者的「FatPeopleHate」。[7]此舉遭到部分用戶批評，認為是對言論自由的限制。Reddit 則為這一決定辯護，表示他們「禁止的是行為，而非思想」。[8]

不滿禁令的 Reddit 用戶在 Change.org 上發起多項請願，要求鮑康如辭職，其中最受關注的一項在短短幾天內便獲得了一萬個簽名。[9]

令人意外的卻是，在鮑康如擔任 Reddit 執行長期間，最具爭議性的決定似乎是解雇員工維多利亞・泰勒（Victoria Taylor）。

泰勒自二〇一三年起擔任 Reddit 的傳播總監，許多人視她為 Reddit 用戶與管理團隊

* 鮑康如主張自己因性別而未獲晉升。二〇一五年，陪審團在所有指控上都支持公司，並且對鮑康如作出不利判決。鮑康如最初決定上訴，但在同年八月放棄。即便如此，她始終得到科技產業中的女性支持。判決公布後不久，一群女性在帕羅奧圖（Palo Alto）的一家報紙刊登了整頁廣告，上面寫著：「謝謝你，艾倫。」

（包括鮑康如）之間的橋樑。[10]她也被認為是讓 Reddit 上廣受歡迎的「任你問」（Ask Me Anything，簡稱 AMA）訪談形式進一步進入主流，並吸引名人參與的推手。[11]

泰勒被解雇的消息公開後，音樂人 Lorde 在推特上發文：「我不在乎 Reddit 是誰在管，但無論是誰都應該知道公關手冊的第一條規則永遠是——維多利亞留下。」[12]而不滿的並不只有她一個。

當時，外界普遍認為這是鮑康如所下的決定。為了抗議，Reddit 的版主們開始將部分版面設為「私人」，使用戶無法訪問，並暫時關閉多個子版面。[13]這對平台運營造成了巨大影響。據《Vox》報導：「受影響的子版面是平台上流量最高的版面之一。廣受歡迎的『任你問』版面被設為私人，超過八百萬訂閱者無法訪問。隨之『熄燈』的其他版面還擁有三百萬訂閱者的『藝術』（Art）版面，以及擁有八百九十萬訂閱者的『問問 Reddit』（Ask Reddit）版面等。」[14]

泰勒似乎被 Reddit 用戶視為自己與公司之間的重要橋樑。在她上任之前，平台用戶一直難以從管理層獲取資訊、答案或最新消息。七月三日，就在泰勒離職的翌日，鮑康如在 Reddit 平台和《時代》雜誌上發表道歉聲明，承認「辜負了用戶的期望」。[15]然而，這仍不足以挽救她的職位。

鮑康如當時才擔任執行長沒幾個月，但她仍特別針對 Reddit 多年來缺乏透明度的問題，於七月六日在《紐約時報》發表了一篇更長的道歉聲明。她寫道：

我們搞砸了。不只是七月二日這一天，而是過去幾年一直如此。我們的溝通做得不夠好，在進行重大變更時才會驚動了版主和社群。多年來，我們曾向版主和社群——亦即你們——道歉並作出承諾，卻一次又一次地未能兌現。當你們提出意見或請求時，我們未能每次都及時回應。版主和社群已經對我、我們這些 Reddit 的管理者，失去了信任。[16]

接下來發生的事，在日後將被鮑康如稱為「歷史上最大規模的網路攻擊之一」。她遭受的辱罵令人作嘔，我不會在這裡重述，只能說她忍受了「死亡與強暴威脅、種族歧視、誹謗，她的住家地址也被公開在網路上」。[17]

不滿的 Reddit 用戶隨即發起了新的 Change.org 請願活動，要求鮑康如辭職，最終收集到超過二十一萬個簽名。[18]

二〇一五年七月十日，泰勒離職後僅八天，Reddit 宣布與鮑康如達成「雙方協議」，她將辭職。[19]當時，她才擔任執行長僅九個月，而接任的是該公司的聯合創辦人史蒂夫·賀夫曼（Steve Huffman）。

當時為 Reddit 董事會成員的山姆・阿特曼（Sam Altman）發表聲明表示：「我們感謝康如對 Reddit 及整個科技產業的諸多貢獻。她在混亂中帶來了專注，招募了一支世界級的管理團隊，並推動公司成長。她讓 Reddit 有了一張別於以往對外觀感的新面孔，也是科技產業中女性的先驅。她將擔任董事會顧問至二〇一五年底。我期待看到她未來的偉大作為。」[20]

鮑康如辭職兩天後，Reddit 前執行長黃易山發文透露，下決定要解雇泰勒的並非鮑康如，而是一名董事會成員。[21] 鮑康如在推特上回應媒體對此事的熱議：「感謝這次沒有把責任怪到我頭上。」[22]

二〇一五年底，鮑康如在接受《衛報》訪問時被問到：「你認為，當你努力推動基本公平時，人們為何會視之為對他們的攻擊？」她回答道：

我認為那是對變革的諸多恐懼所致。某些人會想：「這個體制對我而言運作良好，那它有什麼問題？它不可能有問題。」人們往往認定自己朝向公平、公正且以能力為基準，但當你開始指出這些差異時，他們會發現現實中的自己及自己真正在做的事根本就不是理想中的樣子。這使他們極度不安、恐懼，甚至失望。我認為他們無法承認這個落差，反而會試圖將批評體制的人視為問題所在。[23]

——

你也許聽說過「大辭職潮」（Great Resignation），或是讀過關於「安靜離職」（Quiet Quitting）甚至「懶女孩工作」（Lazy Girl Jobs）的文章，最近還開始計劃縮小自己的工作範圍。但你有聽說過「大分手潮」（Great Break-Up）嗎？[24]這是職場上的最新趨勢，並攸關女性的職場經驗和期待。

如果你正處於「玻璃懸崖」情境中，這段經歷的結束通常意味著你要麼自行離職，要麼被迫離職——這取決於情勢的發展。但無論最終下決定的是你，還是由他人替你決定，這段經歷的終點幾乎總是踏下或滑落懸崖。

我們已經知道，當情勢艱難、危機來襲時，男性在企業整體表現欠佳的情況下，仍能透過提升個人表現來保住職位。然而，女性卻得不到同樣的保障。而雪上加霜的是，無論業績是好是壞，女性被解雇的可能性都一樣高。有時候，女性確實是毫無勝算可言。

因此，與其坐等「玻璃懸崖」發展至無可避免的結局，或試圖爭取那些寧可否認其存在，也不願正視偏見、歧視或自身既得利益的人的支持，越來越多女性決定「自己來」——替自己做選擇，並按照自己的規畫離場。

而我想談的是這個現象為何會發生——越來越多女性拒絕扮演一個她們已無法掌控的

角色，選擇退出這個劇本早已被寫死的故事。

錯不在我，是你

最近，發生了一個有趣且相當值得關注的現象——與以往任何時候相比，更多女性開始按照自己的方式選擇離職。

這一現象被稱為「大分手潮」，在二〇二二年度《職場女性報告》中首次被點出，該報告由挺身而進基金會與麥肯錫管理顧問公司共同發布。[25]

該報告發現，在過去一年中，女性領導者「比男性領導者更常更換工作，轉職率為史上最高」。[26]研究團隊從三百三十三家美國及加拿大公司的四萬名員工取樣，分析其數據後發現，過去十二個月內有百分之十點五的女性領導者自願離職，*而男性領導者的比例則為百分之九。[27]

該報告的研究人員指出：「若換個說法，來凸顯出此現象的規模，那便是：每當有一名女性董事晉升，就有兩名女性董事選擇離開公司。」[28]

挺身而進基金會執行長瑞秋・湯瑪斯（Rachel Thomas）在接受美國國家公共電台（NPR）訪問時補充：「女性領導者正以前所未見的速度離開公司。我們早就知道女性在領導階層的代表性不足，而現在公司則開始失去本就屈指可數的女性領導者。」[29]

這一趨勢出乎意料，研究人員認為這可能會為企業帶來「嚴重後果」。

此前我們已討論過，「斷階」阻礙了女性踏出領導之路的第一步，而「玻璃天花板」則進一步限制了她們的發展潛力。如今，當女性終於登上最高管理階層時，卻又出乎意料地選擇離職，女性在企業最高階層中的代表性與能見度不僅無法提升，反而可能持續走低——假如企業無法或不願改變，打造出女性願意將其未來長期投資於其中的工作環境。

儘管「大分手潮」是個新興現象，卻不只是學術研究中的專有名詞，多位在商界頗具知名度的女性已毅然選擇離職。例如，二〇二三年二月，YouTube 執行長、谷歌草創期員工蘇珊・沃潔斯基（Susan Wojcicki）發表聲明，表示自己將會離職，以便「展開新篇章，專注於家庭、健康及個人熱愛的計劃」。[30]

就在沃潔斯基離開谷歌的前幾天，Meta 也證實，其商務長樂懷恩（Marne Levine）決定離開這家她任職了十三年的公司，並表示她希望能「充電和優先與家人共度美好時光」，之後再展開「下一個職業篇章」。[31] 她是短期內第三位離開 Meta 管理層的女性——此前，營運長雪柔・桑德伯格（Sheryl Sandberg）已於二〇二二年離職，而全球營銷主管也

* 歷史上，女性領導者自願離職的比例介於百分之七至百分之八之間。

於二〇二一年離職。

類似情況也見於政治領域：蘇格蘭首席大臣妮可拉・斯特金（Nicola Sturgeon）在任職八年後請辭，而紐西蘭總理潔辛達・阿爾登（Jacinda Ardern）則宣布不會尋求連任，表示自己已「油盡燈枯」，無法繼續領導國家。[32]

這一批女性高階領導者的流失令人震驚，與我們耳熟能詳的女性職場成功與進步敘事大相逕庭。同時，我們也知道，沒有人會無緣無故做出選擇，尤其是有風險的選擇。那麼，究竟是什麼驅使女性——尤其是最高階的女性領導者——選擇離開並放棄她們辛辛苦苦爭取到的職位？

◎請試著這樣思考——

我幾乎已經聽到有人高喊：「育兒！組織家庭！這就是女性離職的原因！這不就是我們一直以來所說的嗎？這正是為什麼女性天生不適合擔任領導職位，從來都不適合！她們的荷爾蒙和孩子總是阻礙她們把工作做好。她們不是月經來，就是懷孕或在放產假。無論是哪種情況，反正女性就不是當高階主管的料。我們一直都知道這一點！」

又或者諸如此類的說法。

對於這種論調，我的回應很簡單：育兒或組織家庭並非驅使女性艱難地決定離職的主因。儘管媒體在表述女性的優先順序隨著年齡增長和事業發展而有所改變時，經常放大這些因素，而我們亦不斷議論女性是否真的能「兼顧一切」（have it all），但研究結果卻非如此。

一項長期追蹤的研究發現，女性確實比男性更容易離開《財星》五百強的管理職位（百分之二十六比百分之十四），但原因並非她們比男性更需要（或想要）承擔家庭責任。[33] 相反地，該研究指出：「女性對職場生活感到不滿，是因為她們的職業發展機會有限，條件也不理想〔……〕。女性離職的原因與男性完全相同，只是她們有更多理由這麼做。」[34]

此外，另一項研究也證實，不論男女，絕大多數計劃辭去當前職位的人並不打算完全退出職場。高達八成計劃離職者表示，他們會找一家更切合自身需求與優先順序的公司，繼續工作。更有趣的是，研究還發現，「男性與女性為求專注於家庭而選擇離職的比例相當，而且此比例極低，甚至不到百分之二。」[35]

所以說，越來越多女性選擇離開她們辛苦爭取來的職位，原因並非生兒育女。那麼，究竟為何會變成這樣？是什麼驅使女性下此艱難決定？是因為疫情過後，我們失去了對於當領導者的浪漫想像嗎？還是說，經歷這場巨變後，我們自身也發生了變化：我們願意為公司付出的程度有所改變，對報酬的期待也有所改變？

疫情後的新優先事項

新冠疫情的經驗改變了一切，尤其是我們對工作的態度及對雇主的期待。

雖然《職場女性報告》針對的是美國的勞動狀況，但「大分手潮」所及之範圍遠不止於此。顧問公司勤業眾信（Deloitte）同樣針對女性選擇離職的趨勢（無論是否為「玻璃懸崖」所致）進行調查，調查對象為來自美國、英國、加拿大和澳洲的二千一百名員工及高階主管。調查結果顯示，近七成高階主管表示正「認真考慮」辭職，以尋求能夠「更好地支持其福祉」的職位。[36]

研究的另一項發現並不令人意外：疫情對我們集體的身心健康造成了巨大且負面的影響——也就是說，各級員工的身心健康都降至歷史新低。超過四分之三的高階主管表示，他們的身心狀態在這段期間受到負面影響。不僅如此，四成高階主管感到不堪重負（整體員工為百分之三十五），三成感到孤單（整體員工為百分之二十四），而百分之二十六則出現抑鬱情緒（整體員工為百分之二十三）。[37]

也難怪越來越多人選擇離開不適合自己的企業與工作模式，並在尋覓新職時，看重新東家是否從一開始就能提供晉升機會、工作彈性及包容的工作環境。[38]

女性希望雇主提供相應的回報

讓我們回到稍早前提到的統計數據：「每當有一名女性董事晉升，就有兩名女性董事選擇離開公司。」[39]這表示，即使企業在認可女性的貢獻並晉升她們方面有所進展，女性在企業高層的代表性依然有減無增，因為離開的女性多於新進填補的女性。而她們為何選擇離開？因為她們發現企業並未以她們所需的方式提供支持。換言之，「即使公司認為自己已經晉升了一些女性，整體的情況卻是，女性並不認為她們能在其中茁壯成長。」[40]

那麼，女性需要什麼才能茁壯成長？她們對雇主有什麼期待？又是哪些因素驅使女性做出轉換工作的決定呢？

說到底，她們提出的都不是什麼驚天動地的要求。

以下是她們選擇轉換工作的主要原因：

- 百分之四十八的女性希望獲得晉升機會（男性為百分之四十四）。
- 百分之二十的女性希望擁有工作彈性（男性為百分之十三）。
- 百分之十八的女性希望公司能致力推動ＤＥＩ*（男性為百分之十一）。
- 百分之二十二的女性因得不到主管的支持而跳槽（男性為百分之十八）。
- 百分之十七的女性因工作量不勝負荷而另覓新東家（男性為百分之十）。[41]

以上現象應視為後疫情時代的結果，所有人的工作與生活方式都在這段期間經歷前所未有的動盪。我們不得不重新審視自己生活的各個層面，釐清哪些事物是真正重要的，哪些又是可以被斷捨離的。

或許有人會認為，優先順序的轉變只是暫時的，只要我們在餘下的動盪時期中，不再流失更多女性領導者，一切就會恢復正常。事實卻非如此。這一想法若要成立，就必須忽視千禧世代（約一九七七年至一九九五年出生）與Ｚ世代（約一九九五年至二〇一〇年出生）在職場中的影響力——這兩代人意識到了已發生的進展，同時也渴求更多。[42]

現實情況是，當今女性領導者重視的因素，對下一代職場女性而言只會變得更加重要。以二〇二二年三十歲以下的女性為例，她們當下與兩年前所看重之職場要素的比較結果如下：

- 百分之五十八比兩年前更重視晉升（當前女性領導者為百分之三十一）。
- 百分之七十六比兩年前更重視工作彈性（當前女性領導者為百分之六十六）。
- 百分之四十一比兩年前更重視企業是否致力於推動DEI（當前女性領導者為百分之三十一）。
- 百分之五十六比兩年前更重視主管是否給予支持（當前女性領導者為百分之四十二）。
- 百分之六十八比兩年前更重視企業是否致力於維護員工的福祉（當前女性領導者為百分之五十五）。[43]

「雙重班」已變成「三重班」[44]

第二章曾經討論過，工作場所之外的勞動在職場女性的生活中始終占據一席之地，即

＊ 即多元、平等、包容。

使她們的職涯持續發展。男性攀升職涯階梯的同時，其所分擔的家務及工作以外的責任也會相應地減少，女性卻始終被期望從事無償勞動。此外，我亦提到，百分之五十八的初階女性員工表示自己負責大部分或全部家務或育兒工作，而當女性晉升為高階主管或更高的職位時，這一數字僅輕微下降至百分之五十二。[45]這種對家務勞動與照顧的期待在男性的職涯中卻沒有以相同的方式持續：只有百分之三十的初階男性員工負責相同的工作，而當他們晉升為高階主管或更高的職位時，這一原本已相對低的數字更驟降至百分之十三。*[46]

不僅在家庭生活中，社會對女性在關懷與照顧方面的期待更高，為她們的職涯發展平添負擔，在工作場所中，這種期待也呈現出明顯的差異。

無論男性或女性員工，企業都會對他們的業務表現有所期待，以助其增加營收與推動企業的整體成長。[47]然而，正如我在上一章中略為提及，擔任領導職位的女性還被期待承擔企業內部與DEI相關的絕大部分工作。女性領導者在DEI方面的付出是男性同儕的兩倍。[48]

瑞秋．湯瑪斯在全國公共廣播電台的《日間版本》（*Morning Edition*）節目中表示：「女性領導者確實在人員管理以及推動多元、平等與包容方面發揮了重要作用。我們知道員工同時為利害關係人的公司重視這些工作，也希望看到更多相關工作被落實。耐人尋味的卻是，這些重要的工作在大多數組織中往往不獲承認和回報。」[49]百分之九十三的公司在評量主管級員工的績效時，以業務目標作為指標之一，但只有不到四成會將振興團隊士氣和推動ＤＥＩ等納入考量——即使企業認可這些項目的價值，並默許女性投入工時來承擔這些照護性質的任務。[50]

早在女性正式踏入職場前，就已被期待承擔這些倚重「軟技能」的培育與關懷工作。如今，相同的期待依然落在女性領導者的肩膀上。而一如既往，她們的付出始終不獲重視和認可。

「無論稱之為情緒勞動，還是優秀的領導力，女性為提攜下屬所付出的努力遠超男性。她們不成比例地承擔大部分與多元包容相關的責任。她們更頻繁地關心員工的身心健康、工作負荷，以及是否能平衡工作與生活。她們所展現的領導方式符合企業的期待。」麥肯錫高級合夥人艾莉西絲・克里夫科維奇（Alexis Krivkovich）在《麥肯錫播客》（*The McKinsey Podcast*）上表示，「然而，這些努力並未獲得正式的回報，因此，許多女性開始思考：『一定有更好的選擇。』」[51]

一定有更好的選擇。

這正是挺身而進基金會創辦人雪柔・桑德伯格的觀點：

* 研究人員補充，「這些數據涵蓋所有女性和男性，不論他們是否與配偶或伴侶同住。」

我們正處於美國企業界的「大分手潮」。女性領導者正以前所未有的速度離開她們任職的公司〔……〕。如今，在人員管理和DEI方面投入大量心力的女性高階主管，正選擇轉職至能提供更好機會的地方〔……〕。企業必須加倍努力，消除職場中的偏見，並認真為推動DEI而投入資源，否則，數十年來在女性平權上取得的進展將付諸東流。現在就是該行動的時刻了。[52]

◎請試著這樣思考——

好吧，好吧。你也許會想，既然已經身居領導職位的女性，以及那些渴望成為下一代領導者的三十歲以下女性，都一再明確表示DEI對她們而言至關重要，那麼，這項工作本來就該由她們來做。既然她們比男性員工更在意這方面，那讓她們承擔更多責任，不是很合理嗎？

對此我的回應是，關心某件事和在得不到任何回報或認可的情況下，承擔實現它的全部責任——而且還是在本職工作之外——這兩者是截然不同的。尤其是當這件事還能帶來營收時，例如DEI（稍後我將進一步說明）。[53]

領導地位浪漫不再[54]

即使撇開「玻璃懸崖」帶來的額外考量和負擔，女性仍在重新審視自己在工作上的所需與應得的待遇。她們以明確、堅定且勇敢的態度，為自己的職業設下條件，以充分利用投放於其中的時間，並確保獲得最大回報。

然而，我們的確需要將「玻璃懸崖」納入考量以了解以上情況的背景。例如，「大分手潮」所形容的無疑是女性轉換工作的人數創下新高，但若她們不是單純轉職，而是面臨若不選擇離職，就會被解雇的兩難，而公眾很可能將後者解讀為「失敗」，這又怎麼說呢？

研究發現，當企業處於危機時，外部觀察者傾向於將問題歸咎於其領導者，而不會看到和認清這些問題可以由外部情境因素所致。[55]

研究指出，在危機時刻，企業及其領導層往往比平時更受關注，來自股東與媒體的審視與壓力也隨之增加。[56]這種高度曝光使得在「玻璃懸崖」情境下，對領導者的指責不僅更加顯眼，還會成為公眾話題。企業在公眾眼中陷入危機，加上領導者又是一名女性，形成了雙重特殊情境。人們可能會認定這兩個不尋常因素之間為因果關係，從而以此來「證明」女性領導能力不如男性。

這意味著，即使一位領導者打從一開始就面臨重重困難，注定難以成功，公眾看見的卻可能是個人責任。離任的領導者所承受的指責可能會影響他們未來的發展，因為個人責任的標籤會損害其聲譽。也就是說，一旦領導過業績不佳的企業，將更難再獲任領導職位。

這或許能解釋為何代表性不足的領導者在犯錯時，往往比代表性較高的領導者受到更嚴厲的懲罰。[57]正如在任何「唯一」情境中，代表性不足會讓率先踏入這些職位的「唯一」者的負擔更重，因為他們不僅被視為個人，更被視為整個性別群體的代表。就各方面而言，這樣的風險都再高不過。有時候，這已超出了個人所願意或能夠承擔的範圍。

同時，我們也必須謹記，選擇卸任並不必然要被解讀為失敗。求職平台Handshake的首席法務長薇樂麗・沃克曼（Valerie Workman）在接受全國廣播公司商業頻道（CNBC）採訪時，對蘇珊・沃潔斯基辭任YouTube執行長的評論如下：「你已成功當上YouTube的負責人，從這個最高點上離開，去做別的事，這怎能算是失敗呢？」她又針對「大分手潮」補充說：「她們正在達成目標並取得成功，有些人選擇在精疲力竭之前離開。這對年輕女性來說是一個絕佳的榜樣，這是個成功的故事。」[58]

你知道嗎？我認為她說得沒錯。

我不相信任何人會輕率地放棄自己辛苦得來的職位。但當感覺腳下的地面正在崩塌，或當你清楚自己已經將事情推至極限，無法再前進了，要保持動力確實不容易。

正如我在討論任期時提到，女性領導者被辭退的頻率與速度都高於男性同儕，因而往往沒有選擇的餘地。

被推下懸崖

女性選擇掌握自己的命運，離開無法滿足她們需求的職位，並依據自身優先順序來安排生活，這是一回事。但情況並不總是如此。有時候，她們被剝奪了這種選擇。在許多「玻璃懸崖」的案例中，女性並非自願辭職，而是感受到背後有一股壓力，把她們推下懸崖。

那麼，當選擇被剝奪時，會發生何事呢？

研究顯示，男性執行長的平均任期為八點四年，而女性執行長的平均任期僅為六點三年。此外，縱向研究顯示，在過去十年間，離職的女性高階主管中有百分之三十八是被解雇的，而男性則為百分之二十七。*[59]

* 最初提出「玻璃懸崖」的蜜雪兒．萊恩和亞歷山大．哈斯蘭在其後續研究項目「玻璃懸崖：十年研究」（The Glass Cliff, a Decade of Research）中，亦引用了這些數據。這份後續研究詳細分析了全球二千五百家最大上市公司在十年間的數據，研究者指出：「這些數據提供了具體證據，證明『玻璃懸崖』的危險性不僅僅是感知上或潛在的風險，而是直接體現在職涯創傷的增加上。」

原因之一可能在於，女性在這些風險重重的高階職位上，所經歷到的與男性不同，畢竟男性較難識別甚至相信「玻璃懸崖」這一現象的存在。因此，他們較不可能提供必要的支持，來將這種情境轉化為成功的故事。

不幸的是，當男性不認為自己有性別歧視時，以上所言尤其真實。[60]

當女性在岌岌可危的領導職位上舉步維艱時，若有人相信她們，並認可她們的經歷，即能改變她們在困境中的感受。正如我們所知，內部支持是決定某情境是否陷入「玻璃懸崖」的一個重要因素。而既然高階領導者多為男性，當女性需要尋求支持時，便得依靠這群男性——這個在領導階層中代表性最高的族群。然而，如果這些男性無法持開放的態度去認識性別對女性領導經驗的影響，以及這些影響的潛在後果，他們便不太可能有能力或意願去提供協助，以防止女性跌落懸崖。

當然，這些因素早在「玻璃懸崖」浮現為顯而易見的威脅前，就已經在發揮作用了。研究人員探究了導致職場招聘歧視的因素。[61]研究發現，在招聘過程中，自認為最客觀的主管容易陷入「我這麼想，所以就是真的」（I think it, therefore it's true.），而這一思維模式實際上可使偏見加劇。簡而言之，當主管認為自己比他人更為客觀時，便容易相信自己的想法和內在信念是正確且有效的，因而在招聘決策中「值得付諸行動」。這不僅無助於減少偏見，反而使性別歧視加深。[62]事實上，研究發現：「若招聘的是傳統上由男性擔任的職位，負責招聘的主管會按照性別刻板印象，調整招聘標準，以利於男性應徵者，但卻不會對女性應徵者展現相同的偏袒」，而「那些靈活調整招聘標準，以合理化選擇男性應徵者的決策者，往往認為自己更加客觀」。[63]

但當然，招聘主管不過是代表性不足的領導者在職場中面臨不公的開端。當我們在招聘決策中設法減少偏見，下一步便是審視我們的職場經驗及對職場生活的認知。而當我們這麼做時，會得到非常有趣的觀察：男性不僅較少積極參與拆解「玻璃懸崖」，很大部分甚至不願意相信這一現象的存在。

在一項實驗中，研究人員請男性和女性閱讀一篇關於「玻璃懸崖」的報導，然後回答相關問題。結果顯示，女性更容易認同這種經驗，理解其風險及不公平之處，而男性則傾向質疑文中所述之研究是否有效，並且更可能否認女性領導者所處的位置確實充滿風險，而非正視這一現象及其後果。[64]

研究人員指出：「有趣的是，男性受試者最強烈的反應是質疑『玻璃懸崖』現象的存在，超過五成男性受試者要麼否認『玻璃懸崖』的存在，要麼堅稱男性比女性更容易受到影響。〔……〕相較之下，只有百分之五的女性對這一現象的存在存疑，這一對比十分顯著。」[65]

而在對「玻璃懸崖」現象的存在表示肯定的人中，男性與女性對於其成因的解釋也大不相同。[66]女性傾向於歸因於有限的晉升機會、性別歧視，以及男性偏好與其他男性共事。

相較之下，男性則更常提及一些較為被動的因素，例如女性是否真的適合這類工作、該職位需要策略性決策能力（他們似乎並不認為女性具備此能力，或至少能力不如男性），或其他忽略性別因素的商業考量。*

無論是選擇跳離已不再適合自己的職位，還是被強推出局，「玻璃懸崖」的終點通常是離開原本所屬的企業，或是卸下一直以來擔任的職務。

無可否認，重新開始需要面對情感、職業與財務等多方面的不確定性，但也可能是個契機。這是一次重新思考自己是誰、想成為什麼樣的人的機會——無論是在職場內或外。這也是個好機會，去重置、重組，並重新審視過去的工作方式，思考未來希望如何工作。

懶人包

- 當「玻璃懸崖」出現時，最常見的結果是女性被推下懸崖，或自行選擇跳下——離開其所在的職位和公司。
- 在「大分手潮」中，女性領導者轉換工作的比率達到了研究人員前所未見的高峰。這波離職潮意味著，每當有一名女性董事晉升，就有兩名女性董事選擇離開公司。

- 「大分手潮」的成因包括：
  - 優先順序因新冠疫情及其對集體心理健康的影響而改變。
  - 女性希望並期望從工作中獲得回報，包括工作彈性、升遷機會和合理的工作量。三十歲以下的女性更加重視這些回報。
  - 除了本職工作和家庭責任外，身居高位的女性還被期望承擔額外的職場任務，例如指導新人和主導倡議ＤＥＩ。女性領導者在ＤＥＩ相關工作上的投入是男性同儕的兩倍。
  - 女性不再憧憬擔任領導者。對領導職位的浪漫想像已成過去，如今的女性更重視自身的幸福與心理健康。
- 當女性接觸到有關「玻璃懸崖」的研究時，她們更容易認同這種經歷，理解其風

---

* 有趣的是，研究人員發現，兩性在接受「玻璃懸崖」現象的存在、成因及影響上的差異，在初階和中階員工身上尤其明顯。他們指出：「在最高管理層，女性的回應與男性更為相似，她們更有可能否認這一現象的存在，或傾向於接受較溫和的解釋。這一模式與先前的一系列研究結果一致，這些研究顯示，在（男性主導的）組織中晉升至最高層的女性，往往與男性同儕相對相似，因此未必是對女性議題最有熱忱的倡導者——可能因為她們本身就是基於這一標準被選中的，也可能因為她們已經適應了該職位的意識形態要求」（Derks, Ellemers, van Laar and de Groot, 2011; Ellemers, Heuvel, de Gilder, Maass and Bonvini, 2004）。

險及不公平之處，而男性則更傾向質疑研究的有效性，甚至否認女性可獲得的職位充滿風險。

- 超過五成男性要麼否認「玻璃懸崖」的存在，要麼聲稱男性比女性更容易受其影響。只有百分之五的女性對這一現象的存在存疑。

• 自認為最客觀且最不性別歧視的主管，更容易相信自己的想法和內在信念是正確、有效的，因此「值得付諸行動」。這反而可能加深偏見。

第七章

我們的工作方式

你可以說我們誰都歡迎，

但如果狼和羊你都歡迎，

那你最後只會得到狼。

——亞當・貝茲（Adam Bates）[1]

二〇〇一年，安妮．馬爾卡希（Anne Mulcahy）被任命為全錄（Xerox）的執行長，並於二〇〇二年一月加入該公司董事會。[2]

全錄當時狀況不佳。前執行長僅在位十八個月，而眾多報導都指出全錄當時瀕臨破產。[3]在連續六年虧損後，該公司負債高達一百八十億美元，並且正因會計作業而遭到調查。[4]

馬爾卡希後來說：「一九九九年底至二〇〇〇年初，事情崩解的速度令人震驚。彷彿『完美風暴』一詞就是由我們所創。」[5]

就在她被任命為執行長的那天，股票估值下跌了百分之十五。[6]

乍看之下，還以為「玻璃懸崖」這個詞也是由他們所創。

然而，馬爾卡希與許多代表性不足的領袖不同。無可否認，她是在困難時期被任命的，但她對這家公司並不陌生。她早在一九七六年就加入了全錄，擔任外勤銷售代表，並在接下來的十六年中繼續從事銷售工作。她從基層開始在公司內部建立聯繫，並積累了關於公司的豐富知識。[7]她在公司內部的晉升歷程包括：於一九九二年擔任人力資源副總經理（負責員工福利、勞資關係、培訓及管理人員開發），於一九九七年擔任幕僚長及資深副總裁。[8]她對全錄的了解是全方位的，並擁有強大的內部關係，且對什麼才是當務之急，以及該做什麼來助公司重回正軌有自己的看法。

馬爾卡希說：「我當然不是被培養成為執行長的。我沒有太專業的財務背景，也不曾接受過正式訓練。我必須透過密集的在職學習來彌補。」[9]

或許正因為擁有這麼豐富的內部知識，馬爾卡希得以快速改變全錄的命運。她於二〇〇〇年上任時，全錄虧損了二億七千三百萬美元，來到二〇〇三年卻錄得九千一百萬美元的盈餘，而這一數字更在二〇〇四年增長至八億五千九百萬美元，銷售額達到一百五十九億美元。除了獲利回升外，全錄的股價也上漲了，「過去五年的報酬率達到百分之七十五，相比之下，道瓊工業平均指數則下跌了百分之六。」[10]

全錄在馬爾卡希的帶領下，無疑已經重回正軌。二〇〇五年，《財星》雜誌將馬爾卡希評為商界第二位最具影響力的女性。[11]

馬爾卡希在到史丹佛商學院（Stanford Business School）演講時，回顧自己擔任執行長之初，缺乏領導經驗可供借鑑。她對聽眾說：「我覺得我的職稱應該是『溝通長』（chief communication officer）才對，因為這才是我真正的工作。」她強調傾聽顧客和員工意見的重要性，並說：「我成為執行長的最初九十天幾乎都在飛機上，前往各地辦公室，傾聽對公司現況的任何看法。我認為，如果花在傾聽上的時間與發言時間一樣多，那就是值得的。」[12]

馬爾卡希既不抗拒女性領導者擁有大量「軟技能」的觀念，也沒有試圖迎合傳統上較具陽剛色彩的領導風格。相反，她選擇擁抱這些特質——與人對話、交流意見、蒐集回饋、建立關係，並從最了解公司狀況的基層員工那裡找出真正的問題所在。回憶那段時光，她表示誠實與自信是有效溝通的關鍵，並補充：「當你的組織陷入困境時，你必須讓人們感受到，你知道發生了什麼，也有策略來解決問題。除此之外，你還必須告訴大家，他們可以做什麼來幫助公司。」[13]

但為求促成改革，她對整家公司，包括高階管理團隊，都有明確的要求。畢竟，再出色的領導者都不可能單憑一己之力推動轉型。她必須能夠依靠自己的團隊，尤其是最核心的高階成員——然而，正如我在第二章討論過，對於代表性不足的領導者來說，這並不總是件容易的事。而馬爾卡希採取了「少廢話」的策略，這或許正是她成功的關鍵。她說：「我讓大家二選一：要嘛捲起袖子開始做事，要嘛離開全錄。」[14]

這並不意味著馬爾卡希的成功之路一帆風順。正如艾莉森．庫克在接受《Vox》訪問時指出：「她（馬爾卡希）為全錄付出了一切，所有人都看在眼裡。」[15]

在史丹佛的演講中，馬爾卡希坦承：「與其說我渴望成功，我認為我是受到對失敗的恐懼所驅動。」她接著說：「在全錄的經歷讓我明白，危機是極為強大的動力。它迫使你做出原本可能不會做的選擇。你的專注力和競爭意識都會因而提升，並執著於達到業界頂尖水準。現在我們已經重回正軌，我想盡一切努力確保不會再失去這股動力。」[16]

成功帶領全錄走出困境後，馬爾卡希於二〇〇九年選擇卸任，將公司的領導權交給烏蘇拉・伯恩斯（Ursula Burns）——她也是一位代表性不足的領導者。伯恩斯不僅成為首位在《財星》五百強企業擔任最高職位的非裔女性，也是首位接替另一位女性出任執行長的女性。[17]

伯恩斯自二〇〇九年至二〇一六年擔任全錄的執行長，並於二〇一〇年至二〇一七年擔任其董事長。

——

閱讀本書至此，我想你已經能辨識「玻璃懸崖」的特徵，以及促成這一現象的各種條件。我也希望你能夠反思自己的職場經歷，甚至重新解讀其中的一些經驗。如今，你已經看見了這個過去隱而未見的危害。

這樣的認知無論是對個人還是整體文化而言，都極為寶貴。然而，若我們想消除與女性領導職位相關的汙名，尤其在她們處於動盪時期時，我認為單有認知還遠遠不夠。與其各自學習如何辨識「玻璃懸崖」，並避免成為其受害者，我希望我們能夠設想並嘗試創造一個世界，在其中一起尋找方法，阻止這一現象發生。

為了我們所有人。

我已經花了本書的許多篇幅，來論證「玻璃懸崖」真實存在，以及它對代表性不足的領導者的職涯所造成的深遠影響。但我希望自己也有清楚交待另一個觀點——「玻璃懸崖」得以發生，需要一系列因素相互交織，為其締造條件。因此，如果我們能夠消除其中一些因素，或至少減低它們出現的機率，也許就能開始想像一個不受「玻璃懸崖」限制的世界。

我們需要立刻達成一個共識：停止將企業經營不善的責任本能地歸咎於代表性不足的群體。二〇〇三年，《泰晤士報》刊登了一篇指責女性「肆意搗亂」的文章，這篇文章促使學者展開研究，最終提出了「玻璃懸崖」這一概念。時至今日，我們或許會以為，社會已有所進步，類似的論調不可能出現在現在的媒體上——遺憾的是，現實並非如此。[18]

二〇二三年三月十日，擁有二千一百二十億美元資產、在科技業界被視為首選貸款機構的矽谷銀行（Silicon Valley Bank）突然倒閉，幾乎就在一夜之間。《衛報》稱之為「引發了自二〇〇八年以來最嚴重的金融危機」，[19]《經濟學人》則指出，這是「自二〇〇七年至二〇〇九年全球金融危機以來倒閉的最大銀行」。[20]沒過多久，各大報紙和評論文章便開始剖析這家銀行的倒閉原因，並尋找潛在的代罪羔羊。

三月十一日，《華爾街日報》刊登了記者、作家兼對沖基金創辦人安迪・凱斯勒

（Andy Kessler）的文章，標題為〈誰殺死了矽谷銀行？〉。[21]與大多數關注更宏觀背景、經濟環境、金融因素和政治政策如何導致銀行突然倒閉的報導不同，《華爾街日報》選擇將焦點放在銀行高層身上——這種角度在分析倒閉原因時並不尋常。

文章提出：「這是否為管控失靈的結果？」並自問自答：「也許吧。矽谷銀行的管控方式如同一般銀行，但實際上更像一家貨幣市場基金。值得注意的是，在其股東委託書中，矽谷銀行指出，百分之九十一的董事會成員為獨立董事，百分之四十五為女性，另有『一名黑人』、『一名LGBTQ＋成員』和『兩名退伍軍人』。我並不是說假如董事會由十二名白人男性組成，就能避免這場危機，但該公司也許為了滿足多元化的需要而分心了。」[22]

我不知道讀者您是怎麼看的，但在我看來，這種說法有夠荒謬。不少媒體也與我看法一致。《浮華世界》發表文章反駁，標題為〈徹底的白人至上主義！《華爾街日報》將矽谷銀行倒閉歸咎於「一名黑人」和「一名LGBTQ＋成員」〉。[23]《舊金山紀事報》則以〈不，「覺醒文化」（wokeness）並不是矽谷銀行倒閉的原因〉為題明確表態。[24]新聞網站「每日野獸」也發文反擊，標題為〈荒唐！《華爾街日報》稱「多元化」董事會搞垮矽谷銀行〉。[25]

就連Vice媒體旗下的品牌Motherboard也發表了〈《華爾街日報》大哉問：矽谷銀行

是因為董事會裡有個黑人而死嗎？〉一文，該文指出：「美國多元化程度最低的銀行倒閉了，其原因竟被歸咎於『覺醒文化』。」[26]這個說法頗有見地。該文進一步解釋，這家銀行的管理團隊看似異常多元，但在倒閉前，其實相當同質化：

要想像由十二名白人男性組成的董事會會如何行事，根本不費吹灰之力。矽谷銀行的十一名董事中，有十名白人，全都是富裕人士，而最年輕的也已經五十三歲。值得一提的是，根據美國五大銀行的年度報告，它們的董事會都比矽谷銀行的更多元。根本就沒有任何證據可以證明矽谷銀行『為了滿足多元化的需求而分心』，更沒有任何證據可以證明企業對多元化的象徵性關注會導致其倒閉。[27]

政界人士也紛紛加入了這場討論，將矽谷銀行的倒閉歸咎於其「覺醒」（woke）政策與領導層的包容性構成。佛羅里達州州長羅恩・迪尚特（Ron DeSantis）在接受《福斯新聞》採訪時就表示，矽谷銀行「過於關心DEI及政治等各種議題。我認為這確實使他們無法專注於核心使命。」[28]此外，共和黨領導的眾議院監督委員會主席也稱該銀行為「最覺醒的銀行之一」（並非褒義）。[29]

將銀行倒閉歸咎於董事會成員的性別、種族、性取向或退伍軍人身分顯然荒謬至極，而《華爾街日報》也因而遭受強烈反對聲浪，但在報導該倒閉事件時，它絕非唯一提及董事會構成的媒體。《紐約郵報》的報導以〈矽谷銀行倒閉之際，高層忙於推動『覺醒』計畫〉為題，[30]而《衛報》在分析此事時，*也特別闢出一節討論該銀行的管理層構成。[31]

不過，《衛報》的報導確實提出了一個有趣的觀點，或許能更準確地點明該銀行倒閉背後的人事問題。文章指出：「據報導，該銀行於二〇二二年部分時間並無風險長（chief risk officer，簡稱CRO），聯準會目前正在調查這一情況。」風險長是任何企業中的關鍵職位，負責做出明智的風險決策，確保其投資者的利益。文章接著解釋：

> 這種〔認為該銀行因「覺醒」而倒閉的〕敘事呼應了更廣泛的永續投資爭議，這一個由環境保護、社會責任和公司治理（Environmental, Social, and Governance，合稱ESG）組成的投資模式已成為保守派攻擊的目標。然而，該銀行對社群和環保專案的貸款並非導致其倒閉的主因，而其DEI政策也無異於其他銀行。此外，這種論調也無法解釋二〇〇八年的銀行倒閉潮，當時，DEI或「覺醒文化」可尚未在企業或政治論述中崛起。

* 不過，這篇文章發表於矽谷銀行倒閉一週後，《華爾街日報》的報導亦已面世好幾天。因此，它也有可能是在回應當時的輿論。

◎請試著這樣思考——

有些人試圖從政治角度解釋「玻璃懸崖」。羅恩·迪尚特於《福斯新聞》發表對矽谷銀行倒閉的分析，就是一例。然而，將「玻璃懸崖」與政黨政治掛鉤，是對這一現象的誤解。沒有證據能證明這一現象在某政黨執政期間更為顯著，也無跡象顯示支持某種政治立場的人更容易或更不容易陷入這種困境。

在許多方面，「玻璃懸崖」的影響越來越大於政治。

雖然本書聚焦於女性經歷，但我想提醒你，「玻璃懸崖」對於邊緣化種族的男性也有類似影響，而那些被多重邊緣化的人（例如種族與性別）就更不用說了。同樣地，這與他們投票給誰，或讀哪份報紙並無關係。

當我們的視野超越個人層面，就能看見影響我們所有人的結構性不平等。同樣地，當我們願意合作、共同規劃時，就能開始設計與塑造一個適合多數人的世界，而非只有少數人獲利。

要是我能夠相信自二〇〇三年以來，我們已經取得了長足進步，那就太好了。但事實是，我並不這麼認為。某些人依然為了超出其掌控範圍的事而受到指責，只因他們有別於白人男性這個象徵權力與權威的典型形象。

但這並非無法改變，改變絕對有可能。我們需要做的，是用心理解和表達，並承諾在推動改變時發揮自己的作用。我們必須認清，「實力至上」是個被灌輸予我們的理想，而它無法平等地適用於每個人——事實上，這理想真的存在嗎？

帶著這個觀點，我想花點時間來討論「玻璃懸崖」的另一面——白人男性的鏡像經歷。其成因與造成「玻璃懸崖」的因素相同，只不過是反向的。在深究此經歷前，我需要指出，正如女性經歷、黑人經歷或神經多樣性經歷都非單一，白人男性的職場經歷也非單一的。也正如本書提出的其他觀點，以下討論的目的不是要下「這是普遍真理」的結論，因為事實並非如此，與「玻璃懸崖」並非普遍真理一樣。相反，我的目的是要揭示一些因素，這些因素有助於我們理解「玻璃懸崖」是一種文化現象，而非個人缺陷。

「玻璃懸崖」的反面為何？

既然我們已經對「玻璃懸崖」有所了解，我希望我們能同步著手，各盡所能來拆解它。但當然，事情永遠不會那麼簡單。因為，雖然「玻璃懸崖」影響和限制的是代表性不足的領導者的職業經驗，但我們並非處於真空中。當有推力時，通常也會有拉力。如果「玻璃懸崖」是代表性不足領導者的經歷，那麼代表性過高領導者的相對經歷又是什麼呢？要意識到並對抗「玻璃懸崖」及其影響，就必須同時意識到其對應現象的影響——如此，我們便來到「玻璃動物園」（Glass Menagerie）的最後一部分。

那就是玻璃電扶梯。

玻璃電扶梯

一整座「玻璃動物園」*共分為三個環節，「玻璃電扶梯」為最後一環。而「玻璃天花板」和「玻璃懸崖」中的「玻璃」作為女性職場經歷的隱喻，所比喻的無疑是限制和隱形的陷阱。但若套用在男性的職涯發展上，玻璃則比喻好處。

相對於「玻璃懸崖」最常出現在處於某種危機，並過去由男性主導的企業中，「玻璃電扶梯」則特別常見於男性從事傳統上由女性主導的行業，†例如教育或護理。[32]然而，女性會因突破社會對其性別角色的期待，而面臨更多目光、責任與審視，男性卻會受到鼓勵。[33]

我們都能想到一些行業，在其中從事日常工作的基層員工多為女性，但當我們將視線移向高階職位時，卻會看到清一色的男性。這正是造成性別薪資差距的一個主要原因——

女性往往被困於基層、低薪的職位，男性卻往頂層晉升。這種落差進一步強化了我們的既有觀念，即使在女性比例較高的行業中，她們仍不被視作最高階領導職位的合適人選。

男性若選擇進入傳統認知中的「女性行業」，可能會在職場外面臨社會汙名，但實際進入該行業後，他們並不會處於一個高風險的職位，隨時會從上面摔下來。相反，「玻璃電扶梯」所比喻的就是一股無形的助力，把男性推上職涯階梯，使他們比女性同行晉升得更順遂、更迅速。促成「玻璃電扶梯」的因素有許多，但大多與我們討論過的「玻璃懸崖」成因類似——只是方向相反。男性比女性更有可能因潛力而獲得晉升，也較少被期待承擔不受重視的「辦公室家務」或推動DEI任務。此外，傳統的協商風格偏向符合性別刻板的男性特質，他們因而受惠。

「玻璃電扶梯」正是「玻璃懸崖」的反向現象。男性特質在職場中以各種微妙的方式

---

* 抱歉，我在大學進修戲劇，我忍不住要使用這個比喻。（譯註：《玻璃動物園》為美國劇作者田納西・威廉斯〔Tennessee Williams〕所著。）

† 最初的研究著眼於護理、教育、圖書館管理和社會工作。值得注意的是，儘管這些職業傳統上被視為「女性化」（主要與照護工作相關），但並不存在一組對應的「男性化」職業，因為在傳統與歷史脈絡中，所有家庭以外的有薪工作都屬於這一類別。因此，當我們討論女性進入任何與照護無直接關聯的職業時，應當假設她在這一行業中，與這項研究中的男性同樣經歷「他者化」。

被提升，畢竟這些職場在設立之初就是為他們量身訂做的。研究顯示，男性在傳統的「女性行業」中，「往往比在男性主導的行業中發展得還要順遂。而且，與女性同行相比，他們的薪資也更優渥，晉升得更快，能達到的職位也更高。」[34]

卡倫．戈德堡（Caren Goldberg）博士在美利堅大學戈德商學院（Kogod School of Business）研究「玻璃電扶梯」現象。她在接受《富比士》雜誌訪問時表示：「男性在女性主導的行業中，通常比其女性同行晉升得更快（……）。你若細看高階管理層，通常會發現男性多得不成比例。因此，雖然在整體護士中可能只有少於百分之五是男性，但在醫院管理人員等高階職位上，男性的比例遠超於百分之五。」[35]

這一點在二〇二一年的一項研究中再次得到印證。該研究同樣聚焦於護理行業，並發現儘管男性在護理人員中僅占一成，護理領域的高階領導職位卻有一半由男性擔任。[36]這顯示基層職級與薪資較高、相對穩定的高階職級之間，在員工的性別構成上落差極大。

英國國民保健署（NHS）也出現類似情況。二〇二二年，該署的一萬一千四百四十九名員工中，女性占百分之六十八點七，而男性則占百分之三十一點三。*儘管如此，百分之四十二點二的最高薪職位由男性占據，女性則占最低薪職位的百分之七十七點六。值得注意的是，這一數據相較二〇一九年已有所改善。當時，男性僅占該署員工的百分之二十三，卻拿下百分之五十三的「資深高階主管」（very senior manager）職位。但無論是哪個年度，這些數據皆令人憂心。[37]

關於「玻璃電扶梯」的研究特別指出，並非所有男性都平等地得益於這一現象：「『玻璃電扶梯』對白人男性的助益顯而易見，但少數族裔男性或有色男性卻不見得同樣或同等地受惠。」[38]

正如理解無形的障礙對於重塑我們對女性領導者的看法，以及與她們的關係至關重要，如果我們希望為更公平的未來掃清障礙，就必須全面掌握另一端的背景及構成此背景的無形因素。

為了共同打造最公平的職場，我們需要認識並理解多元化之於企業的價值，不僅在於道德層面，也作為企業成功的關鍵因素。唯有如此，我們才能在確保每個人都受到平等對待的同時，企業也能從多元化的真正價值中獲益。

多元化為何重要

我剛開始到企業討論「玻璃懸崖」時，曾被問到一個讓我意外的問題。

* 這份報告並未提及其他性別。

「既然女性即使爬到高層，情況仍不盡理想，那不就該放棄她們嗎？乾脆通通僱用男性，避免這些不必要的問題不就好了？」

我斬釘截鐵地說：「不！」你應該不會對這個答案感到意外。我希望，我們至今所討論的一切明顯不公，足以促使我們反思自己所在的體制是否真正公平，並且意識到，我們看待女性領導者的方式必須有所改變。但如果你就是無論如何沒被打動，那麼我想分享一些資訊，說明為何職場上下各階層都更加包容，實際上對企業有利，以及為何在打造工具、服務、產品和計畫時，越是能廣泛地考慮到各族群的需求，越能使所有人受益。

那麼，「包容」的真正好處何在？

近年來，多元化徵才的呼聲日益高漲，響應的品牌和企業也不少。然而，多元人才多落在初階和入門層級，而非較具挑戰性的高階管理及領導層級，因而徒具象徵意義而難有實際作為。企業也未必會同等地投資於他們的長遠發展，或提供加薪和晉升的機會。這樣一來，代表性不足的人才仍然無法突破「斷階」，晉升至企業的最高層——這裡反而是他們的觀點最能發揮作用之處。

我想我們都記得剛展開職涯、剛踏入職場的最初。當我們才正要起步，又發現自己在所在的工作環境中被邊緣化或代表性不足，難免產生巨大的恐懼與壓迫感。我們往往不覺得自己有權大聲發表意見，反而慶幸能獲得這個難得的職位。因此，我們不太可能逆主流而行、「掀起波瀾」，或冒著不討喜的風險去堅持己見，尤其當我們的意見與上司相左時。

大量代表性不足的人才無法進入企業的最高層。我們也許已打造出讓這些人才能實際進出不同空間的職場，包括那些過去對他們封閉的空間，但卻遠遠未能創造出讓他們能在其中安心展現自我的條件。企業或許已經為多元化做出努力，但要讓這些努力發揮作用的前提，是至今仍然被忽視的平等與包容——也正是企業獲得最大效益的關鍵所在。

但事情可以不是這樣子的。若能確保最高層是多元和包容的，不僅可以更公平、公正地開放機會，更廣泛的觀點與視角也將為企業把關即將推出市場的構想、計畫與產品，從而帶來助益。

二〇一四年，麥肯錫比較了高階主管層級中，性別多元程度位居前四分位數的企業與位居後四分位數的企業。該研究發現，前者獲利高於平均的可能性比後者高百分之十五。*[39]他們於二〇一七年和二〇一九年重複進行這項研究，前者的結果已上升至百分之二十一，後者更達到百分之二十五。[40]

* 若多元程度是就種族與文化而非性別而言，二〇一四年的研究發現，位居前四分位數的企業獲利高於平均的可能性高達百分之三十五。

多元化的高階管理層所帶來的商業利益或許令人驚訝，但這其實合情合理。

當人們晉升至高階管理層時，他們對自身、身分認同及職位的安全感通常較高，因此在決策過程中，更勇於展現其真實觀點與親身經驗。

多元化的真正價值不在於引入那些僅具象徵意義、被忽視、未被聆聽和缺乏發言權的初階員工——他們或許讓團體照看起來更加包容，*卻不敢發表對決策的真實意見。多元化的價值也不僅僅是將一群外表各異的人聚集在一起，而在於匯聚並聆聽各有不同思維方式的人的意見。種族、性別、身心障礙、社會階層及構成我們自身的各種交織因素，都會影響個人的生活經驗。讓各種外表的人共同參與是一個不錯的起點，但視覺上的多元化從來不是，也不應該是最終目標。

多元化的真正價值來自領導者的多元生活經驗與觀點，在決策過程中，他們能夠自在地將之展現，藉以審視、評估企業的構思、提案或產品。因此，任何背景的領導者都有責任為整個團隊營造心理安全感，使不論職位高低的成員們都能表達源自真實經驗的真正想法。

這背後的邏輯是：當擁有不同觀點的人感到安全且有權表達其真實想法和意見時，潛在的錯誤或疏漏就能及早被發現。而提出的答案與解決方案越是豐富多樣，其中必有至少一項能夠促成既優質、且與最廣泛的消費群體產生共鳴的最終成果。最終，企業不僅能夠獲利，還能避免失誤。

同質性（homogeneity）對人類而言是自然而舒適的——我們往往被與自己相似的人吸引。背景和經歷相似的人能輕易和迅速建立默契，合作起來更為順暢，而在價值觀相近的情況下，我們也很可能會認同彼此的想法和觀點，從而把摩擦減到最低。然而，這種不費吹灰之力而來的順暢無助於激發創意，反而使其停滯不前。

當我們所聽取的意見和反饋，都是來自與我們相似的人，我們與他們所共享的就不只是期望、價值觀與文化背景，也包括盲點。我們和他們對事物的誤解、忽略或低估很可能完全一致，擁有不同身分與生活經驗的人卻能立刻察覺不對勁。†

還記得二〇一四年蘋果推出的健康追蹤應用程式嗎？當時他們承諾：「透過『健康』（Health），你可以監測所有你最關心的健康指標。」用戶可以追蹤血液酒精濃度、鈉攝取量和每日步數，[41]卻無法記錄月經週期，因為這項功能根本不在開發團隊成員的重要事項

---

* 這種做法充其量只是「在選框裡打個勾」的門面功夫，既短視又令人反感。我已無數次在辦公室拍攝團體照的日子「剛好」不在，我才沒有興趣被安排站在前排，替企業象徵那個他們根本沒有落實的「多元化」。

† 這正是為什麼在招聘時，我們應該尋找文化加成（culture adds），而非文化契合（culture fits）。我們固然要招募能夠填補知識與技能缺口的人才，同時也應該引入不同的經驗、觀點與背景，以充分發揮團隊的潛力。

清單上。

還記得美國太空總署（NASA）準備送一位女性太空人上太空時，曾詢問她一百條衛生棉條足夠其一週任務所需嗎？而實際上，她的經期根本不在任務期間。[42]

也許你還記得公廁裡的自動給皂機剛推出時，直到正式安裝並投入使用後，人們才發現它們並不適用於所有人——開發團隊並沒有把它設計成能夠感應到黑人的手。[43]

說到公廁，你也許聽說過這樣一則趣事：某個全男性團隊開發了自動沖水馬桶，這樣就不需要手動按壓沖水了。令開發團隊驚訝的是，他們屢屢接到女廁馬桶故障的通報，但當技術人員前往檢查時，卻發現一切正常。直到某天，一位團隊成員在家抱怨此事，他的妻子隨口提到許多女性在公廁會以半蹲或懸空的姿態使用馬桶，謎題終於解開。這對大多數女性來說是顯而易見的事，卻完全超出了這個全男性團隊的認知範圍，導致他們開發出一款必須完全坐下後再站起來才能觸發沖水的系統。

如果你懂，你就懂。但如果你不懂，意識到自己缺乏知識的機會微乎其微，更別說進而憑直覺想到有效的解決方案了。

這些疏忽的例子真的多不勝數。有時候，企業會因而付出龐大的代價，無論是產品需要召回或下架而有損收益，還是聲譽受損。

試回想任何一樁品牌失誤事件。例如，H＆M在二〇一八年推出的「叢林中最酷的猴子」衛生衣，模特兒是一位黑人男孩；[44]又例如古馳（Gucci）在二〇一九年推出價值八百九十美元的「黑臉毛衣」，*品牌不得不將其下架；[45]還有Mango在二〇二二年組織的一次網紅旅行遭到炎上，因為六十位受邀者中，「一位是混血記者，一位是亞洲網紅，其餘全是白人」。[46]

無論案例的細節如何，公眾在得知這些品牌失誤時，往往首先迸出這樣的疑問：「難道他們的團隊裡沒有人是黑人、女性或來自這次被忽視的群體嗎？怎麼可能讓這種事發生？」從外部看來，這些失誤如此清晰可見，完全可以避免。

人們本能地知道，確保「對的人」在場並真誠且開放地分享意見，至為重要。

事實上，以上疑問的答案通常是肯定的——這些團隊裡確實有邊緣族群的成員，他們本來可以協助品牌避免這些昂貴且令人尷尬的失誤。然而，這些代表性不足的成員往往職位過低，因此怯於舉手說：「抱歉，但我認為如果我們這樣做，可能會出現問題。」他們

* 譯註：原為美國作家佛蘿倫絲・凱特・阿普頓（Florence Kate Upton）於一八七三年出版的繪本《兩個荷蘭娃娃與黑娃娃的歷險記》（*The Adventures of Two Dutch Dolls and a Golliwogg*）中的角色，其極黑的皮膚襯托出大眼睛和紅唇，並頂著一頭亂髮。由於繪本極為成功，黑娃娃隨即傳遍英美各國，但亦因造型與嘲諷黑人的「塗黑臉」（blackface）相似，在平權意識有所提升的近代遭受批評和取締。

那些極具價值、能夠挽救品牌聲譽的見解就這樣流失了，而品牌和企業則繼續犯下相同錯誤。

二〇一五年，身兼律師、社會運動者及人權倡導者艾莉斯・羅伊（Elise Roy）在其TED演講「當我們為殘障人士設計，大家都能受益」（When We Design for Disability, We All Benefit）中，*討論了設計思維及其益處。

羅伊指出，設計思維在以下基本假設上運作：

- 每個人都擁有創造力，因為我們都會根據自身需求，解決生活中的各種問題。
- 每個人都擁有寶貴的觀點，這些觀點通常源於他們生活在世界中的親身經驗。
- 若能匯聚來自各個領域、視角各異的人，便能打造出全新的事物，此成果比單打獨鬥更佳。[47]

羅伊是一位重度聽障者。她在攻讀碩士學位期間，愛上了木工。在練習木工時，她很快就發現，大多數木工師傅都依賴聲音作為木料或工具即將「反彈」的警示，這種聽覺警示是她無法獲取的。為了彌補這一缺陷，她設計出一副安全眼鏡，它能夠透過視覺訊號提醒佩戴者工具音調的變化，從而在人耳尚未察覺之前，預警即將發生反彈。

「工具設計師以前怎麼沒想到這點呢？」羅伊在演講中問道。她提出再簡單不過的一個原因：「我是聾人。我對世界的獨特經驗塑造了我的觀點。」

運用自身經常被忽視的需求、觀點和經驗，創造出工具和解決方案的人，並不只有羅伊。要不是因為他們，這些創意原本不會存在，最終卻惠及所有人。

舉例來說，簡訊最初是為了讓聾人即使開不了口也能溝通而開發的工具，但它的普及化徹底改變了我們的溝通方式。[48]我本人就是幾乎不會接電話的重度簡訊使用者，如果你想聯絡我，最好是透過某種文字訊息。

自動門最初是為了協助身障者能更輕鬆地進出而設計的，如今卻廣泛應用於全球。企業發現安裝自動門不僅能降低暖氣成本，因為門只在需要時才會開啟，就連清潔成本也減少了，因為門幾乎不會被手指或雙手觸碰。

電視和電影的隱藏式字幕（closed captions）[†]最初也是作為無障礙功能被開發。但二〇〇六年，英國通訊管理局（Ofcom）的研究發現，該國有七百六十萬人（約占總人口的

* 譯註：「當我們為殘障人士設計，大家都能受益」為TED官網上的翻譯，原英文標題中的disability在當今的台灣語境中，多翻譯為「身心障礙」或「失能」。

† 譯註：又譯「閉合字幕」，台灣多簡稱「CC字幕」。

百分之十八）曾使用這種字幕，其中只有約一百四十萬人為聽礙者，亦即大部分隱藏式字幕使用者（其餘的約六百二十萬人）的聽力完全正常。[49]而且，這項功能看來只會越來越受歡迎。二〇二一年的一項研究發現，在十八歲至二十五歲這個組別中，有八成人在「所有或部分時間」使用此字幕，而五十六歲至七十五歲的組別則只有四分之一的人使用，儘管較年長的組別表示自己有聽力問題的機會比年輕的一組高一倍。[50]

無障礙功能的誕生，源於傾聽並重視不同能力者的需求與經驗。這些功能最終不僅廣被接受，更成為我們所有人生活中的實用設計。

在我的上一本書中，我曾提及威瑪．麥爾斯（Verna Myers）的著名語錄：「多元是受邀參加派對，包容則是被邀請共舞。」我不打算在此重複我的想法，只想說——我們可以做得更好。無論我們是在等待受邀參加派對，還是等待被邀請共舞，我們始終處於等待狀態。我們從未主辦派對、決定播放清單、切分蛋糕。我們仰賴他人的允許，才能踏入、參與並在空間中占有一席之地。然而，我們不能停留在對被「容忍」進入某些空間、能夠進入過去讓我們吃「閉門羹」的機構與環境而心懷感激；我們必須進一步在這些空間中，被視為並也視他人為夥伴、朋友和平等的人。

「沒有我們的參與，就不要替我們做決定」（Nothing about us without us.）是身心障礙者平權運動的核心信念。我認為這句話美麗、有力、至關重要，更是值得我們所有人借鑑的思考框架。任何關於身心障礙者的法律、政策、決定或選擇，都不應在缺乏該社群成員意見的情況下推行。方法就是這麼簡單，且不僅適用於關於身心障礙的討論，也應該應用到所有邊緣議題上。但我不禁思考，我們是否能夠更進一步？

我想知道，我們是否能夠打造出一個世界，其中並無一物是不適用於任何人的。我知道，至少目前來看，這並不總是可行。但如果我們將之視為基本期待，或者抱負，那麼，我們便能朝著這個方向努力，讓世界上的事物在設計之初就盡可能考慮到最多的人。當我們廣納眾聲，使之平等、受尊重地參與對話，在其中發揮價值，這樣的對話將質疑、拓展和提升我們的觀點與出發點，我們便能從一開始就建立起真正為多數人而非少數人服務的解決方案與企業。直到那時，我們才得以真正解鎖多元化的價值之所在。

要達成以上所言，需要的不是更多人，而是更多不同類型的人。而他們受邀參與討論和關鍵決策時，必須感到安全和觀點受到重視。

如我們所見，致力於提升多元化的程度，包括女性在最高層級的代表性，對業務有實際的好處。因此，我們必須讓企業看到和了解，傳統上代表性不足的領導者能為他們帶來的價值，並不只限於危機時刻。

我發現，人們有時候不知道該怎樣量化多元化的價值；他們認為多元化只是可有可無的加分項，不過就是在道德清單上多打個勾。當面臨不確定或困難時，例如遭逢生活成本危機，或要從新冠疫情的影響中恢復過來，多元化會被迅速拋在腦後，企業進入「恐慌模式」，恢復其一成不變的運作方式，理論上是為了保護資產。但我們必須謹記，多元與包容遠不只是錦上添花，建立和培養一支真正包容的團隊對企業的持續成功至關重要。事實上，研究顯示，在二〇〇八年全球金融危機後的恢復期，董事會中女性比例較高的銀行比那些缺乏相同代表性的同行更加穩定。[51]

最高層級的女性代表性較高，企業賺取的利益也更多。美國經濟智庫彼得森研究所（Peterson Institute）委託進行的研究發現，高階領導層（執行長、董事會成員及其他高階職位）的女性比例從零提升至百分之三十，企業的淨利潤率會增長一個百分點，對一家典型企業而言，即盈利增長百分之十五。[52]

同一研究指出，相較於只任命一位女性執行長或女性董事會成員的企業，多個高階職位由女性出任的企業能夠獲得更大的收益。事實上，在二〇二〇年，董事會中女性席次超過三成的企業，其營收成長率達百分之五十四；而女性席次占百分之二十或更少的企業，營收成長率則為百分之四十五。[53]此外，高階主管中至少有兩成為女性的企業，也表現得比比例更低或完全沒有女性領導者的企業出色。麥肯錫的研究發現：「性別多元程度最高與最低的公司之間，存在高達百分之四十八的業績差距*。」[54]

在考量「玻璃懸崖」及其影響時，我們當然應該關注女性的經歷。但同時，我們也應該嚴肅思考這一現象對企業及其業績的影響。

如果企業不再將女性代表性及整體包容程度視為可有可無的附加項目，而能肯定其帶來營收的能力，從而推動改革，那麼，企業將能認清女性領導者的價值，而不僅僅是在危機過後需要軟性技能時才予以重視。我們也能更用心和有意識地打造真正適合所有人的職場，將每個人的需求與利益納入考量，從而開始打破「玻璃懸崖」的循環。

懶人包

- 與「玻璃懸崖」相反的是「玻璃電扶梯」，後者為一股無形的助力，能讓白人男性迅速登上領導職位，尤其是在傳統上由女性主導的行業中。
  - 英國國民保健署的男性員工僅占整體員工的百分之三十一。然而，該機構中薪資最高的職位卻有百分之四十二點二由男性出任。相較之下，女性雖然占員工

* 該研究還指出：「在種族與文化多元化的案例中，我們的研究結果同樣具有說服力：二〇一九年，位居前四分位數的公司的盈利能力比位居後四分位數的公司高百分之三十六，二〇一七年和二〇一四年前分別高百分之三十三和百分之三十五。正如我們先前所見，相較於性別多元化，種族多元化對企業表現的助益更為顯著。」

總數的百分之六十八點七，卻集中在百分之七十七點六的低薪職位上。

- 黑人及全球多數族裔的男性並未從「玻璃電扶梯」中獲得與其白人同儕相同的利益或優勢。

- 包容的益處並不在於將外表各異的人聚集在一起，而在於匯集各種觀點、看法和生活經驗，並創造出所有人能夠安然表達其真實想法和意見的環境。
- 高階管理層的性別多元程度最高的企業，其盈利能力和息稅前盈餘（EBIT）顯著超越性別多元程度最低的企業。
- 若能確保「對的人」在場，並確保他們能安然分享其真實的觀點和擔憂，將可避免昂貴且尷尬的商業失誤。
- 許多最初為無障礙需求而開發的工具和功能，包括簡訊和隱藏式字幕，比預期中更廣為大眾所採用。我們的設計若以多元化為出發點，所有人都能受惠。

第八章

打破循環

別告訴我月亮在照耀；

我想看到的是光芒在破碎玻璃上的閃爍。

——安東・契訶夫（Anton Chekhov）[1]

二〇一四年五月，吉兒．艾布蘭森（Jill Abramson）到維克森林大學發表畢業典禮演說，希望幫助畢業生在踏入世界後找到自己的道路。

「首先，恭喜你們。」她對他們說。

她回顧了自己從哈佛大學畢業的那一天，接著說：「上週四一大早，我姐姐打電話給我，對我說：『爸爸今天一定和當年你當上《紐約時報》執行主編時一樣為你感到驕傲。』前一天我才剛被解僱，我懂她是想要安慰我。對我們的父親來說，看著我們如何面對挫折並努力振作，比見證我們成功更有意義。『拿出你的本事來！』他總是這麼說。」[2]

這是艾布蘭森首次公開發聲。上星期，她仍是《紐約時報》一百六十年來首位女性執行主編，直到突然被解僱。[3]

「我們人類的韌性往往比自己意識到的還要強大，堅韌且不屈不撓。」她對畢業生、他們的父母及在場媒體說。「你們當中有些人曾經面臨危險，甚至痛失所愛，但大多數人沒有。要離開學校這個舒適圈，踏入職場，或許使你們畏懼。你們將經歷無數份工作，嘗試各種事物。失去一份熱愛的工作固然令人心痛，但我所敬仰的新聞工作，以向權力機關與掌權者問責為已任，正是讓我們的民主制度屹立不搖的關鍵。而這份志業，我將始終參與其中。」

她似乎也是在說給在場媒體聽，記者們難得聚首在畢業典禮，人數還與畢業生相當。

這是她首次公開談論自己在《紐約時報》的領導經歷，她還開玩笑說，並不打算去除背上那個代表《紐約時報》的「T」字刺青，藉此回顧她與同事共事期間的點滴。

艾布蘭森於二〇一一年接任《紐約時報》執行主編時，該報社正經歷一連串眾所矚目的危機。[4]二〇〇三年至二〇一一年年中，前任執行主編在任期間，該報社面臨財務困境，不得不借入二億五千萬美元的高息貸款來維持業務運作。[5]此外，該報社還陷入抄襲醜聞，[6]對喬治・布希（George W. Bush）與歐巴馬政府的外交政策及國家安全的報導又廣受批評，並日漸失去在數位新聞領域的競爭力。[7]

與許許多多踏上領導職位的女性一樣，艾布蘭森接手的是一家亟需支援的企業。她領導《紐約時報》的時間雖短，卻在這段普遍被視為報業寒冬的時期發揮了扭轉局勢的關鍵作用。[8]

就在艾布蘭森上任前不久，《紐約時報》推出了付費牆，以此增加營收。在她的監督下，純數位訂戶躍升至近八十萬人，成功實現盈利。[9]

瑞秋・斯卡勒（Rachel Sklar）是 Change the Ratio 和 TheLi.st（致力於推動女性在媒體界的發展的倡議平台）的創辦人，她在接受《Vox》訪問時表示：「在她（艾布蘭森）上任之時，無論是誰接掌《紐約時報》，都勢必要帶領它在這個嶄新的資訊時代衝鋒陷陣。整個業界都視此為巨大的考驗。」[10]

但艾布蘭森卻以令人敬佩的姿態迎向考驗。

二〇一四年四月，就在艾布蘭森被解僱前數週，《紐約時報》發布的第一季財報，從中可見其營運狀況良好——該季度報社營收達三億九千萬美元，營業利潤為二千二百萬美元。這一營收數字「較前一年同期成長百分之二點六，其中，廣告收入增加了百分之三點四。」[11]同月，報社還公布第一季的紙本廣告收入成長了四個百分點，而同期整體報業的紙本廣告收入卻下滑了百分之八點六。[12]無論是紙本還是數位營收均呈現上升趨勢，由此可見，在整體報業面臨困境之際，艾布蘭森作為領導者的決策方向是正確的。

事實上，艾布蘭森在任期間幾乎每個季度都帶領報社實現營業盈利，而在二〇一三年的每個季度，利潤皆較前一年成長。[13]

艾布蘭森還成功維持近一千一百名員工的完整編制，這在當時的報業環境下實屬不易，因為許多報社都被迫縮減開支，包括裁員。在她的領導下，當其他報社仍在掙扎求存時，《紐約時報》擁有十四個全國性與六個區域性新聞分部，還設有二十五個海外新聞分部——這一規模乃該報有史以來最大。（相比之下，《華盛頓郵報》則關閉了所有國內新聞分部，並資遣了新聞編輯部九百多名員工中的四分之一）。[14]

當然，除了付費牆與盈利，任何新聞編輯部的核心目標之一都是優質報導，而在艾布蘭森的領導下，這一領域同樣蓬勃發展——《紐約時報》的記者在她短暫的任期內，共獲得八項普立茲獎。[15]

看來，艾布蘭森正順利帶領《紐約時報》轉型，以配合線上讀者日益增加的趨勢。她計劃設立一個新的高級編輯職位，直接向報社總編輯狄恩·巴奎（Dean Baquet）報告，負責擴展報紙的線上讀者群。[16]

眾所周知，巴奎與艾布蘭森的工作關係並不和諧。例子之一有廣受報導的這一樁：某次與艾布蘭森開會後，巴奎甚為沮喪，竟從她的辦公室「奪門而出」，「狠狠拍打牆壁，隨後怒氣沖沖地離開了新聞編輯部」，並且整天都未再返回，錯過了當天下午的會議。[17]

而這並非艾布蘭森在任期間與團隊之間關係緊張的唯一事例。《政客》（*Politico*）曾刊登一篇具有爭議性的文章，該文指出，許多團隊成員形容艾布蘭森「固執且居高臨下，並認為與她合作非常困難。」文章補充說，「有時候，員工們表示，她對待編輯和記者的態度讓眾人士氣低落；而在其他場合，她則顯得漠不關心或冷漠無情。」[18]

多篇報導指出，艾布蘭森的領導風格與該報的其他領導者產生衝突。[19]就連她的支持者也承認，艾布蘭森有時會顯得「高高在上、急躁、尖酸刻薄、武斷且固執」——相較之下，這些特質若是出現在一位男性身上，他領導美國頂尖的新聞編輯部從事調查性報導和揭露真相，很可能受到讚揚。[20]

艾布蘭森本人表示，她在面試執行主編一職時，承認自己偶爾會直來直往，但她在

《法律時報》（*Legal Times*）任職時的同事回憶說，他們給她起了個綽號叫「媽媽」，「因為她總是照顧每個人。〔……〕吉兒就是當你住院時會來看你的那個人。」[21]

和我們每個人一樣，艾布蘭森的個性及她與同事的關係如何，可能褒貶不一。但我想我們都會認同，假如當時憤然離開會議，並整天不回來的是艾布蘭森，而非巴奎，這件事恐怕會引發更多討論。

艾布蘭森被撤職的原因之一，可能是她在該決定公布前數週，發現自己擔任執行主編及此前擔任總編輯時的薪資與退休福利，遠低於她所接替的男性編輯比爾·凱勒（Bill Keller）。[22]她理所當然地委託律師與《紐約時報》高層交涉此事，有人推測，此舉助長了管理層指她「咄咄逼人」的說法。[23]

這一薪資差距被報導後，《紐約時報》迅速發布備忘錄，稱關於薪資問題的消息有誤。他們的說法是「吉兒的薪酬明顯低於其前任的說法並不屬實」，「她的薪資與先前的執行主編相當。」[24]然而，「相當」與「相等」並不一定是同一回事。

我們或許永遠無從得知艾布蘭森被解職的全部內情，但可以確定這並非雙方協商後的決定，甚至連《紐約時報》都承認這個決定令人震驚。報社宣布因「管理問題」撤換艾布蘭森時，整個新聞編輯部都「震驚不已」。[25]除此之外，發行人再無交代更多細節，僅表示：「我選擇任命一位新的新聞編輯部領導者，因為我相信新任領導者將會改善某些方面……」[26]

值得注意的是，以上宣布是在艾布蘭森不在場的情況下進行的，也沒有任何跡象顯示她在事前曾接受徵詢。[27]

同樣值得關注的是，研究「玻璃懸崖」現象的學者在談及艾布蘭森被解聘時指出，「在一家執行主編傳統以來皆任職至退休的機構裡，第一位擔任此職的女性不到三年便被解雇，隨後由一名男性接任，而這一切都被冠上拯救報社的名義。」[28]

艾布蘭森的職位由狄恩・巴奎接任。

在對維克森林大學的畢業生演講時，艾布蘭森說：「接下來我要做什麼？我也不知道。我現在的處境和你們許多人一樣。就像你們一樣，我有些害怕，但也感到興奮。」[29]

關於「玻璃懸崖」，我們已討論了許多。我們探討了它是什麼、如何辨識它、它在哪些情況下最容易出現，以及為何有些女性完全意識到它的風險，卻仍然選擇擔任那些極有可能受其影響的職位。但我不想就此打住。因為，這一現象並非必然，或事情本該如此，而是社會化的結果，也就是說它是可以改變的。我們都可以為打破此一循環出一分力，創

造出沒有「玻璃懸崖」的職場和文化。而在追尋這個夢想的同時，那些再無「玻璃懸崖」存在的地方則提供了我們許多值得學習之處。

我們在探討要採取哪些步驟來打破「玻璃懸崖」的循環，減低女性在職涯中碰上它的可能性時，其實是在設想一個不存在這一現象的世界。但或許我們不必如此耗費想像力，因為有證據顯示，世界上有幾個地方已經實現了這一點。

這並不是說「玻璃懸崖」並非真實存在，或這一現象對那些碰上它的人及他們的職涯的影響有所減弱。但研究確實讓我們看見，「玻璃懸崖」、「玻璃天花板」與「玻璃電扶梯」並非不能避免，因為它們都與不同性別領導者的內在能力無關。相反，它們是我們建構社會與職場的結果，是我們賦予不同團隊成員的價值，以及我們在性別方面的社會期望。儘管這些問題本身就很龐大，更別說它們合而為一，但它們比起任何根本性的事實都容易對抗。因此，且讓我們看看能從那些似乎已經消除這種風險的地方學到什麼。*

我們離性別平等越近，「玻璃懸崖」發生的可能性及對女性職涯的影響理應會減少，而研究顯示，情況的確如此。[30]

研究人員發現，「玻璃懸崖」現象的影響在瑞士和德國等性別平等排名較高的國家比較輕微，而在美國和英國等性別平等程度較低的國家則相對嚴重。普渡大學研究員夏克拉·摩根羅特指出：「這些國家的文化相當相似。令人驚訝，也或許令人鼓舞的是，在性別平等上的些微差異就足以產生顯著分別。」[31]

土耳其的研究亦顯示，當「公司業績不佳」時，管理層不會選任女性執行長。研究人員據此推論：「考慮到情境因素，『玻璃懸崖』這一概念源自陽剛氣質顯著的英國，或許並不適用於陽剛氣質相對薄弱的土耳其。」[32]

我們已經討論過，陰柔氣質較顯著的社會，或較不強調個人主義的社會，也許能在削弱「玻璃懸崖」的影響上起關鍵作用。進一步研究更多地區及文化因素後，我們將能更準確地辨識女性遭遇「玻璃懸崖」的可能性，並以這些研究結果為借鑑，來調整我們的工作方式。如果我們願意檢視自身的價值觀、期待及工作方式，或許能夠打造對女性更為友善的職場環境，從而減少她們面臨「玻璃懸崖」的風險。

改變我們對領導者的期待

「玻璃懸崖」現象屢次發生的原因之一，是許多企業仍視女性擔任最高階職位為風

* 正如美國桂冠詩人兼國會圖書館詩歌顧問（Poet Laureate consultant in poetry to the Library of Congress）麗塔・達夫（Rita Dove）所言：「人們不會直視繆思女神的眼睛，然後說，算了吧。」

險。只有當他們認為已經試遍了其他選項，或是當企業長期身陷困境，而他們相信女性的「軟技能」更能解決問題時，才會願意任用女性。

但當然，他們並不會這麼說。由於大多數人至今並未意識到「玻璃懸崖」這一現象，因此，企業領導者在被問及為何女性在最高管理層的代表性不足時所給出的理由，便顯得格外有趣。

為了釐清是哪些態度和觀念至今阻礙著女性進入董事會，英國政府的商業、能源暨產業策略部（Department for Business, Energy and Industrial Strategy）委託了一項研究，該研究訪問了多家富時三五〇指數（FTSE 350）企業的執行長和董事會主席，了解他們對董事會層級缺乏女性參與的想法。*研究結果發布在政府網站上，標題為〈揭曉：拒絕任命女性進入富時公司董事會的最糟糕理由〉，且讓我跟你分享其中的幾點。

以下為男性執行長和董事會主席對於董事會缺乏女性代表性的解釋：

一、「我認為女性無法自在地融入董事會的環境中。」

二、「具備資格和經驗擔任董事會成員的女性並不多。會上討論的議題可是非常複雜的。」

三、「大多數女性不想承受擔任董事會成員的麻煩或壓力。」

四、「股東根本不關心董事會的組成，我們為什麼要關心？」

五、「其他董事會成員不願意任命女性加入。」

六、「所有『優秀的』女性都已經被捷足先登了。」

七、「我們的董事會已經有一位女性了，我們已經盡到責任了，該輪到別人了。」

八、「目前沒有職缺。如果有的話，我會考慮任命女性。」

九、「我們需要從基層開始培養人才，這個產業就是沒有足夠的資深女性。」

十、「我不能只因為想要就任命女性。」[33]

這些說法荒謬和過時得令人難以置信。而且，正如性別平等倡議組織福西特協會（Fawcett Society）的政策主管潔米瑪．奧爾查斯基（Jemima Olchawski）在接受《衛報》採訪時指出：「這些還只是他們願意公開說出口的。」[34]

「讀著這份藉口清單，你可能會以為自己活在一九一八年，而非二〇一八年。這

* 這項研究是「漢普頓—亞歷山大評估」（Hampton-Alexander Review）的一部分，該組織於二〇一七年倡議員工人數在二百五十名以上的私營和志願機構應公開其性別薪資差距，並敦促大型企業在二〇二〇年前確保女性占董事會席位及非領導職位至少三分之一。

看起來就像是一部嘲諷喜劇的劇本，但它卻真實發生。」企業責任社群（Business in the Community）的執行長阿曼達．麥肯琪（Amanda Mackenzie）在報告中這樣形容，[35]並指出：「我們現在應該徹底解決這個問題了。也許認同這些藉口的那些人，才是不適任的董事會成員，他們應該讓位——畢竟，現在已經是二十一世紀了。」*

說得非常好。與其爭論「優秀」的女性在哪裡、假設議題對女性而言過於複雜，或只因董事會已有一名女性就自我陶醉地認為「該輪到別人了」，不如認真思考：在無時無刻都面臨改變和挑戰的現代職場，董事會成員的背景、觀念和生活經歷過於單一，真的切合企業的發展所需嗎？

報告接著指出：「僅由來自相同社經背景的男性所組成的董事會，絕非進行挑戰性辯論的最佳場域。」[36]百分之三十俱樂部（30% Club）全球主席布蘭達．崔諾登（Brenda Trenowden）對此深表贊同，並向《衛報》直言她對這些受訪者是否適合領導富時企業的擔憂：「如果他們與現實世界如此脫節，我很懷疑他們是否有資格做這些工作。他們的思維既落伍又錯得離譜。他們要是真心相信自己所說的話，那根本就沒有對企業盡到主持董事會的責任，因為他們錯失了一整個人才庫，最終將被時代淘汰。」[37]

我知道自己已經說了夠多次「事實並非如此」，但我是認真的。我真心認為，我們對領導者或領導力的印象和期望，沒有任何一點是無可撼動的事實。一切都只是基於我們過去的所見所聞，所逐漸形成的認知。

但這個世界早已不同於二十年前、十年前，甚至是五年前。我們的職場生活因科技、疫情，以及我們自身不斷變動的文化價值與規範而徹底改變。這也意味著，我們可以重新想像領導力的樣貌，讓它更符合當下世界所需。

如果我們已不再相信老派、一成不變的董事會組成能夠為我們在瞬息萬變的世界和充滿挑戰的經濟環境中奠定成功之路，那麼，什麼樣的組成能提升成功機會？我們應該在新一代領導者身上尋找哪些特質，尤其在他們應對各種挑戰與危機的時候？

若以富時三五〇指數為標準，當今對優秀領導者的定義過於狹隘，使企業忽視和排除能為其帶來競爭優勢的關鍵觀點。是時候重新思考，我們習以為常的領導者形象，真的能夠滿足企業長遠發展的需求嗎？尤其在這個節奏飛快、越發難以預期的世界裡。

那麼，在建立面向未來的企業時，我們應該優先考慮什麼？節奏飛快、永不下線、高

* 「漢普頓—亞歷山大評估」的團隊又發現，企業會以高階職位中缺少女性為由，來解釋其薪資差距。該團隊指出：「薪資差距的成因，是高階職位中的女性人數不足，和／或女性集中在薪資較低的職位。確保女性在高階職位的選拔中獲得更平等的機會，能夠大幅縮小薪資差距。」他們進一步預計：「根據麥肯錫的研究，縮小性別薪資差距可望在二〇二五年為英國經濟帶來一千五百億英鎊的進帳，相當於增加八十四萬個女性就業機會。」

度互聯的文化使需求不斷變化，我們對領導者的期望該如何隨之重塑，從而為女性提供更多領導機會，並且免於承受「玻璃懸崖」的巨大威脅？

打造適合女性的職場

本書中論及的許多議題，都或多或少揭示了企業在各方面未能滿足女性的需求與期望。無論是薪資差距、因「斷階」而無法晉升，還是當你總算突破「玻璃天花板」卻發現自己站在「玻璃懸崖」的邊緣——職場的設置從來不是由女性主導，也沒有專門為女性考慮。

至今我們都知道，企業的高階職位若一直只由男性擔任，當有女性升任此職時，便容易面臨「玻璃懸崖」情境。這很可能源於「現狀偏誤」（status-quo bias），簡而言之就是「東西沒壞就別修」的意思。[38]當一家企業長期由男性掌舵且運作順利，任命女性便被視為對既有成功模式平添無謂風險。因此，當企業表現良好時，男性領導層的性別特徵會被視為成功要素；只有當這套「成功模式」失靈時，企業才會願意改變，看看女性是否能夠收拾爛攤子。[39]

《哈佛商業評論》在報導「玻璃懸崖」時指出，他們「尤其注意到這一現象似乎並未出現在曾經由女性領導的組織。換言之，當人們對女性出現在企業最高管理層習以為常，女性領導者被選任的主因將不再是需要有人承擔轉型的風險，並會獲得更多機會來執掌前景穩健的企業。」[40]

既然「玻璃懸崖」現象及其影響似乎不會發生在曾經由女性領導的組織中，我們該做些什麼來確保即便沒有危機，仍能讓越來越多女性擔任領導職位並取得成功？[41]我們如何開創女性領導的成功模式，讓代表性不足的領導者不再是「新鮮事物」——並且，長遠來說在各個層級乃至於最高領導層，都不再代表性不足？

我固然知道，女性並非一個同質化的群體，因此並無單一、統一的答案可以回答女性想要什麼。我也意識到，單單這個問題——女性希望從職場中獲得什麼？我們如何滿足她們的需求？——就足以寫成填滿一整個圖書館的書籍。因此，請不要以為我將逐一列出職場如何辜負了女性，以及我們能做的所有改變。我關注的是那些最顯而易見、導致女性容易遭受「玻璃懸崖」的因素，並提供概括性的建議來解決或至少著手處理這些問題，尤其針對有研究支持的部分。

我知道這聽起來有點像「雞生蛋，蛋生雞」。要是那些率先進入領導層的女性會面臨敵意，最終從「玻璃懸崖」墜落，那麼我們要怎樣讓更多女性進入這樣的空間，從而營造讓她們茁壯成長的環境？但這仍是個必須思考的問題，尤其因為研究顯示：「性別刻板印象在群體層面上形成了微妙的結構性障礙，阻礙了大量女性晉升到這些職位。要打破這些刻板印象，增加女性在高階領導層中的代表性是必要的起點，而不是最終的結果。」[42]

事實證明，在新職位的最初時刻，從宣布一位女性領導者上任的方式開始，我們可能就已在無意間限制了她成功的可能性。

賓夕法尼亞州立大學的研究人員分析了一九九五年至二〇一二年間九十一位女性執行長的任命宣布方式，探討公司在內部與公開新聞稿中，對於即將離任的男性執行長與新上任的女性執行長所使用的語言，並進一步追蹤這些女性執行長的實際任期。

令人驚訝的是，研究發現，企業在宣布任命女性執行長時，若對其過往成就讚譽有加，這些女性的任期反而可能較短。研究人員認為，這可能是因為這些早期的內部與外部肯定，反而使新任女性執行長在職位上更容易面臨刻板印象與偏見。[43]

正如我們在第六章所見，性別刻板印象在女性的職業經歷中扮演著關鍵角色，無論是當我們被認為符合或偏離這些刻板印象的時候。這是一個無法取勝的局面，正如賓夕法尼亞州立大學的研究指出：「女性通常被刻板地認為敏感且具有養育特質，因而不適合擔任領導職位；但當女性展現出足以勝任領導角色的能力時，卻又會被批評未能符合社會對女性的刻板期待。」其中一位研究人員特別指出：「企業可能希望透過強調女性的成就來幫助她們，但一旦這麼做，反而可能引發反彈。他們試圖提供支持，最終卻可能適得其反。」[44]

不過，研究也發現了一些可以減輕反彈的方法，包括新任女性執行長來自內部晉升，而非從外部引入。此外，想必你也猜到了，企業領導層和董事會中若已有其他女性成員，也能減少反彈。

以內升代替外聘

我們在林林總總的討論中屢屢看到同一個問題：應該爭取晉升，還是跳槽以爭取更好的職位？我們從「斷階」談到「大分手潮」，已能清楚看見，女性的晉升之路既緩慢又充滿不確定性，許多女性寧願把職涯發展掌握在自己手裡，透過轉換職位來爭取更好的前景。

但我們也了解，當企業從外部聘請女性為其新領導者時，她很可能會被視為局外人，而在上任後推動其理念和方向時難以獲得認同與支持，因而更容易面臨「玻璃懸崖」。女性執行長比男性執行長更可能聘自外部，而非從內部晉升。[45]事實上，百分之三十五的女性執行長在上任前是外部人士，而男性執行長則只有百分之二十二。「空降」的女性執行長更難譜寫出成功故事。

「以外部人士身分擔任執行長的挑戰性更高，」管理諮詢公司思略特（Strategy&）的研究員兼高級合夥人蓋瑞．尼爾森（Gary Neilson）告訴《華盛頓郵報》。「他們在公司內部的人脈有限，因而較難了解公司的運作，表現也就不如那些公司親手培養的領導者。」《華盛頓郵報》進一步指出，「研究顯示，外部聘任的執行長被解雇的可能性是內部晉升者的六點七倍。」[46]

既然如此，為什麼那麼多企業選擇花費大量時間和成本尋找外部人才，而不去培養他們已有的團隊呢？

我們可以從男性執行長被問到董事會為何缺乏女性成員時所給出的理由看出端倪，特別是「我們需要從基層開始培養人才，這個產業就是沒有足夠的資深女性」，以及他們最愛說的那句：「所有『優秀的』女性都已經被捷足先登了。」

雖然這些評論針對的是董事會成員的資格，但它們與我在企業中論及為何代表性不足的人才在被任命後卻留不住時，所感受到的情緒完全一致。企業成功吸引人才，卻在接下來的留任和晉升階段全軍覆沒，於是他們將責任推給人才管道。而這根本不是事實。

如果碧昂絲能找到二十四位黑人長號手和一匹貼滿鏡片的鏡球馬，* 你也能在你的企業中找到一位準備被晉升的女性。

如果公司外部有表現亮眼並能勝任高階職位的女性，那麼，公司內部也必定有同時符合資格的女性。

如果沒有——如果只有內部的男性或外部的女性——那麼，人才管道的問題就不在於女性做了什麼或沒做什麼。相反，問題出在企業對她們的投資，可以追溯至她們首次晉升時，也離不開「斷階」這個老問題。

企業忽視其內部人才，反而捨近取遠地從外部徵才的另一個原因是「高大罌粟花症候群」（Tall Poppy Syndrome）。†《最高的罌粟花》（*The Tallest Poppy*）是首個針對這一情況的研究，該研究訪問了來自一百零三個國家的數千名女性，了解她們在各行各業中，「因為成就和／或成功而被攻擊、怨恨、討厭、批評或打壓」，而非受到讚揚的經歷。百分之八十六點八的受訪女性表示，她們在職涯中曾經經歷這種情況。[47]

在發表這項研究的聲明中，作者魯米特・比蘭博士（Dr. Rumeet Billan）表示：

---

* 譯註：碧昂絲第七張專輯《潮流復興》（*Renaissance*）的造型，她騎著的馬全身上下貼滿小鏡片，彷彿一顆做成馬形狀的巨大迪斯可球。

† 當一個人的成功為其招來攻擊、厭惡或批評時，即發生了「高大罌粟花症候群」。剪去高大的罌粟花比喻貶低他人成就，暗示他們不配獲得成功或受人注意。有趣的是，全球皆可找到類似形容——在日本，相應的說法為「出頭的釘子會被敲下」，而在荷蘭，則以警告語表達：「勿將頭露出地面。」

我們的數據揭示了高大罌粟花症候群如何對有抱負、表現優異的女性造成負面影響，以及這對組織意味著什麼，情況令人大開眼界。〔……〕我們的數據不僅揭示了因成就而被打壓所帶來的負面影響，也幫助我們理解這種打壓是如何發生的，誰最有可能成為施壓者；更重要的是，它讓屢屢在職場上遭遇這一情況的眾多女性有了詞彙來描述自身經歷，從而獲得正視。[48]

該研究發現的「打壓」方式與我們在第二章討論的微歧視極為相似：

- 百分之七十七的受訪者表示自己的成就被淡化。
- 百分之七十二點四的受訪者曾被排除在會議和討論之外，或直接遭到忽視。
- 百分之七十點七的受訪者表示，自己因成就而承受中傷。
- 百分之六十八點三的受訪者說，他們的成就不被當一回事。
- 百分之六十六點一的受訪者表示，他們的成果被他人據為己有。[49]

至於「被打壓」後的反應，百分之七十三點八的女性表示心理健康受到負面影響，九成女性表示壓力增加，百分之六十六點二的女性表示自信心下降。[50]

「企業經常談論『頂尖人才爭奪戰』，但真正該關注的其實是如何留住頂尖人才，」比蘭博士表示。「在高大罌粟花症候群的影響下，高績效者開始隱藏自己的能力和成就。我們的調查顯示，百分之六十點五的受訪者認為，如果她們在職場上被視為有野心，將會受到懲罰。當有抱負的員工發現自己處於一個懲罰卓越表現的環境時，他們的生產力勢必受到影響，他們也會隨時準備離開。承受負面影響的不只是個人，也是企業本身。」[51]

我們需要企業真正投資於女性，看見並培養她們的潛力，為她們創造機會，讓她們能夠參與展現能力的「表面光鮮的工作」（而不只是默默承擔「辦公室家務」）。唯有如此，女性才能與最高層的決策者建立聯繫，繼而在晉升機會來臨時被優先考量。

配額制度可行嗎？

配額制度始終是個難以始齒的話題——坦白說，這些年來，我對它的看法也改變過好幾次。但隨著我對「玻璃懸崖」的了解日益加深，我發現自己越來越支持配額制度。

我將配額制度視為一個標記、一個明確的目標，我們可以據此衡量進展。我認為，在承認企業內部的不足與規畫如何改善這兩方面，越透明就越好。而配額制度確實能減少招聘決策中的偏見。

夏克拉・摩根羅特在接受英國廣播公司採訪時表示，「如果有某種形式的配額制度，將難以發生帶有偏見的決策過程，這是一種企業可以實際採取的措施。」[52]蜜雪兒・萊恩及其研究團隊在回顧「玻璃懸崖」的十年研究與數據時，也呼應了這個觀點。他們在該回顧報告的結論中指出：「隨著我們對『玻璃懸崖』的研究不斷推進，我們不禁注意到，這一現象始終被框定為『女性的問題』。然而，只需要檢視數據，就會發現此現象的成因很大程度是男性優先獲得舒適的領導職位，而不僅僅是女性被任命至不穩定的職位。」[53]

歐洲議會（European Parliament）經過長達十年的討論，終於在二〇二二年通過了「女性參與董事會」（Women on Board）法案，旨在打破「玻璃天花板」。*該法案規定，歐盟上市公司在二〇二六年年中前，必須將非執行董事的女性占比提升至至少四成，且全體董事的三分之一或以上必須為女性。但這項新法的內容不只如此，還要求「當競逐董事席位的兩名人選資格相當時，應優先錄用性別代表性不足的一方，未遵守新規定的企業將面臨罰款，甚至被撤銷該董事席位的任命。」[54]

「自執委會提出該提案十年後，歐盟終於有了打破上市公司董事會『玻璃天花板』的法律，」歐盟執行委員會（European Commission）主席烏蘇拉・范德賴恩（Ursula von der Leyen）表示。「有許多女性具備擔任高階職位的資格，透過這項新法，我們將確保她們真正擁有獲得這些職位的機會。」[55]

「我們正在消除女性獲得『最頂端工作』的一大障礙——男性的非官方人脈網絡，」來自奧地利的伊芙琳．瑞格娜（Evelyn Regner）這麼說，身為歐洲議會議員的她是這項新法的重要推手。「從現在開始，選拔的重點將更在於能力，過程也將更加透明。」[56]

如果男性在職場上一直享受優待，我們卻稱之為「任人唯才」，那麼，針對女性參與設立明確目標，或許是積極的下一步。我們也可以向那些已經在其職場實施性別配額制度的國家取經。

挪威於二〇〇五年領先全歐洲推出此類配額法，規定該國上市公司董事會的女性比例必須達到四成。這一措施落實得很快，一九九二年時，挪威公營企業董事會的女性代表僅占百分之三，但到了二〇〇九年，這一比例已提升至百分之四十。[57]

以上政策推行了十七年後，挪威政府於二〇二二年提議進一步擴大其適用範圍，規定若大型公私營企業的董事會中女性比例不足四成，該企業將面臨關閉。[58]

在討論將私營企業納入受規定的範圍時，挪威貿易工業部長楊．克里斯蒂安．維斯特（Jan Christian Vestre）於聲明中表示：「企業在運用兩性人才方面做得還不夠，現在正是時候改變這一現狀。」

* 員工人數在二百五十以下的企業不受該法案所限。

挪威文化與性別平等部部長安內特・特蕾特貝格斯圖恩（Anette Trettebergstuen）補充說：「花了二十年，女性比例才增加了五個百分點。若我們繼續以這種龜速前進，將永遠無法達成（性別平衡的）目標。」[59]

一旦確立了董事會層級的性別配額制度，不僅為女性開啟了更多受任命的機會，她們進入董事會後，也將推動並倡導協助其他女性在職場取得成功的變革、政策與決策。《美國政治科學期刊》曾發表一項研究，分析近千家企業的性別平等情況，並比較義大利（二〇一一年開始實施企業董事會性別配額）與希臘（經濟規模相近但未設置性別配額）的情況。研究發現，在義大利實施該政策後的八年間，女性在董事會的占比從百分之五成長至百分之三十六；而同一時期，希臘的女性董事比例雖然也有所增加，卻僅從百分之六上升至百分之九。[60]

研究人員關注的不僅是女性能否進入董事會層級，還有她們在獲任命後能夠發揮的影響力。他們觀察到，「設有女性配額的董事會制定了更多性別包容和公平導向的政策，這些政策不僅對女性的工作條件產生實質影響，與她們共事的男性也連帶受惠——最終促進整體職場文化的改善。」《富比士》在報導這項研究及性別配額的影響時補充：「董事會組成中的性別配額的確會對整家公司的女性工作條件產生實質且可衡量的影響。這種影響十分顯著，根據研究數據，公司內部對性別平等議題的關注度提升了五成以上，不論男女員工都更加重視這些議題。」[61]

當然，並非所有國家都可能在短期內由政府強制實施配額制度。但也無妨，因為研究顯示，[62]無論配額是由政府頒布，還是由企業自主實行，其運作方式與效果基本相同，並能帶來同樣的好處。*

改變遊戲規則

在第四章中，我們了解到協商分別由男性和女性主導時，在期望和結果上的差異。我們發現女性協商往往不如男性成功，而那些成功協商的女性則會賠上她們的討喜程度。

那麼，如果我們不是教導女性「如何協商得更好」，或如何在爭取她們想要和應得的東西時保持柔順，而是徹底改變遊戲規則呢？

這正是鮑康如在Reddit任職期間所做的，她禁止了薪資談判。她向公共廣播電視（PBS）解釋這一決定：「我們提出一個我們認為公平的薪資方案。如果你想要更多股

* 女性在最高層級的代表性有所提升，還能促使企業實施更多切合女性需求的政策，例如改善育兒服務，甚至解決薪酬不平等問題。

份，我們會允許你用部分現金薪資交換股份，但我們不會讓更擅長談判的人獲得更高的報酬。」[63]

加州大學哈斯汀法學院（Hastings College of the Law UC Hastings）* 教授瓊・威廉斯（Joan Williams）向《雅虎》分析了她對取消薪資談判的看法：「這是否利於每位女性？不，事情不是這樣運作的。但如果你希望消除男性因這些規範性刻板印象而坐擁的優勢，那麼這無疑是個明確的方法。」[64]

我們越是能夠意識到舊有的工作方式，將其視為選擇而非必然，並質疑它們是否仍然適用，就越能共同重建和重塑真正適合所有人的職場——所有人在其中都被平等對待。

女性想要什麼

讓更多女性擔任高階領導職位不僅是最終目標，也是讓越來越多女性視此為可行選項的重要一步。我們都聽過「看得見才能成為」的道理，也知道一家企業由女性領導並取得成功的歷史越悠久，未來的女性領導者就越不容易遭遇「玻璃懸崖」。

正如我們在討論配額制度時所見，高層領導中的女性越多，女性的聲音就越能被聽見，從而推動女性權益的爭取。

每個人都希望自己的時間和精力投入在互惠的關係中。然而，疫情過後，員工與職場的關係失去平衡。研究顯示，「只有百分之五十六的員工認為自己的福祉受到〔公司高層〕關注，儘管百分之九十一的高階領導者認為自己在團隊眼中是關心員工的。」[65]

那麼，員工在職場中想得到什麼，才會有動力和能提高生產力呢？

意義與目的

在職場中的意義對我們來說，似乎比以往任何時候都來得重要。根據二〇一八年進行的一項調查，超過九成分屬不同年齡及薪資階級的員工表示，他們願意放棄一部分薪水，以換取在工作中感受到更強烈的意義。[66]這是一個巨大、出乎意料的數字。

而且，他們所指的「一部分薪水」並不小。這二千多名受訪的美國員工平均而言，願意為了一份「始終有意義」的工作而放棄未來總收入的百分之二十三。[67]人們願意放棄他們餘生中將近四分之一的收入，只為了換取感覺到這份工作有意義。這確實是一筆不小的交易。

更多研究也顯示，將近八成人寧願選擇一位關心他們是否在工作中成功並找到意義的

＊譯註：該校於二〇二三年更名為「加州大學舊金山法學院」（University of California College of the Law, San Francisco）。

上司，而不是加薪百分之二十。考慮到美國人平均將約百分之二十一的收入用於住房開支，我們就更能看清人們對於工作意義的重視程度。[68]

除了提升員工的幸福感，讓員工感受到其工作有所意義也有助於激發他們的動力，進而提升企業的整體表現。感受到工作有意義的員工產出更多、更努力工作，在公司任職的時間也更長。[69]事實上，認為自己的工作極具意義的員工平均比認為自己的工作缺乏意義的員工多留任七點四個月。這種影響在管理階層尤為顯著，當主管認為自己的工作充滿意義時，員工流動率會下降至僅百分之一點五。意義或目的具有強大的激勵作用，從事自覺有意義的工作的員工，每週平均多投入一小時在工作上，每年則少請兩天假。這些數據表明，將一名員工的工作體驗從普通提升至高度有意義，能額外創造每年九千零七十八美元的勞動產出。[70]這一效果若能複製到全公司上下，結果想必十分驚人。

不只員工會對目的導向的企業反應良好，超過七成千禧世代期望雇主關注社會問題或視之為使命，而消費者同樣希望能與他們認為代表某種理念，或為世界帶來正面影響的企業互動。研究顯示，目的明確的企業能夠在消費者的生活中實現持續的忠誠度、一致性和相關性，而那些未將目的融入營運原則的企業長遠而言將無法滿足消費者的需求與期望。正如勤業眾信在其二〇二〇年的全球行銷趨勢研究中指出：「當今的消費者往往認同品牌的目的，尋求更深層次的連結，而品牌則需要相應地與消費者的身分認同與理想契合。」[71]

勤業眾信的研究發現，品牌和企業若專注於目的，其平均成長速度是競爭對手的三倍，員工滿意度更高，且能夠更長久地留住人才。此外，目的驅動型企業的員工表現也更優秀。同一份研究顯示，這類企業的創新水平比競爭對手高出三成，而員工留任率則高出四成。[72]

目的不僅是提升員工生產力和留任率的關鍵，同時也能帶動消費者支出，並使他們對品牌產生正面聯想。

勤業眾信以聯合利華（Unilever）的品牌組合為例，指出其二十八個「永續生活」*品牌（包括多芬〔Dove〕、凡士林〔Vaseline〕和立頓〔Lipton〕）「在二〇一八年貢獻了公司百分之七十五的增長，且增長速度平均比其他業務快百分之六十九。〔……〕肥皂、石油凍（凡士林）和茶是日常生活中的居家必需品，但由於可藉以推動永續生活，這些產品因體現公司的目的而別有不同。」[73]

* 這些品牌專注於減少聯合利華的環境足跡（environmental footprint）並提升社會影響力。

工作彈性

二〇二二年，英國政府宣布立法，所有勞工（不只為人父母者）自入職首天起便可向雇主申請彈性工作時間。此舉背後有充分的理由。[74]

研究一再顯示，女性在職場上最重視的就是彈性——無論是工作地點、工作時間，還是工作方式，彈性都是關鍵。當女性選擇加入或留任於某家公司時，往往會優先考慮這一點。超過半數的女性表示，工作缺乏彈性曾迫使她們離職或考慮離職；百分之二十一的女性認為，缺乏彈性對其職涯發展產生了負面影響；而有四分之一的女性曾因缺乏彈性而選擇暫停其職涯。[75]

麥肯錫高級合夥人艾莉西絲・克里夫科維奇在《麥肯錫播客》中表示：

疫情前，女性最常提到能讓她們全心全意投入工作的要素，就是各種形式的彈性，包括何時工作、在哪裡工作、對『面對面』的定義及它被賦予的價值。而來到當下，有半數女性表示，彈性已成為她們在考慮新的工作機會時的三大條件之一。她們說：「我重視它（彈性），並以相同的方式評估它、福利及其他因素。」對她們而言，彈性極其重要。[76]

提升職場彈性除了對希望吸引並留住女性人才的企業至關重要，還能帶來巨大的商業利益。彈性工作倡議者安娜．懷特豪斯（Anna Whitehouse）*分享的最新「彈性經濟學」（Flexonomics）報告估計，彈性工作的經濟貢獻高達三百七十億英鎊，而當前的彈性工作率若能提升百分之五十，將可帶來五百五十億英鎊的淨經濟收益，並創造五萬一千二百個工作機會。[77]

這些商業利益對於企業老闆來說，確實有意思，並足以說服他們彈性的工作方式值得採納，但這未必是如今許多女性視工作彈性為不可妥協之條件的原因，尤其是工作地點的彈性。在談論職涯發展的下一步時，百分之六十九的男性和百分之八十的女性表示，遠距工作是他們的首要考量之一。[78]

那麼，為何彈性工作對女性而言如此重要？

女性越發渴求彈性工作，部分原因在於她們背負著充當照護者的性別期望——她們比男性更有可能需要承擔照顧孩子或家中長輩的職責。彈性和變通的工作安排，將大大簡化這一負擔。

* 安娜．懷特豪斯在各社群平台上的帳號為@mother_pukka，她是「彈性呼聲運動」（Flex Appeal Campaign）的代言人。

針對勞工重返實體職場的意願在性別上的差異，奧克拉荷馬大學工業與組織心理學助理教授張瑟琪（Seulki "Rachel" Jang，音譯）向英國廣播公司表示：「女性可能會覺得自己有責任處理與家庭相關的事務，也就可能會因為離家工作而感到愧疚。」[79]

但這當然不是唯一的原因。女性追求更彈性的職場，尤其比男性更重視遠距或虛擬辦公，也可能源自想藉以擺脫那些打從設置之初就未優先替她們著想的工作環境。

女性——尤其那些在日常生活中被視為「他者」、面臨更多微歧視的女性——可能透過居家辦公來避免不必要的互動。

麥肯錫的克里夫科維奇進一步指出：「當我們觀察女性的職場經驗，尤其是有色人種女性和身心障礙女性時，會發現她們所描述的線下工作環境充斥著更多偏見，他者化的情況更為嚴重，隨之而來的微歧視亦然。因此，她們重視虛擬互動的某些元素，因為這能減少她們每天面對的偏見，這些偏見是男性同儕所不會經歷的。」[80]確實，只有十分之一的女性表示希望「主要在辦公室工作」，而百分之七十一的人資主管則認為，遠距工作除了讓企業能聘請到來自「更多元背景」的人才之餘，還能留住他們。[81]

張瑟琪也補充其觀點，指出：「研究人員還發現，相較於男性，女性在疫情期間承受的心理壓力更大，因此，她們可能還沒準備好回到辦公室，在那裡，她們必須以專業形象掩飾這種壓力。」[82]

無論是為了擺脫微歧視，還是不必戴上由他人定義的「專業形象」面具，女性正在選擇更具彈性的工作方式，並尋找與在價值觀上與自己契合的企業。

值得注意的是，男女對於返回實體工作場所的態度不同，可能會對領導職位的前景產生意想不到的長期影響。牛津大學的研究者指出，「居家辦工可能會因為限制了互動並妨礙學習、合作和創造力的發揮，而削弱個體在工作場所中的存在感及對這一環境的依附。」張瑟琪也表達了相同的擔憂，她認為，「重返辦公室的男性可能會展現出更高的工作績效和對工作的認可，從而受惠於人事決策，例如升遷和加薪，擁有更多的社交互動、影響力和權力。這些因素無疑會加劇工作和家庭中的性別不平等。」[83]

居家辦公的女性的增幅相較其男性同儕高，長遠的影響尚待觀察，但我們可以從先前的研究中獲得一些啟示。二〇一五的一項研究發現，儘管遠距工作者的工作效率比辦公室內的同事高出百分之十三，但他們的晉升機會卻只有辦公室員工的一半。研究人員將這一晉升差距歸因於與高階領導者的面對面接觸機會。「領導層一般都在辦公室。因此，如果你有進辦公室，你就能接觸到他們。你能在走廊遇到他們，也能被他們看見。」遠距工作專家潔西卡・瑞德（Jessica Reeder）如此說，她在全球最大遠距工作公司 GitLab 負責策略工作。「這是會影響晉升的，」她補充。[84]

假如企業希望未雨稠繆，就必須迅速應對這個兩難局面：女性對彈性工作的需求日增，但進辦公室的時間較少又可能因較少與高階領導者面對面接觸而導致晉升緩慢，這兩者之間該如何取得平衡呢？

我建議改變互動規則，確保在虛擬環境中也能接觸到高階領導者，並認清下一代領導者與員工對他們選擇合作與服務的企業有著更高的期望。

理解新世代工作者的需求

正如我們在討論職場面貌有所改變時所見，千禧世代與Z世代的工作者正引領這場變革，重寫既有規則，將我們長期持有的職場觀念與工作模式拋諸腦後，一步步重塑職場，使其更貼近他們心目中的工作世界。

我們知道，三十歲以下的女性有三分之二希望在職涯中擔任高階領導職位。而且，年輕女性並未因新冠疫情帶來的困難而卻步，反而迎難而上。二〇二三年，百分之五十八的三十歲以下的女性表示，她們對晉升的興趣不減反升。[85]

然而，正如克里夫科維奇警告，「她們同時也在說：『我把賭注押在你們公司身上，我期待的就是不一樣的東西。』」那麼，她們究竟期待什麼？她們期待企業能說到做到——她們期待更彈性的工作、更致力於推動DEI，以及平等的晉升機會。[86]

在工作中找到目的與意義對不同年齡的人來說各有不同程度的重要性，但對較年輕的工作者而言，則尤為迫切且不可或缺。二〇二三年，勤業眾信完成了連續十二年對「職場中最年輕世代的優先考量、關注與動機」的調查，該企業的員工中超過八成屬於這些世代。[87]根據這份針對Z世代與千禧世代的報告，[88]「年輕員工希望雇主的價值觀與他們自身的價值觀一致，並希望透過有目的和有意義的工作來推動社會變革。」[89]

年輕的工作者不僅在理論層面擁抱這些偏好，更將之付諸實行。我在廣告公司擔任創意製作人，後來成為製作總監時，對於要與怎樣的客戶合作十分謹慎和堅持——不賭博、不抽菸、不碰石油業的客戶，你應該懂為什麼吧。每當我這樣表態時，內心都會感到不安，而且不只一次有同事警告我，抱持這種立場可能會被視為難搞，「對我的職涯有害」。

所以，如今得知我的這一代有越來越多人願意採取這種行動、承擔這種風險，我感到十分振奮。根據《財星》與勤業眾信的調查，千禧世代與Z世代的工作者中，有近四成曾因道德考量而拒絕工作任務，[90]更有超過三成直接拒絕了工作機會，因為他們認為準雇主在環境保護、DEI、心理健康等方面做得不夠。

且讓我們繼續討論工作的意義與目的。當千禧世代與Z世代感受到自己所屬的企業賦予他們權力，使他們能透過自身工作推動改變時，他們將更有可能選擇留任。

那麼，已經身處領導職位的年輕人呢？他們與前輩們的做法有何不同？勤業眾信的一項研究發現，千禧世代與Z世代的領導者在處理和規劃自身工作，乃至於管理團隊時，都更為主動。該研究顯示，相比起老一輩的領導者，年輕領導者會優先考慮自己和團隊成員的身心是否健康、工作與生活是否平衡。此外，他們也更可能形容自己與員工之間的溝通是透明的。

看來，千禧世代與Z世代的領導者特別關注自己與員工的身心健康、對員工的支持，以及提升與員工之間溝通的透明度——這些正是我們所見，能降低「玻璃懸崖」風險的要素。勤業眾信的分析發現：

- 百分之七十二的千禧世代與Z世代領導者將每週工時限制在四十小時內（X世代為百分之六十五，嬰兒潮世代為百分之三十九）。
- 百分之七十一的千禧世代與Z世代領導者會在工作日內適時休息（X世代為百分之六十一，嬰兒潮世代為百分之五十三）。
- 百分之八十三的千禧世代與Z世代領導者會對團隊坦承自己的身心健康狀況（X世代為百分之六十五，嬰兒潮世代為百分之三十八）。
- 百分之八十八的千禧世代與Z世代領導者採取措施，維護員工的「斷聯權」，即在下班或放假時不必理會工作訊息（X世代為百分之七十七，嬰兒潮世代為百分之六十五）。

- 百分之九十的千禧世代與Z世代領導者針對員工的身心健康增加福利（X世代為百分之七十九，嬰兒潮世代為百分之五十四）。
- 百分之八十九的千禧世代與Z世代領導者認為自己精通健康知識（X世代為百分之七十五，嬰兒潮世代為百分之四十九）。[91]

全球有百分之二十五的人口年齡在二十五歲以下，但年輕人能夠真正影響世界的機會卻相對有限。這從全球僅有百分之二點五的政治人物屬於這個年齡層就可見一斑。在職場方面，千禧世代與Z世代約占全球勞動力的百分之三十八，然而，富時一五〇指數（FTSE 150）企業董事會成員的平均年齡卻接近六十歲。[92]

美體小舖（The Body Shop）* 注意到這一差距，於是招攬了一群青年顧問，積極尋求改變。

* 美體小舖是全球最大的B型企業（B Corps）企業之一。（譯註：B型企業由二〇〇六年於美國賓州成立的非營利組織B型實驗室〔B Lab〕提出，得其認證的企業必須「利他與盈利並行」，在追求商業成功的同時，承諾對員工、社區與環境負責，現已成為全球標誌。）

美體小舖董事會成員兼全球永續發展與行動總監克里斯・戴維斯（Chris Davis）在接受《財星》採訪時表示：「我們意識到，如果我們的董事會缺乏年輕人的聲音，又如何能真誠地說，我們正在打造一個可以傳承給下一代的企業？這當然是我們的目標。」[93]

因此，美體小舖成立了一個名為「青年集合」（Youth Collective）的次級董事會，其成員的年齡皆在三十歲以下，與現有董事會並行運作。

這個董事會最初在尋找成員時遇到困難，因為部分人選完全反對資本主義企業。不過，根據《財星》的報導，「他（戴維斯）很快意識到，要讓由聰明的年輕腦袋組成的董事會提出的批評實際上具有建設性，就不能過於激進。」戴維斯本人也表示：「與我們合作的行動者對商業抱持相當批判的態度。〔……〕我們生活在一個需要平衡利潤與原則的世界，這並不那麼簡單。」[94]最終，他們確定了一個適合他們的董事會組成方式——百分之五十的成員為企業本身的員工，另一半則是其他B型企業的員工。這些年輕人最有可能體諒企業在其發展需要與企業社會責任（corporate social responsibility，簡稱CSR）之間的平衡。

「你不僅要找到那些有興趣、聰明、關心世界並希望改變現狀的年輕人——這其實還不夠。除此之外，你找來的還得是支持企業成功的人，而這種成功必須是可以持續的。」

美體小舖的「青年集合」有助於該企業在社群媒體策略與內容產出上與時並進，並傳達其大型倡議——這些倡導大多與包容性相關。

為了不讓「青年集合」的成員感到被剝削或被當作無償顧問，戴維斯表示，除非遇到傳統領導團隊無法破解、需要跳脫框架思考的問題，否則他不會刻意向該小組尋求意見。在這種情況下，這些經常被忽視的年輕聲音將受邀加入討論。

戴維斯接受《財星》訪問時表示，這群非典型的領導者和思想家為公司的討論與決策注入了「活力、洞察力與能量」。但他也強調，這一成果很大程度上建基於公司明確訂立與他們合作的條件與規則。正如他所說：「我們努力讓這一切在相對安全的環境中運作，信任便會隨著時間推移而慢慢累積，因為每個人都清楚遊戲規則。」

其中最重要的規則之一，就是每個人的聲音都同等重要。雖然不是每個建議都會被採納或付諸實行，但美體小舖表示，這些意見與來自傳統董事會的一樣會被認真看待，他們都會聆聽。而無論最終決定如何，他們都會清楚交代背後的考量與理由。

他補充道：「我們是否總是聆聽？是的。我們是否會總是採取行動？未必。但當我們不採納某建議時，我們會解釋原因；而若是採納，我們也會解釋原因——這是我們的承諾。」他強調：「我們始終提供回饋並保持完全透明，確保每個人的聲音都被聽見。」

當然，這僅是一家企業的做法，其長遠效益——尤其針對三十歲以下族群的需求與期待——仍有待觀察。不過，直接詢問消費者需要和重視什麼，並據此行動，或坦言無法執行的原因，這些都可視為大型企業朝以上方向邁出了令人振奮的一步。我相信，我們每個人都能參與重塑未來，確保未來的發展比過去更加完善，並且能夠惠及更多人。有志改變世界的人遠比當下統治世界、一心只想維持現狀的既得利益者來得多。這意味著，只要我們攜手合作，就能改變社會與職場的運作方式。我們可以創造更具彈性、更加充實的生活，讓我們能夠成為完整且快樂的個體。我們可以選擇自己的領導者，讓他們成為我們所期望的樣子，並積極參與他們的成功故事，為後來者締造充滿可能性的未來。

而現在，我們已經擁有所需的語言，也具備將曾經隱而不見的事物引入光明的能力。攜手同行，我們將一同打破在我們周圍的玻璃藩籬。

懶人包

- 並非全球各地皆會發生「玻璃懸崖」這一種文化與社會現象。它最常見、也最顯而易見於性別平等評分較低的國家，例如英國和美國。
- 由於「玻璃懸崖」並非生活中的必然事實，我們可以採取行動來打破這一循環，例如：
  - 更新我們對於現代職場中優秀領導力的認知，更加重視傳統上被歸類為女性特質的技能，例如適應力，並給予他人發揮自身領導潛能的力量。

- 調整企業運作方式，以滿足職業女性的需求，尤其是我們已經知道曾經由女性領導的企業較不容易受「玻璃懸崖」影響。成功的女性領導者越多，未來出現更多成功女性的可能性也越高。
- 提倡內部晉升，而非外部招聘。百分之三十五的女性執行長（相較於僅百分之二十二的男性執行長）由外部聘任。這些女性執行長要成功更加困難，因為她們不僅要處理好職務，還需投入時間熟悉全新的企業環境。與內部晉升的執行長相比，外部聘任的執行長在短期內被解雇的可能性高出六點七倍。
- 採取配額制度。配額制度已被證實能有效提升女性在企業最高層級中的代表性。二〇二二年，歐洲議會通過了「女性參與董事會」法案，要求歐盟上市公司在二〇二六年年中前，將非執行董事的女性比例提升至至少四成。類似的措施已在挪威等地成功試行並進一步擴展。事實證明，無論是政府強制要求，還是企業自行推動，配額制度都能產生同樣顯著的效果。

• 為了留住女性人才，我們需要肯定女性的需求，並調整我們的工作環境，使其能容納並回應這些需求。這些需求包括：
- 能強烈地感受到工作的意義與目的。超過九成員工表示，他們願意放棄一部分薪水，以換取在工作中感受到更強烈的意義。

- 能更有彈性地工作。過半數女性表示，工作缺乏彈性曾迫使她們離職或考慮離職。

• 了解並適應最年輕一代工作者的需求也至關重要。企業若想吸引並受益於他們的才華，就必須更受目的驅動、更具彈性，並在價值觀上與這一群體契合，讓他們感受到自己正在推動社會變革，為其出力。

結論

希望有兩個美麗的女兒；
她們的名字是憤怒與勇氣。
憤怒於現狀的不公，
勇氣則是看見現狀不再維持不變。
——聖奧古斯丁（Augustine of Hippo）

這就是「玻璃懸崖」的故事——它是什麼、什麼條件促使其發生，以及可能有助於打破這一循環的方法。但願這個故事能帶給未來世代更好的領導機會，比我們所繼承的更好。

我認為這是我們應該為他們做的。

我也希望，現在我們有了共同的語言，也找到辨識與界定「玻璃懸崖」的詞彙，就能促成以下兩件重要的事。

首先，我希望我們能夠重新定義並梳理自身經歷——對自己寬容些，因為有些事實際上超出了我們的掌控，即使在發生的當下我們未能看清。

第二個我希望上述理解能帶給我們的，是更多的同理心。在我們察覺到「玻璃懸崖」對自身的影響之餘，也能更敏銳地辨識這一現象如何在我們所屬的企業，以及更廣泛的公共領域中上演。

恰巧，當我在二〇二三年六月寫下這段話時，出現了一個眾所矚目的案例。許多人認為，或至少懷疑，這將成為「玻璃懸崖」在眾目睽睽下上演的典型例子：琳達·雅卡里諾（Linda Yaccarino）接替伊隆·馬斯克（Elon Musk），成為X（前推特）的執行長。

截至目前，事情的發展如下

二〇二二年十月，馬斯克完成了對社群媒體平台推特的收購，並擔任該公司的執行長。據報導，此次收購斥資四百四十億美元。

同年十二月，馬斯克在推特上發文：「只要找到誰夠蠢來接手這份工作，我就會辭職！」[1]

二〇二三年三月，馬斯克表示自他收購推特以來，其市值已蒸發超過百分之五十，當時的估值約為二百億美元。[2]然而，持有推特股份且直接得益於其價值的共同基金巨頭富達（Fidelity），對推特的估值則只有一百五十億美元。這導致全球各大媒體紛紛報導，推特如今只值「馬斯克接手前的三分之一」。[3]

二〇二三年五月，馬斯克聲稱，推特的廣告收入、亦即其主要收入來源已恢復正常，「幾乎所有廣告商都回來了」。[4]然而，《紐約時報》獲得的一份內部文件卻揭示了截然不同的情況。文件顯示，推特的廣告收入實際上下降了百分之五十九，且「公司恆常地無法達成美國市場的每週銷售預期，有時落差高達三成。」[5]

同月，推特在美國最受厭惡企業排行榜中名列第四。[6]

二〇二三年六月五日，*馬斯克卸任推特執行長，由琳達・雅卡里諾接任，比原定計畫提前了兩週。[7]

我當然不希望任何人經歷「玻璃懸崖」，但在種種不利因素的夾擊下——公司股價暴跌、企業形象（與馬斯克的個人形象密切相關）持續崩壞、廣告商紛紛撤離——雅卡里諾的成功機會從一開始就似乎相當有限。

話雖如此，雅卡里諾也可能是在清楚意識到自己即將面對什麼挑戰的前提下，才選擇接下這個職位的。畢竟，在這次任命中，「玻璃懸崖」的威脅本身就顯而易見，並透過媒體的報導與評論進一步被強調。所形成的敘事框架，以及我們對她即將面臨挑戰的集體認知，或許能夠為她爭取足夠的時間來釐清情況和推動改革，從而成功帶領企業度過危機。

或許有些出人意料，雅卡里諾的成功機率也可能因其前任馬斯克而提升——他依然深度參與推特的業務，許多人始終視他為該公司的代表人物。馬斯克形容擔任推特執行長是一份「痛苦」的工作，任何願意接下這份工作的人都是「愚蠢」的。[8]然而，我們現在知道，內部利害關係人若能意識到「玻璃懸崖」的潛在危害，並對身受其害者抱持同理心，將大大降低其發生的可能性及潛在影響。這麼看來，馬斯克的言論其實是包裝成末日預言的「祝福」？

當然，這一切不僅取決於社會觀感，還涉及那些我們永遠無法真正洞悉的內部政治。

實際上，馬斯克的密切參與對雅卡里諾而言很可能並非救贖，反而是另一道必須克服的障礙。†

「宣布將由雅卡里諾接任後，確實掀起了一片謹慎樂觀的情緒，但如今這份樂觀已然消退，」市場研究公司「內幕情報」（Insider Intelligence）的首席社群媒體分析師潔絲敏·恩伯格（Jasmine Enberg）告訴《衛報》，「馬斯克不會離開的事實從一開始就擺在那裡，而現在也很明顯，他並不會退居一旁。」

幸運的是，還有另一點或可在某種程度上保護雅卡里諾，使她不至於從「玻璃懸崖」上墜落，那就是她自己——她的背景和迄今的經歷。現年五十九歲的雅卡里諾已建立了穩固的職涯，她從NBC環球（NBC Universal）的實習生做起，並於二〇一一年回到該集團，擔任廣告部門主管，管理其每年一百三十億美元的廣告銷售業務。她以圓滑但堅韌的談判風格見稱。許多人認為，她的新職位固然充滿挑戰，但除了她也沒有誰更有可能成功執掌推特。[9]

「她的經歷使她在廣告界和數位媒體領域擁有極高的信譽，而她也不是那種會在挑戰面

---

* 對我而言就像是昨天。

† 我確實懷疑這才是事情發展的方向。我並不信任那位小太空人。

前退縮的人。」韋德布希證券公司（Wedbush Securities）的分析師丹・艾夫斯（Dan Ives）在接受《衛報》採訪時表示：「她明白這將是一場硬仗，但她也看到了翻轉局勢的機會。」[10]

也許雅卡里諾的任命會取得成功，我真的希望如此。我希望她能在扭轉公司的命運、使其重振聲威上發揮重要作用——並不是因為我有多在乎這款應用程式，而是因為，能有個成功案例作為指標該有多好呢。但，這對任何人來說都是一項艱鉅的任務，要長期成功更是難上加難。

話說回來，也許渴望尋找個別成功或失敗的案例，並將之樹立為典範的這種心態，從根本上來說，正是「玻璃懸崖」循環的一部分，我們應該加以抵抗。「玻璃懸崖」的問題很大程度上在於，由於女性領導者少之又少，我們作為一整個社會，往往將個人視為具有統計顯著性的群體。我們透過個別女性領導者來判斷女性的能力與成功領導的適性（aptitude），或許現在正是時候汲取教訓，以更宏觀的目光和更結構性的思維推動超越個人層面的變革。

若不從結構層面探討「玻璃懸崖」的存在及其影響，我們便忽視了真正阻礙更多女性長居領導職位，並在其上取得成功的關鍵因素。

而且，儘管「玻璃懸崖」對女性的影響巨大，但我們不能忘記，它的影響範圍遠比表面所見來得廣泛。

我們知道女性並非唯一受到「玻璃懸崖」影響的群體，種族邊緣化的男性同樣受其影響，這一影響更會在任何不具備白人或男性身分的個體身上疊加。

在討論這一現象時，我們絕不能忽視這一點。

我們必須認清並謹記，交織性如何影響我們在職場內外的所有生活經驗。

我們沒有人能將自己或彼此的個別元素拆解開來，逐一呈現以供檢視與接納。我永遠無法將自己切割成各部分，只遞給你我的黑人部分或女性部分，又或者我的順性別部分或神經多樣性部分——我只能以完整的自己示人，這就是你所看到的我，無論你或我喜歡與否。這種完整性混和了各種色彩，共同影響世界對待我們的方式——這一影響無可否認，卻仍有待研究。*

看來，危機只會接踵而至，而我們必須周旋於其中，試圖生存下去。

我們不能只把失敗都丟給女性處理。女性值得更好的對待，而不是被叫過來收拾根本不是她們造成的爛攤子，更不該為那些早在她們到來前已然發生的問題承受責難。

在本書裡，我分享了能在困難時期逆轉局面的領導特質，諸如情緒智力、開放性、透

* 不過，某些不可見的身分在我們判定所在的處境不利於自我揭露時，可能會策略性地將之隱藏或以偽裝來保護自己。這一做法被稱為「語碼轉換」（code-switching），在種族邊緣化群體中尤為常見，因為他們經常穿梭於並非為他們而設的世界與空間。

明度與合作精神。我希望這番分享有助於改變我們對領導的既有期待，並重新思考成功的領導應該具備什麼樣的樣貌與作為。

我希望我們能夠學會辨識、命名並克服結構性的社會問題，而不是習慣性地將責任歸咎於那些受到影響的人。我希望我們在關注那些開闢新局面的代表性不足領導者時，能夠給予他們寬容、同理心、時間與支持。我也希望我們能夠幫助他們以自己的方式前行，並在這些職位與角色不再利於他們時，從容離開。

我希望語言確實如我所相信的那般強大。如今我們已經擁有識別和理解「玻璃懸崖」的語言，我希望我們共同打造一個不僅認識這一現象，更要超越它的社會。

◎請試著這樣思考——

即使到了現在，在我們已經走了這麼遠，並懷著希望以過去可能忽略的視角和框架來思考問題，我知道仍然會有人提出質疑。一如既往，我知道總會有人在自己的職涯取得成功，未曾受到「玻璃懸崖」影響及在其影響下摸索出路，因而仍然不願承認這一現象的存在。也會有人認為，從懸崖墜落的人在某些方面比自己差勁、脆弱、沒有才華或不聰明。如果你有這樣的想法，那麼請允許我問你一個非常簡單的問題：

「既然你那麼聰明，為何不選擇善待他人？」

不只是為了展現高ＥＱ，或達到高績效而善待他人，而是以最基本、最人性的方式善待他人。以這種方式去理解，僅僅因為某人幸運地躲過了某種經歷，並不代表這種經驗並不存在，也不代表它不會實實在在地影響他人及其生活。

是時候和你道別了，但在道別前，我想跟你分享童妮．摩里森的一段話：「我告訴我的學生：『當你為求某份工作而受盡訓練，終於拿下這份工作時，請記住你真正的職責——如果你是自由的，你需要讓別人也獲得自由。如果你擁有權力，那麼你的職責就是賦予他人權力。這可不是一場摸彩遊戲。』」[11]

這不是一句尋常的話，但我迫不及待終有一天，本書將變得無關緊要。我希望未來的人讀到書中所述、存在於職場的結構性社會不平等時，會覺得這種他們難以想像的工作方式已成遺跡。我希望我們能從那些不存在「玻璃懸崖」的地方學習，最終成為其中一員。但在那之前，我們必須共同努力——我們所有人。

如今你對「玻璃懸崖」已有所了解，你的任務就是讓更多人知道它的存在。將你所知道的（以及這本書）廣為傳播，幫助他人獲得能夠描述自身經歷的語言。成為他人的避風港，給予他們所需的支持，把原本充斥著困難的故事改寫成成功的篇章。

成為打破這個循環的一份子。

請記住，我會一直在這裡，和你並肩前行，為同一個目標而努力。

謝辭

我把這個部分當作紙本形式的聚友網（MySpace）的前八位好友欄（Top 8），只是不會有你無法停止播放的背景音樂——那部分你只能依靠自己的想像力了。如果需要建議，我推薦這幾首歌：葛倫・坎伯（Glen Campbell）的〈水鑽牛仔〉（Rhinestone Cowboy），這首歌可真是被嚴重低估了，你最好一邊聽一邊像馬一樣跳舞；〈在黑暗中跳舞〉（Dancing in the Dark），布魯斯・史普林斯汀（Bruce Springsteen）和勁辣薯片（Hot Chip）各自的版本可以連著聽；還有又是佛萊迪（Fred Again）的〈莎賓娜（我是一場派對）〉（Sabrina (i am a party)），我在寫這本書的最後一週，耳機裡無限循環播放的就是它！所以，雖然現在才六月，但我確信它會在我的二〇二三年 Spotify 年度回顧功能中穩居榜首，無論我今年還會發現多少好歌。挑一首最符合你今天的心情的吧！

我要感謝一些讓這個計畫得以實現的人。

感謝那些以研究「玻璃懸崖」現象為志業的學者。感謝你們深入挖掘，為我們找出問題的根源並不在於女性天生有所限制，感謝你們提供了我們理解共同經歷的語言。

感謝在寫作期間支持和鼓勵我的每一個人。感謝每個鼓勵我要活得快樂的人——抽出時間休息、試煮網上爆紅的奇葩美食、在田野間隨著艾爾頓・強（Elton John）的音樂起舞、專程跑一趟好市多只為了買一整個長型蛋糕，還有在陽台上喝艾普羅香甜酒（Aperol）。

感謝這些提醒，尤其是在陽台上喝艾普羅香甜酒。

感謝遠在美國的艾蜜莉（Emily），你總是沉默不語，卻充滿能量。

感謝我的「風格議會」顧問團，*為封面設計提供無盡的想法與回饋——看看最終成果，多美麗啊！

感謝《創作，是心靈療癒的旅程》（*The Artist's Way*）這本書，†提醒我創造力是自然秩序，並幫助我打開那些看似無法突破的心結。

感謝 TEDxLondon，感謝瑪麗安（Maryam）和整個團隊讓一位黑人女性有機會談論商業——你們當時說，在我的演講前從未發生過這種事，但你們仍然全力支持我。這一切，真的就是從那一刻開始的。

感謝我的經紀人米莉（Milly），在整個過程中始終保持善良、冷靜、聰慧，並給予支持。

感謝我的伴侶勞倫斯（Lawrence）。感謝你閱讀了無數個版本的初期書稿，感謝你在出版過程中幫忙我保持理智，感謝你堅定不移的信任與支持。人生漫長且多變，我很慶幸能與你共度。你是我所知最美好的事物。你和米菲（Miffin）既可愛又古靈精怪。

我這副皮囊雖然虛弱，我卻非常喜愛你們[1]——包括你們全部。

那麼，直到我們再次相見，願你們安好。我愛你們。[2]

---

* 譯註：作者借用英倫搖滾教父保羅．威勒（Paul Weller）曾任主唱的樂隊「風格議會合唱團」（The Style Council），來比喻為本書的英文原書封面設計提供意見的團隊。

† 譯註：繁體中文版由橡樹林文化出版。

22 June 2022.
92 Orianna Rosa Royle, 'The Body Shop asked a group of Gen Zers to critique the company and it was a disaster, so it rolled to Plan B: Create a whole board of 20-somethings', *Fortune*, 5 July 2023, https://fortune.com/2023/07/05/the-body-shop-gen-z-board-youth-collective
93 同上。
94 同上。

結論

1 Josh Taylor and Alex Hern, 'Elon Musk says he will resign as Twitter CEO when he finds a "foolish enough" replacement', *The Guardian*, 21 December 2022, https://www.theguardian.com/technology/2022/dec/20/elon-musk-resign-twitter-ceo-finding-replacement
2 Ryan Mac and Tiffany Hsu, 'Twitter's U.S. Ad Sales Plunge 59% as Woes Continue', *The New York Times*, 5 June 2023, https://www.nytimes.com/2023/06/05/technology/twitter-ad-sales-musk.html
3 Brian Fung, 'Twitter may be worth only a third of its pre-Musk value, Fidelity says', CNN (website), 31 May 2023, https://edition.cnn.com/2023/05/31/tech/twitter-value-fidelity-estimate/index.html
4 James Clayton, 'Elon Musk BBC interview: Twitter boss on layoffs, misinfo and sleeping in the office', BBC News (website), 12 April 2023, https://www.bbc.co.uk/news/business-65248196
5 Mac and Hsu, 'Twitter's U.S. Ad Sales Plunge 59% as Woes Continue', *The New York Times*, 5 June 2023.
6 Ashton Jackson, 'These are the 7 most hated brands in America – Elon Musk's Twitter is No. 4', CNBC (website), 1 June 2023, https://www.cnbc.com/2023/06/01/most-hated-brands-in-america-trump-organization-ftx-fox-corporation.html; 'The 2023 Axios Harris Poll 100 reputation rankings', Axios (website), 23 May 2023, https://www.axios.com/2023/05/23/corporate-brands-reputation-america
7 Saqib Shah, Mary-Ann Russon and Rachael Davies, 'Who is Linda Yaccarino? Twitter's new CEO takes charge', *Evening Standard*, 5 June 2023, https://www.standard.co.uk/tech/who-is-linda-yaccarino-twitter-new-ceo-elon-musk-b1080644.html
8 Kari Paul, 'Linda Yaccarino: does Twitter's CEO have the most difficult job in tech?', *The Guardian*, 27 July 2023, https://www.theguardian.com/technology/2023/jul/27/linda-yaccarino-twitter-x-ceo-elon-musk
9 同上。
10 同上。
11 'The Truest Eye', *O: The Oprah Magazine*, November 2003, https://www.oprah.com/omagazine/toni-morrison-talks-love/4

謝辭

1 Shaun Usher, 'With my weak organs I am very fond of you', Letters of Note (website), 3 September 2021, https://news.lettersofnote.com/p/with-my-weak-organs-i-am-very-fond
2 '"Alex & Me": The Parrot Who Said "I Love You"', *Fresh Air*, NPR, 31 August 2009, https://www.npr.org/2009/08/31/112405883/alex-me-the-parrot-who-said-i-love-you

72 同上。
73 同上。
74 Rupert Jones, 'UK staff to have right to ask for flexible working from day one in job', *The Guardian*, 5 December 2022, https://www.theguardian.com/money/2022/dec/05/uk-staff-to-have-right-to-ask-for-flexible-working-from-day-one-in-job
75 Ashleigh Webber, 'Lack of flexibility pushes half of women to consider leaving job', Personnel Today (website), 16 May 2022, https://www.personneltoday.com/hr/women-flexibility-at-work-linkedin-research
76 Krivkovich and Yee, 'Women in the workplace: Breaking up to break through', McKinsey & Company, 23 February 2023, https://www.mckinsey.com/featured-insights/diversity-and-inclusion/women-in-the-workplace-breaking-up-to-break-through
77 'Increased flexible working could unlock £55bn for the UK economy', MotherPukka (website), https://www.motherpukka.co.uk/flexonomics
78 Rachel Pelta, 'Survey: Men & Women Experience Remote Work Differently', Flexjobs (website), https://www.flexjobs.com/blog/post/men-women-experience-remote-work-survey
79 Hannah Hickok, 'Are men-dominated offices the future of the workplace?' BBC (website), 6 May 2021, https://www.bbc.com/worklife/article/20210503-are-men-dominated-offices-the-future-of-the-workplace
80 Krivkovich and Yee, 'Women in the workplace: Breaking up to break through', McKinsey & Company, 23 February 2023.
81 Women in the Workplace 2022, Lean In and McKinsey & Company, https://leanin.org/women-in-the-workplace
82 Hickok, 'Are men-dominated offices the future of the workplace?' BBC (website), 6 May 2021.
83 同上。
84 Erica Pandey, 'The case for going back to the office', Axios (website), 17 March 2021, https://www.axios.com/2021/03/17/should-you-go-back-to-office
85 Krivkovich and Yee, 'Women in the workplace: Breaking up to through', McKinsey & Company, 23 February 2023.
86 同上。
87 Elizabeth Faber (Deloitte's Global Chief People & Purpose Officer), 'Millennial and Gen Z employees are rejecting assignments, turning down offers, and seeking purpose. Here's what they expect of their employers, according to Deloitte's latest survey', *Fortune*, 6 July 2023, https://fortune.com/2023/07/06/millennial-gen-z-employees-are-rejecting-assignments-turning-down-offers-and-seeking-purpose-they-expect-of-employers-according-to-deloittes-latest-survey
88 2023 Gen Z and Millennial Survey, Deloitte (website), https://www.deloitte.com/global/en/issues/work/content/genzmillennialsurvey.html
89 Faber, 'Millennial and Gen Z employees are rejecting assignments, turning down offers, and seeking purpose. Here's what they expect of their employers, according to Deloitte's latest survey', *Fortune*, 6 July 2023.
90 同上。
91 Hatfield, Fisher and Silverglate, 'The C-suite's role in well-being', Deloitte Insights (website),

pp. 446–55, https://www.sciencedirect.com/science/article/abs/pii/
54 Huw Jones, 'EU approves law to break "glass ceiling" for women on company boards', Reuters (website), 22 November 2022, https://www.reuters.com/business/sustainable-business/eu-approves-law-break-glass-ceiling-women-company-boards-2022-11-22
55 同上。
56 同上。
57 Joe Caccavale, 'Should You Use Diversity Quotas? A Look at the Evidence', Applied (website), 31 August 2021, https://www.beapplied.com/post/diversity-quotas
58 'In wider diversity push, Norway proposes 40% gender quota for large unlisted firms', Reuters (website), 12 December 2022, https://www.reuters.com/business/wider-diversity-push-norway-proposes-40-gender-quota-large-unlisted-firms-2022-12-12
59 同上。
60 Audrey Latura and Ana Catalano Weeks, 'Corporate Board Quotas and Gender Equality Policies in the Workplace', *American Journal of Political Science*, 67(3), July 2023, pp. 606–22, https://onlinelibrary.wiley.com/doi/10.1111/ajps.12709; also cited in Liz Elting, 'Stop Saying Quotas "Don't Work" Because They Demonstrably Do', *Forbes*, 22 September 2022, https://www.forbes.com/sites/lizelting/2022/09/22/stop-saying-quotas-dont-work-because-they-demonstrably-do
61 同上。
62 Elting, 'Stop Saying Quotas "Don't Work" Because They Demonstrably Do', *Forbes*, 22 September 2022.
63 Anna Sillers, 'Reddit CEO Ellen Pao bans salary negotiations', PBS News Hour (website), 7 April 2015, https://www.pbs.org/newshour/economy/reddit-ceo-ellen-pao-bans-salary-negotiations
64 同上。
65 Steve Hatfield, Jen Fisher and Paul H. Silverglate, 'The C-suite's role in well-being', Deloitte Insights (website), 22 June 2022, https://www2.deloitte.com/us/en/insights/topics/leadership/employee-wellness-in-the-corporate-workplace.html
66 Shawn Achor, Andrew Reece, Gabriella Rosen Kellerman and Alexi Robichaux, '9 Out of 10 People Are Willing to Earn Less Money to Do More Meaningful Work', *Harvard Business Review*, 6 November 2018, https://hbr.org/2018/11/9-out-of-10-people-are-willing-to-earn-less-money-to-do-more-meaningful-work
67 同上。
68 同上。
69 'Workers Value Meaning at Work; New Research from BetterUp Shows Just How Much They're Willing to Pay for It', BetterUp (website), 7 November 2018, https://www.betterup.com/press/workers-value-meaning-at-work-new-research-from-betterup-shows-just-how-much-theyre-willing-to-pay-for-it
70 同上。
71 Diana O'Brien, Andy Main, Suzanne Kounkel and Anthony R. Stephan, 'Purpose is everything', Deloitte Insights (website), 15 October 2019, https://www2.deloitte.com/us/en/insights/topics/marketing-and-sales-operations/global-marketing-trends/2020/purpose-driven-companies.html

The worst explanations for not appointing women to FTSE company boards', gov.uk (UK government website), 31 May 2018, https://www.gov.uk/government/news/revealed-the-worst-explanations-for-not-appointing-women-to-ftse-company-boards
34 Rob Davies, 'Male bosses' "pitiful excuses" for lack of women in boardroom criticised', *The Guardian*, 31 May 2018, https://www.theguardian.com/business/2018/may/31/pitiful-excuses-by-male-bosses-for-lack-of-women-in-boardroom-are-lambasted
35 Department for Business, Energy & Industrial Strategy and Andrew Griffiths, 'Revealed: The worst explanations for not appointing women to FTSE company boards', gov.uk (UK government website), 31 May 2018.
36 同上。
37 Rob Davies, 'Male bosses' "pitiful excuses" for lack of women in boardroom criticised', *The Guardian*, 31 May 2018.
38 Susanne Bruckmüller and Nyla R. Branscombe, 'How Women End Up on the "Glass Cliff"', *Harvard Business Review*, January–February 2011, https://hbr.org/2011/01/how-women-end-up-on-the-glass-cliff
39 同上。
40 同上。
41 Emily Stewart, 'Why struggling companies promote women: the glass cliff, explained', Vox (website), 31 October 2018, https://www.vox.com/2018/10/31/17960156/what-is-the-glass-cliff-women-ceos
42 Kara Arnold and Catherine Loughlin, 'Continuing the Conversation: Questioning the Who, What, and When of Leaning In', *Academy of Management Perspectives*, October 2017, https://www.researchgate.net/publication/320186899_Continuing_the_Conversation_Questioning_the_Who_What_and_When_of_Leaning_In
43 Katie Bohn, 'The way new women CEOs are announced may shorten their tenure', Penn State University (website), 16 June 2021, https://www.psu.edu/news/research/story/way-new-women-ceos-are-announced-may-shorten-their-tenure
44 該研究人員為賓州州立大學戰略管理教授維爾莫斯·米桑伊（Vilmos Misangyi），同上。
45 Jena McGregor, 'Here's why women CEOs are more likely to get sacked from their jobs', *The Washington Post*, 2 May 2014, https://www.washingtonpost.com/news/on-leadership/wp/2014/05/02/heres-why-women-ceos-are-more-likely-to-get-sacked-from-their-jobs
46 同上。
47 'The cost of ambition: new research finds almost 90 per cent of women worldwide are penalized and undermined because of their achievements at work', Women of Influence (website), 1 March 2023, https://www.womenofinfluence.ca/2023/03/01/tps-press-release
48 同上。
49 同上。
50 同上。
51 同上。
52 Oakes, 'The invisible danger of the "glass cliff"', BBC (website), 7 February 2022.
53 Michelle K. Ryan, S. Alexander Haslam et al., 'Getting on top of the glass cliff: Reviewing a decade of evidence, explanations, and impact', *The Leadership Quarterly*, 27(3), June 2016,

16 Weissmann, 'The New York Times Just Fired One Successful Editor', Slate (website), 14 May 2014.
17 Dylan Byers, 'Turbulence at The Times', Politico (website), 23 April 2013, https://www.politico.com/story/2013/04/new-york-times-turbulence-090544
18 同上。
19 Kurtzleben, 'What happened to Jill Abramson shows everything that sucks about being a woman leader', Vox (website), 14 May 2014.
20 Grove, 'Good Jill, Bad Jill', *Newsweek*, 31 July 2013.
21 同上。
22 Ken Auletta, 'Why Jill Abramson Was Fired', *The New Yorker*, 14 May 2014, https://www.newyorker.com/business/currency/why-jill-abramson-was-fired; see also Tom McCarthy, 'New York Times fights to limit criticism over apparent Abramson pay disparity', *The Guardian*, 16 May 2014, https://www.theguardian.com/media/2014/may/16/new-york-times-jill-abramson-pay-inequality; Connor Simpson and Sara Morrison, 'Pay Gap Dispute Cited in Jill Abramson's Split from The New York Times', *The Atlantic*, 14 May 2014, https://www.theatlantic.com/national/archive/2014/05/dispute-over-pay-cited-in-jill-abramsons-split-from-the-new-york-times/370909
23 Auletta, 'Why Jill Abramson Was Fired', *The New Yorker*, 14 May 2014.
24 Leslie Kaufman, 'Times Issues Response on Abramson Pay', *The New York Times*, 15 May 2014, https://www.nytimes.com/2014/05/16/business/media/times-issues-response-on-abramson-pay.html
25 Kurtzleben, 'What happened to Jill Abramson shows everything that sucks about being a woman leader', Vox (website), 14 May 2014; David Carr and Ravi Somaiya, 'Times Ousts Jill Abramson as Executive Editor, Elevating Dean Baquet', *The New York Times*, 14 May 2014, https://www.nytimes.com/2014/05/15/business/media/jill-abramson-being-replaced-as-top-editor-at-times.html
26 Auletta, 'Why Jill Abramson Was Fired', *The New Yorker*, 14 May 2014.
27 同上。
28 Cook and Glass, 'In Jill Abramson's Firing, Was the "Glass Cliff" to Blame?', Utah State University Jon M. Huntsman School of Business News Collection, 31, 19 May 2014.
29 Abramson, 'The Importance of a Truly Free Press', Wake Forest University graduation ceremony 2014, 19 May 2014.
30 Thekla Morgenroth, Teri A. Kirby et al., 'The who, when, and why of the glass cliff phenomenon: A meta-analysis of appointments to precarious leadership positions', *Psychological Bulletin*, 146(9), 2020, pp. 797–829, https://psycnet.apa.org/record/2020-53290-001
31 Kelly Oakes, 'The invisible danger of the "glass cliff"', BBC (website), 7 February 2022, https://www.bbc.com/future/article/20220204-the-danger-of-the-glass-cliff-for-women-and-people-of-colour
32 Sebahattin Yildiz and Mehmet Fatih Vural, 'A Cultural Perspective of The Glass Cliff Phenomenon', *Ege Akademik Bakis* (*Ege Academic Review*), 30 July 2019, pp. 309–21, https://dergipark.org.tr/en/pub/eab/article/451162
33 Department for Business, Energy & Industrial Strategy and Andrew Griffiths, 'Revealed:

ceremony 2014, 19 May 2014, https://commencement.news.wfu.edu/2010s/c2014/2014-speaker-jill-abramson
3 'In Jill Abramson's Firing, Was The "Glass Cliff" To Blame?', *All Things Considered*, NPR (website), 19 May 2014, https://www.npr.org/2014/05/19/313996720/in-jill-abramsons-firing-was-the-glass-cliff-to-blame; Danielle Kurtzleben, 'Everything you need to know about the Jill Abramson–New York Times split', Vox (website), 13 June 2014, https://www.vox.com/2014/6/13/17761106/jill-abramson-new-york-times-firing-explained
4 Alison Cook and Christy Glass, 'In Jill Abramson's Firing, Was the "Glass Cliff" to Blame?', Utah State University Jon M. Huntsman School of Business News Collection, 31, 19 May 2014, https://digitalcommons.usu.edu/cgi/viewcontent.cgi?article=1185&context=huntsman_news
5 Frank Ahrens, 'Mexican Billionaire to Lend $250 Million to New York Times Co.', *The Washington Post*, 21 January 2009, https://www.washingtonpost.com/wp-dyn/content/article/2009/01/20/AR2009012003988.html
6 Dan Barry, David Barstow, Jonathan D. Glator et al., 'CORRECTING THE RECORD; Times Reporter Who Resigned Leaves Long Trail of Deception', *The New York Times*, 11 May 2003, https://www.nytimes.com/2003/05/11/us/correcting-the-record-times-reporter-who-resigned-leaves-long-trail-of-deception.html
7 Cook and Glass, 'In Jill Abramson's Firing, Was the "Glass Cliff" to Blame?', Utah State University Jon M. Huntsman School of Business News Collection, 31, 19 May 2014.
8 Matthew Yglesias, 'The Jill Abramson-era New York Times was a business success', Vox (website), 14 May 2014, https://www.vox.com/2014/5/14/5717848/the-jill-abramson-era-new-york-times-was-a-business-success
9 同上，及 Jordan Weissmann, 'The New York Times Just Fired One Successful Editor', Slate (website), 14 May 2014, https://slate.com/business/2014/05/the-times-fires-jill-abramson-bad-move-gray-lady.html
10 Danielle Kurtzleben, 'What happened to Jill Abramson shows everything that sucks about being a woman leader', Vox (website), 14 May 2014, https://www.vox.com/2014/5/14/5717926/the-jill-abramson-story-highlights-everything-thats-bad-about-being-a
11 Yglesias, 'The Jill Abramson-era New York Times was a business success', Vox (website), 14 May 2014.
12 Ken Doctor, 'New numbers from The New York Times: A gold star for managing the digital transition', NiemanLab (website), 24 April 2014, https://www.niemanlab.org/2014/04/new-numbers-from-the-new-york-times-a-gold-star-for-managing-the-digital-transition
13 Weissmann, 'The New York Times Just Fired One Successful Editor', Slate (website), 14 May 2014; Kurtzleben, 'Everything you need to know about the Jill Abramson–New York Times split', Vox (website), 13 June 2014.
14 Lloyd Grove, 'Good Jill, Bad Jill', *Newsweek*, 31 July 2013, https://www.newsweek.com/2013/07/31/good-jill-bad-jill-executive-editor-jill-abramson-queen-new-york-times-237814.html
15 Kurtzleben, 'Everything you need to know about the Jill Abramson–New York Times split', Vox (website), 13 June 2014.

42 Amanda Taub, 'NASA thought Sally Ride needed 100 tampons for 1 week "just to be safe." From what?', Vox (website), 26 May 2015, https://www.vox.com/2015/5/26/8661537/sally-ride-tampons
43 Taylor Synclair Goethe, 'Bigotry Encoded: Racial Bias in Technology', Reported (website), 2 March 2019, https://reporter.rit.edu/tech/bigotry-encoded-racial-bias-technology; Nick Schulz, 'The Crappiest Invention of All Time', Slate (website), 7 March 2006, https://slate.com/culture/2006/03/the-crappiest-invention-of-all-time.html
44 PA, 'H&M apologises over image of black child in "monkey" hoodie', *The Guardian*, 8 January 2018, https://www.theguardian.com/fashion/2018/jan/08/h-and-m-apologises-over-image-of-black-child-in-monkey-hoodie
45 Amy Held, 'Gucci Apologizes And Removes Sweater Following "Blackface" Backlash', NPR (website), 7 February 2019, https://www.npr.org/2019/02/07/692314950/gucci-apologizes-and-removes-sweater-following-blackface-backlash
46 Caroline Edwards, 'Creators slam brands for tokenism plus "insulting" lack of diversity and inclusivity at events and on press trips', CORQ. (website), July 2023, https://corq.studio/insights/creators-slam-brands-for-tokenism
47 Elise Roy, 'When we design for disability, we all benefit', TEDxMidAtlantic, September 2015, https://www.ted.com/talks/elise_roy_when_we_design_for_disability_we_all_benefit?language=en
48 'Why Designing for Accessibility Helps Everyone', AI Media (website), https://www.ai-media.tv/knowledge-hub/insights/why-designing-for-accessibility-helps-everyone
49 同上，另見：'Provision of Access Services: Research Study Conducted for Ofcom', Ofcom, March 2006, https://www.ofcom.org.uk/__data/assets/pdf_file/0019/45343/provision.pdf
50 Arwa Mahdawi, 'I thought needing subtitles on TV just meant I was getting old. Turns out it is all the rage among the kids', *The Guardian*, 3 August 2022, https://www.theguardian.com/commentisfree/2022/aug/03/i-thought-needing-subtitles-on-tv-just-meant-i-was-getting-old-turns-out-it-is-all-the-rage-among-the-kids; Ian Youngs, 'Young viewers prefer TV subtitles, research suggests', BBC News (website), 15 November 2021, https://www.bbc.co.uk/news/entertainment-arts-59259964
51 Kevin Dolan, Dame Vivian Hunt, Sara Prince and Sandra Sancier-Sultan, 'Diversity still matters', McKinsey & Company (website), 19 May 2020, https://www.mckinsey.com/featured-insights/diversity-and-inclusion/diversity-still-matters
52 Marcus Noland and Tyler Moran, 'Study: Firms with More Women in the C-Suite Are More Profitable', *Harvard Business Review*, 8 February 2016, https://hbr.org/2016/02/study-firms-with-more-women-in-the-c-suite-are-more-profitable
53 Rajalakshmi Subramanian, 'Lessons From The Pandemic: Board Diversity and Performance', BoardReady (website), 13 July 2021, https://www.boardready.io/report
54 Dixon-Fyle, Dolan, Hunt and Prince, 'Diversity wins: How inclusion matters', McKinsey & Company (website), 19 May 2020.

第八章：打破循環

1 出自安東・契訶夫寫給其兄弟的書信。
2 Jill Abramson, 'The Importance of a Truly Free Press', Wake Forest University graduation

25 AJ McDougall, 'WSJ Makes Ludicrous Suggestion "Diverse" Board May Have Doomed SVB', Daily Beast (website), 13 March 2023, https://www.thedailybeast.com/wall-street-journals-andy-kessler-suggests-diverse-board-doomed-silicon-valley-bank

26 Jason Koebler, 'WSJ Wonders: Did Silicon Valley Bank Die Because One Black Person Was on Its Board?', *Vice*, 13 March 2023, https://www.vice.com/en/article/xgwq9a/wsj-wonders-did-silicon-valley-bank-die-because-one-black-person-was-on-its-board

27 同上。

28 Helmore, 'Why did the $212bn tech-lender Silicon Valley bank abruptly collapse?', *The Guardian*, 17 March 2023.

29 James Comer on Fox News, clip posted on Twitter by Aaron Rupar, 12 Mar 2023, https://twitter.com/atrupar/status/1634932203741216775

30 Katherine Donlevy, 'While Silicon Valley Bank collapsed, top executive pushed "woke" programs', *New York Post*, 11 March 2023, https://nypost.com/2023/03/11/silicon-valley-bank-pushed-woke-programs-ahead-of-collapse

31 Helmore, 'Why did the $212bn tech-lender Silicon Valley bank abruptly collapse?', *The Guardian*, 17 March 2023.

32 Christine L. Williams, 'The Glass Escalator, Revisited: Gender Inequality in Neoliberal Times, SWS Feminist Lecturer', *Gender and Society*, 27(5), October 2013, pp. 609–29, https://www.jstor.org/stable/43669820

33 Christine L. Williams, 'The Glass Escalator: Hidden Advantages for Men in the "Female" Professions', *Social Problems*, 39(3), August 1992, pp. 253–67, https://www.jstor.org/stable/3096961

34 Jenna Goudreau, 'A New Obstacle for Professional Women: The Glass Escalator', *Forbes*, 21 May 2012, https://www.forbes.com/sites/jennagoudreau/2012/05/21/a-new-obstacle-for-professional-women-the-glass-escalator

35 同上。

36 Arica Brandford and Angela Brandford-Stevenson, 'Going Up!: Exploring the Phenomenon of the Glass Escalator in Nursing', *Nursing Administration Quarterly*, 45(4), October–December 2021, pp. 295–301, https://pubmed.ncbi.nlm.nih.gov/34346908

37 'Gender in the NHS infographic', NHS Employers (website), 12 May 2019, https://www.nhsemployers.org/articles/gender-nhs-infographic

38 Brandford and Brandford-Stevenson, 'Going Up!: Exploring the Phenomenon of the Glass Escalator in Nursing', *Nursing Administration Quarterly*, 45(4), October–December 2021, pp. 295–301.

39 Dame Vivian Hunt, Lareina Yee, Sara Prince and Sundiatu Dixon-Fyle, 'Delivery through diversity', McKinsey & Company (website), 18 January 2018, https://www.mckinsey.com/capabilities/people-and-organizational-performance/our-insights/delivering-through-diversity

40 Sundiatu Dixon-Fyle, Kevin Dolan, Dame Vivian Hunt and Sara Prince, 'Diversity wins: How inclusion matters', McKinsey & Company (website), 19 May 2020, https://www.mckinsey.com/featured-insights/diversity-and-inclusion/diversity-wins-how-inclusion-matters

41 Arielle Duhaime-Ross, 'Apple promised an expansive health app, so why can't I track menstruation?', The Verge (website), 25 September 2014, https://www.theverge.com/2014/9/25/6844021/apple-promised-an-expansive-health-app-so-why-cant-i-track

Business (website), 1 December 2004, https://www.gsb.stanford.edu/insights/anne-mulcahy-keys-turnaround-xerox
5 'The Cow in the Ditch: How Anne Mulcahy Rescued Xerox', Knowledge at Wharton (website), 16 November 2005, https://knowledge.wharton.upenn.edu/article/the-cow-in-the-ditch-how-anne-mulcahy-rescued-xerox
6 Vollmer, 'Anne Mulcahy: The Keys to Turnaround at Xerox', Insights by Stanford Business (website), 1 December 2004.
7 同上。
8 Anne M. Mulcahy profile, The Franklin Institute (website), 2018
9 Vollmer, 'Anne Mulcahy: The Keys to Turnaround at Xerox', Insights by Stanford Business (website), 1 December 2004.
10 'The Cow in the Ditch: How Anne Mulcahy Rescued Xerox', Knowledge at Wharton (website), 16 November 2005.
11 'Fortune 50 Most Powerful Women in Business 2005', CNN Money (website), https://money.cnn.com/magazines/fortune/mostpowerfulwomen/2005/full_list
12 Vollmer, 'Anne Mulcahy: The Keys to Turnaround at Xerox', Insights by Stanford Business (website), 1 December 2004.
13 同上。
14 同上。
15 Stewart, 'Why struggling companies promote women: the glass cliff, explained', Vox (website), 31 October 2018.
16 同上。
17 Nanette Byrnes and Roger O. Crockett, 'Ursula Burns: An Historic Succession at Xerox', *BusinessWeek*, 28 May 2009, https://web.archive.org/web/20090611155419/http://www.businessweek.com/magazine/content/09_23/b4134018712853.htm
18 Elizabeth Judge, 'Women on board: help or hindrance?', *The Times*, 11 November 2003, https://www.thetimes.co.uk/article/women-on-board-help-or-hindrance-2c6fnqf6fng
19 Edward Helmore, 'Why did the $212bn tech-lender Silicon Valley bank abruptly collapse?', *The Guardian*, 17 March 2023, https://www.theguardian.com/business/2023/mar/17/why-silicon-valley-bank-collapsed-svb-fail
20 'What really went wrong at Silicon Valley Bank', *The Economist*, 13 March 2023, https://www.economist.com/leaders/2023/03/13/what-really-went-wrong-at-silicon-valley-bank
21 Andy Kessler, 'Who Killed Silicon Valley Bank?', *The Wall Street Journal*, 12 March 2023, https://www.wsj.com/articles/who-killed-silicon-valley-bank-interest-rates-treasury-federal-reserve-ipo-loan-long-term-bond-capital-securities-startup-jpmorgan-bear-stearns-lehman-brothers-b9ca2347
22 同上。
23 Bess Levin, '*The Wall Street Journal* Goes Full White Supremacist, Blames Silicon Valley Bank Collapse on "1 Black" and "1 LGBTQ+"', *Vanity Fair*, 13 March 2023, https://www.vanityfair.com/news/2023/03/wall-street-journal-column-silicon-valley-bank
24 Justin Ray, 'No, "wokeness" isn't the reason Silicon Valley Bank collapsed', *San Francisco Chronicle*, 15 March 2023, https://www.sfchronicle.com/opinion/openforum/article/silicon-valley-bank-wokeness-17841353.php

decade of evidence, explanations, and impact', *The Leadership Quarterly*, 27(3), June 2016, pp. 446–55, https://www.sciencedirect.com/science/article/abs/pii/S104898431500123X
57 同上。
58 Liu, '"It's a huge concern": Senior-level women are calling it quits after decades climbing the career ladder', CNBC (website), 21 February 2023.
59 Jena McGregor, 'Here's why women CEOs are more likely to get sacked from their jobs', *The Washington Post*, 2 May 2014, https://www.washingtonpost.com/news/on-leadership/wp/2014/05/02/heres-why-women-ceos-are-more-likely-to-get-sacked-from-their-jobs/; 'AMC Networks CEO Chris Spade leaves', Exechange (website), 29 November 2022, https://exechange.com/22383/amc-networks-ceo-chris-spade-leaves
60 Eric Luis Uhlmann and Geoffrey L. Cohen, '"I think it, therefore it's true": Effects of self-perceived objectivity on hiring discrimination', *Organizational Behavior and Human Decision Processes*, 104(2), pp. 207–23, https://www.researchgate.net/publication/222686807_I_think_it_therefore_it's_true_Effects_of_self-perceived_objectivity_on_hiring_discrimination
61 同上。
62 同上。
63 Warren Tierney, Jay H. Hardy III et al., 'Creative destruction in science', *Organizational Behavior and Human Decision Processes*, vol. 161, 2020, pp. 291–309, https://eprints.keele.ac.uk/id/eprint/9989/1/1-s2.0-S0749597820303678-main.pdf
64 Michelle K. Ryan, S. Alexander Haslam et al., 'Reactions to the glass cliff: Gender differences in the explanations for the precariousness of women's leadership positions', *Journal of Organizational Change Management,* 22(2), 10 April 2007, https://www.emerald.com/insight/content/doi/10.1108/09534810710724748/full/html; Marianne Cooper, 'Why women are often put in charge of failing companies', PBS News Hour (website), 22 September 2015, https://www.pbs.org/newshour/economy/women-often-put-charge-failing-companies
65 Ryan, Haslam et al., 'Reactions to the glass cliff: Gender differences in the explanations for the precariousness of women's leadership positions', *Journal of Organizational Change Management*, 22(2), 10 April 2007.
66 同上。

第七章：我們的工作方式

1 Quoted in a Facebook post by Gretchen Koch, reposted by Allies Academy, 2 December 2019, https://www.facebook.com/alliesacademy/photos/transcript-gretchen-kochadam-bates-said-a-thing-that-applies-to-so-much-right-no/2148406805455223/; also posted on Twitter by Remy, 4 November 2019, https://twitter.com/remygryph/status/1191399526269145088?lang=en
2 Emily Stewart, 'Why struggling companies promote women: the glass cliff, explained', Vox (website), 31 October 2018, https://www.vox.com/2018/10/31/17960156/what-is-the-glass-cliff-women-ceos
3 Anne M. Mulcahy profile, The Franklin Institute (website), 2018, https://www.fi.edu/en/laureates/anne-m-mulcahy; 'Xerox Back From The Brink', *Forbes*, 6 November 2002, https://www.forbes.com/2002/11/06/1106soapbox.html
4 Lisa Vollmer, 'Anne Mulcahy: The Keys to Turnaround at Xerox', Insights by Stanford

39 Women in the Workplace 2022, Lean In and McKinsey & Company, https://leanin.org/women-in-the-workplace
40 Krivkovich and Yee, 'Women in the workplace: Breaking up to break through', McKinsey & Company (website), 23 February 2023
41 Women in the Workplace 2022, Lean In and McKinsey & Company, https://leanin.org/women-in-the-workplace
42 2023 Gen Z and Millennial Survey, Deloitte (website), https://www.deloitte.com/global/en/issues/work/content/genzmillennialsurvey.html
43 同上。
44 For more information, see 'The state of diversity in global private markets: 2022', McKinsey & Company (website), 1 November 2022, https://www.mckinsey.com/industries/private-equity-and-principal-investors/our-insights/the-state-of-diversity-in-global-private-markets-2022
45 Women in the Workplace 2022, Lean In and McKinsey & Company, https://leanin.org/women-in-the-workplace
46 同上。
47 Treisman, 'Women leaders switch jobs at record rates as they demand better from their workplaces', NPR (website), 28 October 2022.
48 Krivkovich and Yee, 'Women in the workplace: Breaking up to break through', McKinsey & Company (website), 23 February 2023.
49 Treisman, 'Women leaders switch jobs at record rates as they demand better from their workplaces', NPR (website), 28 October 2022.
50 同上。
51 Krivkovich and Yee, 'Women in the workplace: Breaking up to break through', McKinsey & Company (website), 23 February 2023.
52 'We Are in the Midst of a "Great Breakup": Women Leaders Are Demanding More and Leaving Their Companies in Unprecedented Numbers to Get It', Cision PR Newswire (website), 18 October 2022, https://www.prnewswire.com/news-releases/we-are-in-the-midst-of-a-great-breakup-women-leaders-are-demanding-more-and-leaving-their-companies-in-unprecedented-numbers-to-get-it-301651447.htm
53 Alan Burkitt-Gray, 'Diverse companies are "more productive and make more money", says report', Capacity (website), 26 August 2022, https://www.capacitymedia.com/article/2ajigf91qpl5lz7fgcu80/news/diverse-companies-are-more-productive-and-make-more-money-says-report
54 詹姆斯・R・梅因德爾（James R. Meindl）、桑福德・B・艾爾立希（Sanford B. Ehrlich）和珍妮得・M・杜克里奇（Janet M. Dukerich）等學者曾使用「領導地位的浪漫」一詞。
55 James R. Meindl, 'The romance of leadership as a follower-centric theory: A social constructionist approach', *The Leadership Quarterly*, 6(3), Autumn 1995, pp. 329–41, https://www.sciencedirect.com/science/article/abs/pii/1048984395900128; James R. Meindl, Sanford B. Ehrlich and Janet M. Dukerich, 'The romance of leadership', *Administrative Science Quarterly*, 30(1), 1985, pp. 78–102, https://psycnet.apa.org/record/1985-26805-001
56 Michelle K. Ryan, S. Alexander Haslam et al., 'Getting on top of the glass cliff: Reviewing a

Guardian, 22 December 2015.
24 Alexis Krivkovich and Lareina Yee, 'Women in the workplace: Breaking up to break through', McKinsey & Company (website), 23 February 2023, https://www.mckinsey.com/featured-insights/diversity-and-inclusion/women-in-the-workplace-breaking-up-to-break-through
25 Women in the Workplace 2022, Lean In and McKinsey & Company, https://leanin.org/women-in-the-workplace
26 同上。
27 Rachel Treisman, 'Women leaders switch jobs at record rates as they demand better from their workplaces', NPR (website), 28 October 2022, https://www.npr.org/2022/10/28/1132232414/women-workforce-switching-jobs; Courtney Vinopal, '"Quick Quitting" Among Female CEOs Highlights the Obstacles Facing Executive Women', Observer (website), 29 November 2022, https://observer.com/2022/11/quick-quitting-among-female-ceos-highlights-the-obstacles-facing-executive-women
28 Women in the Workplace 2022, Lean In and McKinsey & Company, https://leanin.org/women-in-the-workplace
29 Treisman, 'Women leaders switch jobs at record rates as they demand better from their workplaces', NPR (website), 28 October 2022; 'Companies are starting to lose the few female leaders they have', NPR Morning Edition, 31 October 2022, https://www.npr.org/2022/10/31/1132163742/companies-are-starting-to-lose-the-few-female-leaders-they-have
30 Jennifer Liu, '"It's a huge concern": Senior-level women are calling it quits after decades climbing the career ladder', CNBC (website), 21 February 2023, https://www.cnbc.com/2023/02/21/why-youtube-ceo-susan-wojcicki-and-other-powerful-women-keep-quitting.html; Susan Wojcicki, 'A personal update from Susan', YouTube Official Blog, 16 February 2023, https://blog.youtube/inside-youtube/a-personal-update-from-susan
31 Liu, '"It's a huge concern": Senior-level women are calling it quits after decades climbing the career ladder', CNBC (website), 21 February 2023.
32 同上。
33 Linda K. Stroh, Jeanne M. Brett and Anne H. Reilly, 'Family Structure, Glass Ceiling, and Traditional Explanations for the Differential Rate of Turnover of Female and Male Managers', *Journal of Vocational Behavior*, 49(1), August 1996, pp. 99–118, https://www.sciencedirect.com/science/article/abs/pii/S0001879196900366
34 S. Alexander Haslam and Michelle K. Ryan, 'The road to the glass cliff: Differences in the perceived suitability of men and women for leadership positions in succeeding and failing organizations', *The Leadership Quarterly*, 19(5), October 2008, pp. 530–46, https://www.sciencedirect.com/science/article/abs/pii/S1048984308000957
35 Women in the Workplace 2017, Lean In and McKinsey & Company, https://www.mckinsey.com/featured-insights/diversity-and-inclusion/women-in-the-workplace#section-header-2017
36 Steve Hatfield, Jen Fisher and Paul H. Silverglate, 'The C-suite's role in well-being', Deloitte (website), 22 June 2022, https://www2.deloitte.com/us/en/insights/topics/leadership/employee-wellness-in-the-corporate-workplace.html
37 同上。
38 同上。

8 Pengelly and Rawlinson, 'Reddit chief Ellen Pao resigns after receiving "sickening" abuse from users', *The Guardian*, 11 July 2015.
9 Michael D. Nguyen, 'Reddit Users Turn on Interim CEO Ellen Pao', NBC News (website), 21 June 2015, https://www.nbcnews.com/news/asian-america/reddit-users-turn-interim-ceo-ellen-pao-n377226
10 Alex Abad-Santos, 'The Reddit revolt that led to CEO Ellen Pao's resignation, explained', Vox (website), 10 July 2015, https://www.vox.com/2015/7/8/8914661/reddit-victoria-protest
11 Jen Yamato, 'Reddit Fired the Woman Trying to Save It', Daily Beast (website), 14 April 2017, https://www.thedailybeast.com/reddit-fired-the-woman-trying-to-save-it
12 Abad-Santos, 'The Reddit revolt that led to CEO Ellen Pao's resignation, explained', Vox (website), 10 July 2015.
13 Andy Campbell, 'Reddit Community Revolts After "Ask Me Anything" Administrator Is Dismissed', Huffington Post (website), 3 July 2015, https://www.huffingtonpost.co.uk/entry/reddit-ama-administrator_n_7723618
14 Abad-Santos, 'The Reddit revolt that led to CEO Ellen Pao's resignation, explained', Vox (website), 10 July 2015.
15 Jana Kasperkevic, 'Reddit CEO sorry for "letting down" users after popular subforums shut down', *The Guardian*, 4 July 2015, https://www.theguardian.com/technology/2015/jul/04/reddit-subforums-ellen-pao-explains; Matt Vella, 'Reddit's Ellen Pao and Alexis Ohanian Explain Site Shut Down', *Time*, 3 July 2015, https://time.com/3945718/reddit-moderator-shut-down
16 Mike Isaac, 'Reddit's Chief Apologizes After Employee's Dismissal', *The New York Times*, 6 July 2015, https://www.nytimes.com/2015/07/07/technology/reddits-chief-apologizes-after-employees-dismissal.html; Abad-Santos, 'The Reddit revolt that led to CEO Ellen Pao's resignation, explained', Vox (website), 10 July 2015.
17 West, 'How Reddit's Ellen Pao survived one of "the largest trolling attacks in history"', *The Guardian*, 22 December 2015; Pengelly and Rawlinson, 'Reddit chief Ellen Pao resigns after receiving "sickening" abuse from users', *The Guardian*, 11 July 2015.
18 Kasperkevic, 'Reddit CEO sorry for "letting down" users after popular subforums shut down', *The Guardian*, 4 July 2015.
19 Sam Altman, 'An old team at reddit', r/announcements, Reddit (website), 10 July 2015, https://www.reddit.com/r/announcements/comments/3cucye/an_old_team_at_reddit/?rdt=61399
20 Pengelly and Rawlinson, 'Reddit chief Ellen Pao resigns after receiving "sickening" abuse from users', *The Guardian*, 11 July 2015.
21 Yishan Wong, 'TheoryOfReddit', comment, Reddit (website), 12 July 2015, https://www.reddit.com/r/TheoryOfReddit/comments/3d2hv3/comment/ct1ecxv/; Mike Isaac, 'Details Emerge About Victoria Taylor's Dismissal at Reddit', *The New York Times*, 13 July 2015, https://archive.nytimes.com/bits.blogs.nytimes.com/2015/07/13/details-emerge-about-victoria-taylors-dismissal-at-reddit
22 Ellen K. Pao, Twitter post, Twitter (website), 13 July 2015, https://twitter.com/ekp/status/620652654822191104
23 West, 'How Reddit's Ellen Pao survived one of "the largest trolling attacks in history"', *The*

Forum (website), 13 February 2017, research carried out with partners TalentSmart, https://www.weforum.org/agenda/2017/02/why-you-need-emotional-intelligence
42 同上。
43 Sara Connell, 'Dr. Vanessa Akhtar Of Kotter On The Five Things You Need To Be A Highly Effective Leader During Turbulent Times', *Authority Magazine*, 29 May 2022, https://medium.com/authority-magazine/dr-vanessa-akhtar-of-kotter-on-the-five-things-you-need-to-be-a-highly-effective-leader-during-c45a587fee2a
44 Robert Logemann, 'How Strong Are Your Leadership Soft Skills?', *Forbes*, 10 January 2023, https://www.forbes.com/sites/forbesbusinesscouncil/2023/01/10/how-strong-are-your-leadership-soft-skills
45 Tara Van Bommel, 'The Power of Empathy in Times of Crisis and Beyond', Catalyst (website), 2021, https://www.catalyst.org/reports/empathy-work-strategy-crisis
46 Belinda Parmar, 'Why empathy is a must-have business strategy', World Economic Forum (website), 18 October 2021, https://www.weforum.org/agenda/2021/10/empathy-business-future-of-work
47 'Make your workplace work for women: a conversation with Indeed CMO Jessica Jensen, Lena Waithe, Reshma Saujani and Jen Welter', Indeed (website), 3 January 2023, https://uk.indeed.com/lead/make-your-workplace-work-for-women-a-conversation-with-indeed-cmo-jessica-jensen

第六章：大分手潮

1 Miriam Makeba, South African musician and anti-Apartheid campaigner, see video here: https://www.instagram.com/reel/Ct7V8zuLSqw/?igshid=MzRlODBiNWFlZA%3D%3
2 Rachel Sklar, '3 Undeniable Ways Ellen Pao Was Pushed Off a Glass Cliff at Reddit', *Elle*, 14 July 2015, https://www.elle.com/culture/tech/a29322/3-undeniable-ways-ellen-pao-was-pushed-off-a-glass-cliff-at-reddit
3 Anna Sillers, 'Reddit CEO Ellen Pao bans salary negotiations', PBS News Hour (website), 7 April 2015, https://www.pbs.org/newshour/economy/reddit-ceo-ellen-pao-bans-salary-negotiations; Biz Carson, 'Ellen Pao: Reddit doesn't negotiate salaries because that helps keep the playing field even for women', Insider (website), 12 June 2015, https://www.businessinsider.com/reddit-doesnt-negotiate-salaries-ellen-pao-2015-6?r=US&IR=T
4 Lindy West, 'How Reddit's Ellen Pao survived one of "the largest trolling attacks in history"', *The Guardian*, 22 December 2015, https://www.theguardian.com/lifeandstyle/2015/dec/22/reddit-ellen-pao-trolling-revenge-porn-ceo-internet-misogyny
5 Martin Pengelly and Kevin Rawlinson, 'Reddit chief Ellen Pao resigns after receiving "sickening" abuse from users', *The Guardian*, 11 July 2015, https://www.theguardian.com/technology/2015/jul/10/ellen-pao-reddit-interim-ceo-resigns
6 Andrew Griffin, 'Reddit bans "revenge porn", tries to stop future nude photo leaks', *Independent*, 25 February 2015, https://www.independent.co.uk/tech/reddit-bans-revenge-porn-tries-to-stop-future-nude-photo-leaks-10068563.html
7 Adi Robertson, 'Reddit bans "Fat People Hate" and other subreddits under new harassment rules', The Verge (website), 10 June 2015, https://www.theverge.com/2015/6/10/8761763/reddit-harassment-ban-fat-people-hate-subreddit

1 October 2014, https://www.washingtonpost.com/news/federal-eye/wp/2014/10/01/did-sequestration-cause-the-secret-services-problems

24 Leonnig, Hsu and Shin, 'Secret Service reviews White House security after fence-jumper enters mansion', *The Washington Post*, 20 September 2014.

25 Noor Nanji, 'Aviva chief responds to "sexist" shareholder jibes', BBC News (website), 11 May 2022, https://www.bbc.co.uk/news/business-61411229

26 同上。

27 Women in the Workplace 2022, Lean In and McKinsey & Company, https://leanin.org/women-in-the-workplace

28 同上。

29 Vishal K. Gupta, Sandra C. Mortal et al., 'You're Fired! Gender Disparities in CEO Dismissal', *Journal of Management*, 46(4), 2020, pp. 560–82, https://journals.sagepub.com/doi/10.1177/0149206318810415

30 Kirsten Bellstrom, 'Female CEOs Are More Likely to Be Fired Than Men – Even When Their Companies Are Thriving', *Fortune*, 30 November 2018, https://fortune.com/2018/11/30/female-ceo-fired-study

31 Alice G. Walton, 'Female CEOs Are More Likely To Be Fired Than Males, Study Finds', *Forbes*, 1 December 2018, https://www.forbes.com/sites/alicegwalton/2018/12/01/female-ceos-are-more-likely-to-be-fired-than-males-study-finds

32 同上。

33 同上。

34 Emily Stewart, 'Why struggling companies promote women: the glass cliff, explained', Vox (website), 31 October 2018, https://www.vox.com/2018/10/31/17960156/what-is-the-glass-cliff-women-ceos

35 Jeremy Schneider, 'Are female CEOs better than male CEOs?', Personal Finance Club (website), 7 March 2023, https://www.personalfinanceclub.com/are-female-ceos-better-than-male-ceos

36 Jack Zenger and Joseph Folkman, 'Research: Women Score Higher Than Men in Most Leadership Skills', *Harvard Business Review*, 25 June 2019, https://hbr.org/2019/06/research-women-score-higher-than-men-in-most-leadership-skills

37 Research by Supriya Garikipati and Uma Kambhampati, 'Leading the Fight Against the Pandemic: Does Gender "Really" Matter?', 3 June 2020, https://papers.ssrn.com/sol3/papers.cfm?abstract_id=3617953; also reported by Jon Henley, 'Female-led countries handled coronavirus better, study suggests', *The Guardian*, 18 August 2020, https://www.theguardian.com/world/2020/aug/18/female-led-countries-handled-coronavirus-better-study-jacinda-ardern-angela-merkel

38 同上。

39 Future of Women in Tech, DisruptHers podcast, episode 1, 'Leading in a Crisis: Women in Tech on 2020's Unique Challenges and Opportunities', https://www.futureofwomenintech.com/disrupthers

40 Zenger and Folkman, 'Research: Women Score Higher Than Men in Most Leadership Skills', *Harvard Business Review*, 25 June 2019.

41 Travis Bradberry, 'Emotional intelligence: What it is and why you need it', World Economic

New Republic (website), 2 October 2014, https://newrepublic.com/article/119675/julia-pierson-women-leaders-and-perils-glass-cliff; Karen McVeigh, 'Secret service scandal in Colombia has agency's culture under a microscope', *The Guardian*, 20 April 2012, https://www.theguardian.com/world/2012/apr/20/secret-service-scandal-columbia-agency

10 McVeigh, 'Secret service agents took 20 women to Colombian hotel, says senator', *The Guardian*, 17 April 2012, https://www.theguardian.com/world/2012/apr/17/secret-service-scandal-colombia-twenty-women

11 AP Washington, 'Secret service agents sent home over drunken incident in Amsterdam', *The Guardian*, 26 March 2014, https://www.theguardian.com/world/2014/mar/26/secret-service-agents-disciplined-drunken-amsterdam

12 McVeigh, 'Secret service scandal in Colombia has agency's culture under a microscope', *The Guardian*, 20 April 2012.

13 David Nakamura and Scott Wilson, 'More military personnel might have been involved in misconduct before Obama's trip', *The Washington Post*, 17 April 2012, https://www.washingtonpost.com/politics/more-military-personnel-might-have-been-involved-in-misconduct-before-obamas-trip/2012/04/16/gIQAJ3bqLT_story.html; Carol Leonnig and David Nakamura, 'Secret Service scandal: Rising supervisor set uncovering of misconduct in motion', *The Washington Post*, 21 April 2012, https://www.washingtonpost.com/politics/secret-service-scandal-rising-supervisor-at-heart-of-uncovering-misconduct/2012/04/21/gIQApy37XT_story.html; Chris Cillizza, 'The Secret Service had the "Worst Week in Washington"', *The Washington Post*, 22 April 2012, https://www.washingtonpost.com/blogs/the-fix/post/the-secret-service-had-the-worst-week-inwashington/2012/04/22/gIQAna6qZT_blog.html

14 McVeigh, 'Secret service scandal in Colombia has agency's culture under a microscope', *The Guardian*, 20 April 2012.

15 同上。

16 同上。

17 同上。

18 Amy Argetsinger and Roxanne Roberts, 'Reliable Source: Tareq and Michaele Salahi crash Obamas' state dinner for India', *The Washington Post*, 26 November 2009, https://www.washingtonpost.com/wpdyn/content/article/2009/11/25/AR2009112504113.html

19 McVeigh, 'Secret service scandal in Colombia has agency's culture under a microscope', *The Guardian*, 20 April 2012.

20 Carol D. Leonnig, Spencer Hsu and Annys Shin, 'Secret Service reviews White House security after fence-jumper enters mansion', *The Washington Post*, 20 September 2014, https://www.washingtonpost.com/local/crime/secret-service-reviews-white-house-security-after-fence-jumper-enters-mansion/2014/09/20/23df4f6a-40e0-11e4-b03f-de718edeb92f_story.html

21 MacAskill, 'Julia Pierson: veteran agent becomes first woman to lead US secret service', *The Guardian*, 27 March 2013.

22 Covert, 'Secret Service Director Julia Pierson Was a Victim of the "Glass Cliff"', The New Republic (website), 2 October 2014.

23 Josh Hicks, 'Did sequestration cause the Secret Service's problems?', *The Washington Post*,

School, Program on Negotiation, Daily Blog, 19 September 2023, https://www.pon.harvard.edu/daily/leadership-skills-daily/counteracting-racial-and-gender-bias-in-job-negotiations-nb
44 Laura J. Kray, Adam D. Galinsky and Leigh Thompson, 'Reversing the Gender Gap in Negotiations: An Exploration of Stereotype Regeneration', *Organizational Behavior and Human Decision Processes*, 87(2), March 2002, https://web.mit.edu/curhan/www/docs/Articles/15341_Readings/Social_Cognition/Kray_et_al_2002_Reversing_the_gender_gap_in_negotiations.pdf
45 Toni Morrison, 'The Work You Do, The Person You Are', *The New Yorker*, 29 March 2017, https://www.newyorker.com/magazine/2017/06/05/toni-morrison-the-work-you-do-the-person-you-are
46 Mark Sweney, 'Netflix to lose 700,000 UK customers in two years, analysts predict', *The Guardian*, 1 January 2023, https://www.theguardian.com/media/2023/jan/01/netflix-to-lose-700000-uk-customers-in-two-years-analysts-predict
47 Kari Paul, 'Netflix lays off 300 employees in second round of job cuts', *The Guardian*, 23 June 2022, https://www.theguardian.com/media/2022/jun/23/netflix-layoff-300-employees-second-round-job-cut
48 'Why women leaders are switching jobs', Women in the Workplace 2022, Lean In and McKinsey & Company, https://leanin.org/women-in-the-workplace/2022/why-women-leaders-are-switching-jobs

第五章：問題出在我身上嗎？

1 Virginia Woolf, from her anti-war essay 'Three Guineas', 1938.
2 Hilary Burns, 'Julia Pierson, first female Secret Service director, resigns', BizWomen, The Business Journals (website), 1 October 2014, https://www.bizjournals.com/bizwomen/news/latest-news/2014/10/secret-service-director-julia-pierson-has-resigned.html; Mary Johnson, 'Former State Dept. official: Pierson resignation is "the price of leadership in the most sensitive of jobs"', BizWomen, The Business Journals (website), https://www.bizjournals.com/bizwomen/news/latest-news/2014/10/former-state-dept-official-pierson-resignation-is.html
3 Ewen MacAskill, 'Julia Pierson: veteran agent becomes first woman to lead US secret service', *The Guardian*, 27 March 2013, https://www.theguardian.com/world/2013/mar/26/julia-pierson-woman-secret-service
4 Burns, 'Julia Pierson, first female Secret Service director, resigns', BizWomen, The Business Journals (website), 1 October 2014.
5 同上。
6 Dan Roberts, 'Secret service director Julie Pierson resigns after series of security lapses', *The Guardian*, 1 October 2014, https://www.theguardian.com/world/2014/oct/01/secret-service-director-resigns-white-house-security-lapses
7 同上。
8 Hilary Burns, 'A case study on the hot seat: Why some execs stay cool while others get burned', BizWomen, Dayton Business Journal (website), 9 October 2014, https://www.bizjournals.com/dayton/bizwomen/news/profiles-strategies/2014/10/a-case-study-on-the-hot-seat-why-some-execs-stay.html?page=5
9 Bryce Covert, 'Secret Service Director Julia Pierson Was a Victim of the "Glass Cliff"', The

wp/2014/05/02/heres-why-women-ceos-are-more-likely-to-get-sacked-from-their-jobs
30 Oakes, 'The invisible danger of the "glass cliff"', BBC (website), 7 February 2022.
31 Freakonomics podcast, episode 327, 25 March 2018, https://freakonomics.com/podcast/extra-carol-bartz-full-interview
32 Dominic Rushe, 'Carol Bartz blames Yahoo "doofuses" for firing her in foul-mouthed tirade', *The Guardian*, 8 September 2011, https://www.theguardian.com/business/2011/sep/08/carol-bartz-blast-yahoo-after-being-fired
33 Karin Hederos Eriksson and Anna Sandberg, 'Gender Differences in Initiation of Negotiation: Does the Gender of the Negotiation Counterpart Matter?', *Negotiation Journal*, 28(4), October 2012, pp. 407–28, https://onlinelibrary.wiley.com/doi/full/10.1111/j.1571-9979.2012.00349.x
34 Linda Babcock, Sara Laschever, Michele Gelfand and Deborah Small, 'Nice Girls Don't Ask', *Harvard Business Review*, October 2003, https://hbr.org/2003/10/nice-girls-dont-ask; Suzanne de Janasz and Beth Cabrera, 'How Women Can Get What They Want in a Negotiation', *Harvard Business Review*, 17 August 2018, https://hbr.org/2018/08/how-women-can-get-what-they-want-in-a-negotiation
35 'Negotiation Advice for Women', Lean In (website), https://leanin.org/negotiation
36 Emily T. Amanatullah and Michael W. Morris, 'Negotiating Gender Roles: Gender Differences in Assertive Negotiating Are Mediated by Women's Fear of Backlash and Attenuated When Negotiating on Behalf of Others', *Journal of Personality and Social Psychology*, 98(2), February 2010, pp. 256–67, https://www.researchgate.net/publication/41087504_Negotiating_Gender_Roles_Gender_Differences_in_Assertive_Negotiating_Are_Mediated_by_Women%27s_Fear_of_Backlash_and_Attenuated_When_Negotiating_on_Behalf_of_Others
37 Margaret A. Neale, 'Negotiation', Stanford University VMware Women's Leadership Innovation Lab, https://womensleadership.stanford.edu/resources/voice-influence/negotiation
38 Katie Shonk, 'Women and Negotiation: Narrowing the Gender Gap in Negotiation', Harvard Law School Program on Negotiation Daily Blog, 17 August 2023, https://www.pon.harvard.edu/daily/business-negotiations/women-and-negotiation-narrowing-the-gender-gap
39 Thomas F. Denson, Siobhan M. O'Dean et al., 'Aggression in Women: Behavior, Brain and Hormones', *Frontiers in Behavioral Neuroscience*, vol. 12, 2 May 2018, https://www.frontiersin.org/articles/10.3389/fnbeh.2018.00081/full
40 Laura J. Kray, Leigh Thompson and Adam Galinsky, 'Battle of the Sexes: Gender Stereotype Confirmation and Reactance in Negotiations', *Journal of Personality and Social Psychology*, 80(6), July 2001, pp. 942–58, https://www.researchgate.net/publication/11926564_Battle_of_the_Sexes_Gender_Stereotype_Confirmation_and_Reactance_in_Negotiations
41 Amanatullah and Morris, 'Negotiating Gender Roles: Gender Differences in Assertive Negotiating Are Mediated by Women's Fear of Backlash and Attenuated When Negotiating on Behalf of Others', *Journal of Personality and Social Psychology*, 98(2), February 2010, pp. 256–67.
42 Raina Brands, 'Negotiate "Like A Woman"', Care Equally (website), 27 September 2022, https://www.careerequally.com/post/negotiate-like-a-woman
43 'Counteracting Negotiation Biases Like Race and Gender in the Workplace', Harvard Law

12 Bill Vlasic and Christopher Jensen, 'Something Went "Very Wrong" at G.M., Chief Says', *The New York Times*, 17 March 2014, https://www.nytimes.com/2014/03/18/business/gm-chief-barra-releases-video-on-recalls.html
13 Klayman, 'GM recalls 1.5 million more vehicles; CEO says "terrible things happened"', Reuters (website), 17 March 2014.
14 Tom McCarthy, 'GM chief Mary Barra dodges question of responsibility for recall flaws – live', *The Guardian*, 1 April 2014, https://www.theguardian.com/business/2014/apr/01/gm-chief-executive-mary-barra-recalls-congress-hearing-live
15 Vlasic and Jensen, 'Something Went "Very Wrong" at G.M., Chief Says', *The New York Times*, 17 March 2014.
16 Dominic Rushe, 'GM chief Mary Barra: "pattern of incompetence" caused fatal recall delay', *The Guardian*, 5 June 2014, https://www.theguardian.com/business/2014/jun/05/gm-mary-barra-fatal-recall-incompetence-neglect
17 McCarthy, 'GM chief Mary Barra dodges question of responsibility for recall flaws – live', *The Guardian*, 1 April 2014.
18 Hilary Burns, 'A case study on the hot seat: Why some execs stay cool while others get burned', BizWomen, The Business Journals (website), 9 October 2014, https://www.bizjournals.com/bizwomen/news/profiles-strategies/2014/10/a-case-study-on-the-hot-seat-why-some-execs-stay.html?page=all
19 Geoff Colvin, 'Mary Barra's (unexpected) opportunity', *Fortune*, 18 September 2014, https://fortune.com/2014/09/18/mary-barra-general-motors
20 Feloni, 'GM CEO Mary Barra said the recall crisis of 2014 forever changed her leadership style', Insider (website), 14 November 2018.
21 'Profile: Mary Barra', *Forbes*, https://www.forbes.com/profile/mary-barra
22 Audre Lorde, 'The Transformation of Silence into Language and Action', in Audre Lorde, *Sister Outsider* (London: Penguin Classics, 2019).
23 Ryan, Haslam et al., 'Getting on top of the glass cliff: Reviewing a decade of evidence, explanations, and impact', *The Leadership Quarterly*, 27(3), June 2016, pp. 446–55.
24 同上。
25 同上。
26 Kelly Oakes, 'The invisible danger of the "glass cliff"', BBC (website), 7 February 2022, https://www.bbc.com/future/article/20220204-the-danger-of-the-glass-cliff-for-women-and-people-of-colour; Emily Stewart, 'Why struggling companies promote women: the glass cliff, explained', Vox (website), 31 October 2018, https://www.vox.com/2018/10/31/17960156/what-is-the-glass-cliff-women-ceos
27 Robert Hof, 'Yahoo Fires CEO Carol Bartz – Here's Why', *Forbes*, 6 September 2011, https://www.forbes.com/sites/roberthof/2011/09/06/report-yahoo-cans-ceo-carol-bartz-heres-what-went-wrong
28 Kara Swisher, 'Exclusive: Carol Bartz Out at Yahoo; CFO Tim Morse Names Interim CEO', All Things D (website), 6 September 2011, https://allthingsd.com/20110906/exclusive-carol-bartz-out-at-yahoo-cfo-interim-ceo
29 Jena McGregor, 'Here's why women CEOs are more likely to get sacked from their jobs', *The Washington Post*, 2 May 2014, https:// www.washingtonpost.com/news/on-leadership/

https://www.theage.com.au/business/are-women-being-made-to-walk-the-plank-20040918-gdynkm.html
36 Oakes, 'The invisible danger of the "glass cliff"', BBC (website), 7 February 2022
37 Christy Glass and Alison Cook, 'Pathways to the Glass Cliff: A Risk Tax for Women and Minority Leaders?', *Social Problems*, 67(4), November 2020, pp. 637–53, https://academic.oup.com/socpro/article-abstract/67/4/637/5637806?redirectedFrom=fulltext
38 Oakes, 'The invisible danger of the "glass cliff"', BBC (website), 7 February 2022.
39 同上。
40 Stewart, 'Why struggling companies promote women: the glass cliff, explained', Vox (website), 31 October 2018.
41 同上。
42 Ryan, Haslam et al., 'Getting on top of the glass cliff: Reviewing a decade of evidence, explanations, and impact', *The Leadership Quarterly*, 27(3), June 2016, pp. 446–55.
43 同上。

第四章：奠定成功條件

1 Franz Kafka, *The Metamorphosis*, 1915.
2 Michelle K. Ryan, S. Alexander Haslam et al., 'Getting on top of the glass cliff: Reviewing a decade of evidence, explanations, and impact', *The Leadership Quarterly*, 27(3), June 2016, pp. 446–55, https://www.sciencedirect.com/science/article/abs/pii/S104898431500123X
3 Jessica Grose, 'General Motors Names First Female CEO Without Shoving Her Off a "Glass Cliff"', *Elle*, 11 December 2013, https://www.elle.com/culture/career-politics/news/a24095/mary-barra-named-general-motors-ceo
4 'GM 363 Asset Sale Approved by U.S. Bankruptcy Court', GM (website), https://news.gm.com/newsroom.detail.html/Pages/news/ us/en/2009/Jul/0706_AssetSale.html
5 Grose, 'General Motors Names First Female CEO Without Shoving Her Off a "Glass Cliff"', *Elle*, 11 December 2013.
6 Richard Feloni, 'GM CEO Mary Barra said the recall crisis of 2014 forever changed her leadership style', Insider (website), 14 November 2018, https://www.businessinsider.com/gm-mary-barra-recall-crisis-leadership-style-2018-11?r=US&IR=T
7 Ben Klayman, 'GM recalls 1.5 million more vehicles; CEO says "terrible things happened"', Reuters (website), 17 March 2014, https://www.reuters.com/article/us-gm-recall-idUSBREA2G15220140317
8 Dominic Rushe, 'GM fined $35m over recall scandal in deal with Department of Transportation', *The Guardian*, 16 May 2014, https://www.theguardian.com/business/2014/may/16/gm-car-recall-faulty-ignition-department-of-transport-agreement
9 Feloni, 'GM CEO Mary Barra said the recall crisis of 2014 forever changed her leadership style', Insider (website), 14 November 2018.
10 Jena McGregor, 'Honeymoon interrupted for GM's Mary Barra', *The Washington Post*, 14 March 2014, https://www.washingtonpost.com/news/on-leadership/wp/2014/03/14/honeymoon-interrupted-for-gms-mary-barra
11 'GM boss Mary Barra "deeply sorry" for ignition fault', BBC News (website), 2 April 2014, https://www.bbc.co.uk/news/business-26844494

people-of-colour
19 Jena McGregor, 'Here's why women CEOs are more likely to get sacked from their jobs', *The Washington Post*, 2 May 2014, https://www.washingtonpost.com/news/on-leadership/wp/2014/05/02/heres-why-women-ceos-are-more-likely-to-get-sacked-from-their-jobs
20 同上。
21 Michelle Ryan, 'The glass cliff: why women lead in a crisis', BroadAgenda (website), 11 March 2022, https://www.broadagenda.com.au/2022/the-glass-cliff-why-women-lead-in-a-crisis
22 Ben Mattison, 'Women Aren't Promoted Because Managers Underestimate Their Potential', Yale Insights (website), 17 September 2021, https://insights.som.yale.edu/insights/women-arent-promoted-because-managers-underestimate-their-potential
23 Alan Benson, Danielle Li and Kelly Shue, '"Potential" and the Gender Promotion Gap', 22 June 2022, https://danielle-li.github.io/assets/docs/PotentialAndTheGenderPromotionGap.pdf
24 同上。
25 Linda Babcock, Maria P. Recalde, Lise Vesterlund and Laurie Weingart, 'Gender differences in accepting and receiving requests for tasks with low promotability', *American Economic Review*, 107(3), January 2017, pp. 714–47, https://gap.hks.harvard.edu/breaking-glass-ceiling-"no"-gender-differences-declining-requests-non%E2%80%90promotable-tasks
26 Joan C. Williams and Marina Multhaup, 'For Women and Minorities to Get Ahead, Managers Must Assign Work Fairly', *Harvard Business Review*, 5 March 2018, https://hbr.org/2018/03/for-women-and-minorities-to-get-ahead-managers-must-assign-work-fairly
27 Mattison, 'Women Aren't Promoted Because Managers Underestimate Their Potential', Yale Insights (website), 17 September 2021.
28 Women in the Workplace 2017, McKinsey & Company / Lean In, https://wiwreport.s3.amazonaws.com/Women_in_the_Workplace_2017.pdf
29 同上。
30 'Gender Equality in the Workplace: Pipeline of Promotion', The Women's Foundation (website), 4 October 2016, https://www.twfhk.org/blog/gender-equality-workplace-pipeline-promotion
31 Women in the Workplace 2017, McKinsey & Company / Lean In, https://wiwreport.s3.amazonaws.com/Women_in_the_Workplace_2017.pdf
32 'COVID-19 cost women globally over $800 billion in lost income in one year', Oxfam press release, 29 April 2021, https://www.oxfam.org/en/press-releases/covid-19-cost-women-globally-over-800-billion-lost-income-one-year
33 Anu Madgavkar, Olivia White et al., 'COVID-19 and gender equality: Countering the regressive effects', McKinsey Global Institute, 15 July 2020, http://www.mckinsey.com/featured-insights/future-of-work/covid-19-and-gender-equality-countering-the-regressive-effects?cid=eml-web
34 'COVID-19 cost women globally over $800 billion in lost income in one year', Oxfam press release, 29 April 2021, https://www.oxfam.org/en/press-releases/covid-19-cost-women-globally-over-800-billion-lost-income-one-year
35 Judith Woods, 'Are women being made to walk the plank?', *The Age*, 18 September 2004,

第三章：值得冒險嗎？

1 F. Scott Fitzgerald, *The Great Gatsby*, 1925.

2 Jena McGregor, 'Congratulations, Theresa May. Now mind that "glass cliff"', *The Washington Post*, 12 July 2016, https://www.washingtonpost.com/news/on-leadership/wp/2016/07/12/congratulations-theresa-may-now-mind-that-glass-cliff

3 Brian Wheeler and Gavin Stamp, 'The Theresa May story: The Tory leader brought down by Brexit', BBC News (website), 24 May 2019, https://www.bbc.co.uk/news/election-2017-4622594

4 McGregor, 'Congratulations, Theresa May. Now mind that "glass cliff"', *The Washington Post*, 12 July 2016.

5 Michelle K. Ryan, S. Alexander Haslam et al., 'Getting on top of the glass cliff: Reviewing a decade of evidence, explanations, and impact', *The Leadership Quarterly*, 27(3), June 2016, pp. 446–55, https://www.sciencedirect.com/science/article/abs/pii/S104898431500123X

6 Marianne Cooper, 'Why women are often put in charge of failing companies', PBS News Hour (website), 22 September 2015, https://www.pbs.org/newshour/economy/women-often-put-charge-failing-companies

7 Michelle Ryan and Alexander Haslam, 'The glass cliff: women left to take charge at times of crisis', *The Times*, 12 November 2018, https://www.thetimes.co.uk/article/the-glass-cliff-women-taking-charge-but-at-times-of-crisis-czlvzzrns

8 McGregor, 'Congratulations, Theresa May. Now mind that "glass cliff"', *The Washington Post*, 12 July 2016.

9 Wheeler and Stamp, 'The Theresa May story: The Tory leader brought down by Brexit', BBC News (website), 24 May 2019.

10 同上。

11 Emily Stewart, 'Why struggling companies promote women: the glass cliff, explained', Vox (website), 31 October 2018, https://www.vox.com/2018/10/31/17960156/what-is-the-glass-cliff-women-ceos

12 Wheeler and Stamp, 'The Theresa May story: The Tory leader brought down by Brexit', BBC News (website), 24 May 2019.

13 'Brexit: Theresa May's deal is voted down in historic Commons defeat', BBC News (website), 15 January 2019, https://www.bbc.co.uk/news/uk-politics-46885828

14 Wheeler and Stamp, 'The Theresa May story: The Tory leader brought down by Brexit', BBC News (website), 24 May 2019.

15 'Theresa May resigns over Brexit: What happened?', BBC News (website), 24 May 2019, https://www.bbc.co.uk/news/uk-politics-48379730

16 McGregor, 'Congratulations, Theresa May. Now mind that "glass cliff"', *The Washington Post*, 12 July 2016.

17 Andrew Woodcock, 'Brexit: Theresa May tells MPs that her deal was better than Boris Johnson's', *Independent*, 30 December 2020,https://www.independent.co.uk/news/uk/politics/brexit-theresa-may-boris-johnson-trade-deal-b1780329.html

18 Kelly Oakes, 'The invisible danger of the "glass cliff"', BBC (website), 7 February 2022, https://www.bbc.com/future/article/20220204-the-danger-of-the-glass-cliff-for-women-and-

ceiling', *The Leadership Quarterly*, 27(1), February 2016, pp. 51–63.
79 'When Wall Street Needs Scapegoats, Women Beware', Thomson Reuters Foundation (website), 2 November 2013, https://news.trust.org/item/20131103084828-93enz?view=print
80 Anderson, 'Are Katie Couric and Diane Sawyer Perched on a Glass Cliff?', Fifteen Eighty Four, Cambridge University Press blog, 11 January 2010.
81 Glass and Cook, 'Leading at the top: Understanding women's challenges above the glass ceiling', *The Leadership Quarterly*, 27(1), February 2016, pp. 51–63.
82 McGregor, 'Here's why women CEOs are more likely to get sacked from their jobs', *The Washington Post*, 2 May 2014.
83 Marianne Cooper, 'Why women are often put in charge of failing companies', PBS News Hour (website), 22 September 2015, https://www.pbs.org/newshour/economy/women-often-put-charge-failing-companies
84 Ryan, Haslam and Postmes, 'Reactions to the glass cliff: Gender differences in the explanations for the precariousness of women's leadership positions', *Journal of Organizational Change Management*, 20(2), pp. 182–97.
85 Stewart, 'Why struggling companies promote women: the glass cliff, explained', Vox (website), 31 October 2018.
86 Julia Kagan, 'Glass Cliff: Definition, Research, Examples, Vs. Glass Ceiling', Investopedia (website), 7 December 2022, https://www.investopedia.com/terms/g/glass-cliff.asp
87 Cook and Glass, 'Above the glass ceiling: When are women and racial/ethnic minorities promoted to CEO?', *Strategic Management Journal*, 35(7), July 2014, pp. 1080–9.
88 Alison Cook and Christy Glass, 'Glass Cliffs and Organizational Saviors: Barriers to Minority Leadership in Work Organizations?', *Social Problems*, 60(2), May 2013, pp. 168–87, https://www.researchgate.net/publication/259732880_Glass_Cliffs_and_Organizational_Saviors_Barriers_to_Minority_Leadership_in_Work_Organizations
89 S. Alexander Haslam and Michelle K. Ryan, 'The road to the glass cliff: Differences in the perceived suitability of men and women for leadership positions in succeeding and failing organizations', *The Leadership Quarterly*, 19(5), October 2008, pp. 530–46, https://www.sciencedirect.com/science/article/abs/pii/S1048984308000957
90 同上。
91 Michael L. McDonald, Gareth D. Keeves and James D. Westphal, 'One step forward, one step back: White male top manager organizational identification and helping behavior toward other executives following the appointment of a female or racial minority CEO', *Academy of Management Journal*, 61(2), 2018, pp. 405–39, https://leeds-faculty.colorado.edu/dahe7472/mcdonald.pdf
92 同上。
93 同上。
94 同上。
95 同上。
96 同上。
97 同上。
98 同上。

1975, pp. 340–4, https://psycnet.apa.org/record/1975-24377-001
64 Michelle K. Ryan, S. Alexander Haslam et al., 'Getting on top of the glass cliff: Reviewing a decade of evidence, explanations, and impact', *The Leadership Quarterly*, 27(3), June 2016, pp. 446–55, https://www.sciencedirect.com/science/article/abs/pii/S104898431500123X
65 M. K. Ryan, S. A. Haslam, M. D. Hersby and R. Bongiorno, 'Think crisis – think female: The glass cliff and contextual variation in the think manager – think male stereotype', *Journal of Applied Psychology*, 96(3), 2011, pp. 470–84, https://psycnet.apa.org/record/2010-26139-001
66 Glass and Cook, 'Leading at the top: Understanding women's challenges above the glass ceiling', *The Leadership Quarterly*, 27(1), February 2016, pp. 51–63.
67 Jack Zenger and Joseph Folkman, 'Research: Women Are Better Leaders During a Crisis', *Harvard Business Review*, 30 December 2020, https://hbr.org/2020/12/research-women-are-better-leaders-during-a-crisis?ab=at_art_art_1x4_s01
68 同上。
69 Ryan, Haslam, Hersby and Bongiorno, 'Think crisis – think female: The glass cliff and contextual variation in the think manager – think male stereotype', *Journal of Applied Psychology*, 96(3), 2011, pp. 470–84.
70 Ryan, Haslam et al., 'Getting on top of the glass cliff: Reviewing a decade of evidence, explanations, and impact', *The Leadership Quarterly*, 27(3), June 2016, pp. 446–55.
71 Kirstin J. Anderson, 'Are Katie Couric and Diane Sawyer Perched on a Glass Cliff?', Fifteen Eighty Four, Cambridge University Press blog, 11 January 2010, https://www.cambridgeblog.org/2010/01/glass-cliff
72 Ryan, Haslam, Hersby and Bongiorno, 'Think crisis – think female: The glass cliff and contextual variation in the think manager – think male stereotype', *Journal of Applied Psychology*, 96(3), 2011, pp. 470–84.
73 'If women are less able to demonstrate leadership success, or are apportioned blame for negative outcomes evident before their appointment, this may reinforce the pernicious stereotypes that women are not suited to leadership positions.' Michelle Ryan, 'The glass cliff: why women lead in a crisis', BroadAgenda (website), 11 March 2022, https://www.broadagenda.com.au/2022/the-glass-cliff-why-women-lead-in-a-crisis
74 Glass and Cook, 'Leading at the top: Understanding women's challenges above the glass ceiling', *The Leadership Quarterly*, 27(1), February 2016, pp. 51–63.
75 Kelly Oakes, 'The invisible danger of the "glass cliff"', BBC (website), 7 February 2022, https://www.bbc.com/future/article/20220204-the-danger-of-the-glass-cliff-for-women-and-people-of-colour
76 同上。
77 Jena McGregor, 'Here's why women CEOs are more likely to get sacked from their jobs', *The Washington Post,* 2 May 2014, https://www.washingtonpost.com/news/on-leadership/wp/2014/05/02/heres-why-women-ceos-are-more-likely-to-get-sacked-from-their-jobs, and Vishal K. Gupta, Sandra C. Mortal et al., 'You're Fired! Gender Disparities in CEO Dismissal', *Journal of Management*, 46(4), 2020, pp. 560–82, https://journals.sagepub.com/doi/10.1177/0149206318810415
78 Glass and Cook, 'Leading at the top: Understanding women's challenges above the glass

(website), 31 October 2018, https://www.vox.com/2018/10/31/17960156/what-is-the-glass-cliff-women-ceos
51 S. Alexander Haslam, Michelle K. Ryan, Clara Kulich, Grzegorz Trojanowski and Cate Atkins, 'Investing with Prejudice: The Relationship Between Women's Presence on Company Boards and Objective and Subjective Measures of Company Pergormance', *British Journal of Management*, vol. 21, 2010, p. 485, referencing Haslam and Ryan, 2008; Ashby, Ryan and Haslam, 2007; and Bruckmüller and Branscombe, 2007, http://www.bbcprisonstudy.org/includes/site/files/files/2010%20BJM%20Tobin's%20Q.pdf
52 Alison Cook and Christy Glass, 'Above the glass ceiling: When are women and racial/ethnic minorities promoted to CEO?', *Strategic Management Journal*, 35(7), July 2014, pp. 1080–9, https://onlinelibrary.wiley.com/doi/abs/10.1002/smj.2161
53 Christy Glass and Alison Cook, 'Leading at the top: Understanding women's challenges above the glass ceiling', *The Leadership Quarterly*, 27(1), February 2016, pp. 51–63, https://daneshyari.com/article/preview/10439499.pdf
54 Michael L. McDonald, Gareth D. Keeves and James D. Westphal, 'One Step Forward, One Step Back: White Male Top Manager Organizational Identification and Helping Behavior Toward Other Executives Following the Appointment of a Female or Racial Minority CEO', *Academy of Management Journal*, 17 April 2017, https://www.semanticscholar.org/paper/One-Step-Forward%2C-One-Step-Back%3A-White-Male-Top-and-McDonald-Keeves/126248f6ebac18c26ca0746588a251fa9fc1f6b2?p2df
55 Glass and Cook, 'Leading at the Top: Understanding women's challenges above the glass ceiling', *The Leadership Quarterly*, 27(1), February 2016, pp. 51–63.
56 Ryan, Haslam and Postmes, 'Reactions to the glass cliff: Gender differences in the explanations for the precariousness of women's leadership positions', *Journal of Organizational Change Management*, 20(2), pp. 182–97.
57 Susanne Bruckmüller and Nyla R. Branscombe, 'How Women End Up on the "Glass Cliff"' *Harvard Business Review*, January–February 2011, https://hbr.org/2011/01/how-women-end-up-on-the-glass-cliff
58 同上。
59 Ryan, Haslam and Postmes, 'Reactions to the glass cliff: Gender differences in the explanations for the precariousness of women's leadership positions', *Journal of Organizational Change Management*, 20(2), pp. 182–97.
60 Haslam, Ryan et al., 'Investing with Prejudice: The Relationship Between Women's Presence on Company Boards and Objective and Subjective Measures of Company Performance', *British Journal of Management*, vol. 21(2), June 2010, pp. 484–97.
61 同上。
62 同上。
63 V. E. Schein, 'Think Manager – Think Male? From Gender Bias to Gender Balance', presentation at University of Edinburgh Business School, 14 January 2019; see also Schein's original research, 'The relationship between sex role stereotypes and requisite management characteristics', *Journal of Applied Psychology*, 57(2), 1973, pp. 95–100, https://psycnet.apa.org/record/1975-04236-001 and 'The relationship between sex role stereotypes and requisite management characteristics among female managers', *Journal of Applied Psychology*, 60(3),

33 Carlson, 'What Happened When Marissa Mayer Tried to Be Steve Jobs', *The New York Times Magazine*, 17 December 2014.
34 同上。
35 Ainsley Harris, 'Yahoo CEO Marissa Mayer Nears Decision On $37 Billion Alibaba Stake', Fast Company, 20 January 2015, https://www.fastcompany.com/3041128/yahoo-ceo-marissa-mayer-nears-decision-on-37-billion-alibaba-stake
36 Carlson, 'What Happened When Marissa Mayer Tried to Be Steve Jobs', *The New York Times Magazine*, 17 December 2014.
37 Brian Womack and Kelly Gilblom, 'Starboard Boosts Pressure on Yahoo to Unlock Alibaba Value', Bloomberg, 8 January 2015, https://www.bloomberg.com/news/articles/2015-01-08/starboard-pushes-yahoo-ceo-mayer-for-more-value-in-new-letter?leadSource=uverify%20wall
38 Jon Russell, 'Yahoo spin-out Altaba is selling its entire Alibaba stake and closing down', TechCrunch (website), 3 April 2019, https://techcrunch.com/2019/04/03/altaba-alibaba-sale
39 Sue Decker, 'An Insider's Account of the Yahoo–Alibaba Deal', *Harvard Business Review*, 6 August 2014, https://hbr.org/2014/08/an-insiders-account-of-the-yahoo-alibaba-deal
40 Matt Weinberger and Paige Leskin, 'The rise and fall of Marissa Mayer, the once-beloved CEO of Yahoo now pursuing her own venture', Insider (website), 11 February 2020, https://www.businessinsider.com/yahoo-marissa-mayer-rise-and-fall-2017-6?r=US&IR=T
41 同上。
42 同上。
43 Gaudin, 'After rocky tenure, Mayer to leave Yahoo "tarnished"', Computerworld, 13 March 2017.
44 Elizabeth Judge, 'Women on board: help or hindrance?', *The Times*, 11 November 2003, https://www.thetimes.co.uk/article/women-on-board-help-or-hindrance-2c6fnqf6fng
45 《泰晤士報》網站上的存檔版本已找不到這段引文，但以下文章皆有提及：Kelly Oakes,'The invisible danger of the "glass cliff"', BBC (website), 7 February 2022, https://www.bbc.com/future/article/20220204-the-danger-of-the-glass-cliff-for-women-and-people-of-colour; Michelle Ryan and Alexander Haslam, 'The glass cliff: women left to take charge at times of crisis', *The Times*, 12 November 2018, https://www.thetimes.co.uk/article/the-glass-cliff-women-taking-charge-but-at-times-of-crisis-czlvzzrns
46 'Make your workplace work for women: a conversation with Indeed CMO Jessica Jensen, Lena Waithe, Reshma Saujani and Jen Welter', Indeed, 3 January 2023, https://uk.indeed.com/lead/make-your-workplace-work-for-women-a-conversation-with-indeed-cmo-jessica-jensen
47 'What being an "Only" at work is like', in Women in the Workplace 2018, Lean In, https://leanin.org/women-in-the-workplace/2018/what-being-an-only-at-work-is-like
48 Michelle K. Ryan, S. Alexander Haslam, Tom Postmes, 'Reactions to the glass cliff: Gender differences in the explanations for the precariousness of women's leadership positions', *Journal of Organizational Change Management*, 20(2), pp. 182–97, https://www.researchgate.net/publication/235284109_Reactions_to_the_glass_cliff_Gender_differences_in_the_explanations_for_the_precariousness_of_women%27s_leadership_positions
49 同上。
50 Emily Stewart, 'Why struggling companies promote women: the glass cliff, explained', Vox

11 Sorkin and Rusli, 'A Yahoo Search Calls Up a Chief From Google', *The New York Times*, 16 July 2012.

12 Olen, 'Marissa Mayer and the Glass Cliff', *Forbes*, 16 July 2012.

13 Nicholas Carlson, 'What Happened When Marissa Mayer Tried to Be Steve Jobs', *The New York Times Magazine*, 17 December 2014, https://www.nytimes.com/2014/12/21/magazine/what-happened-when-marissa-mayer-tried-to-be-steve-jobs.html?_r=0

14 Olen, 'Marissa Mayer and the Glass Cliff', *Forbes*, 16 July 2012.

15 Carlson, 'The Day Marissa Mayer's Honeymoon At Yahoo Ended', Insider, 2 January 2015.

16 Carlson, 'What Happened When Marissa Mayer Tried to Be Steve Jobs', *The New York Times Magazine*, 17 December 2014.

17 As told to Mark King, 'Karren Brady: my greatest mistake', *The Guardian*, 4 May 2012, https://www.theguardian.com/money/2012/may/04/karren-brady-my-greatest-mistake

18 Maureen Dowd, 'Get Off of Your Cloud', *The New York Times*, 26 February 2013, https://www.nytimes.com/2013/02/27/opinion/dowd-get-off-your-cloud.html?_r=2&

19 D. G. McCullough, 'Women CEOs: Why companies in crisis hire minorities – and then fire them', *The Guardian*, 8 August 2014, https://www.theguardian.com/sustainable-business/2014/aug/05/fortune-500-companies-crisis-woman-ceo-yahoo-xerox-jc-penny-economy; Hanna Rosin, 'Why Doesn't Marissa Mayer Care About Sexism?', *Slate*, 16 July 2012, https://slate.com/human-interest/2012/07/new-yahoo-ceo-marissa-mayer-does-she-care-about-sexism.html

20 Carlson, 'What Happened When Marissa Mayer Tried to Be Steve Jobs', *The New York Times Magazine*, 17 December 2014.

21 Carlson, 'The Day Marissa Mayer's Honeymoon At Yahoo Ended', Insider, 2 January 2015.

22 Stu Sjouwerman, 'A Single Spear Phishing Click Caused The Yahoo Data Breach', KnowBe4 (Security Awareness Training Blog), 18 March 2019, https://blog.knowbe4.com/a-single-spear-phishing-click-caused-the-yahoo-data-breach

23 Michael Grothaus, 'Yahoo now says all 3 billion of its accounts were breached in 2013 hack', Fast Company (website), 4 October 2017, https://www.fastcompany.com/40476884/yahoo-now-says-all-3-billion-of-its-accounts-were-breached-in-2013-hack

24 Sophie Kleeman, 'Here's What Happened To All 53 of Marissa Mayer's Yahoo Acquisitions', Gizmodo (website), 15 June 2016, https://gizmodo.com/heres-what-happened-to-all-of-marissa-mayers-yahoo-acqu-1781980352

25 Gaudin, 'After rocky tenure, Mayer to leave Yahoo "tarnished"', Computerworld, 13 March 2017.

26 Carlson, 'The Day Marissa Mayer's Honeymoon At Yahoo Ended', Insider, 2 January 2015.

27 同上。

28 Nicholas Carlson, 'The Three Times Marissa Mayer Refused To Fire Thousands Of Yahoo Employees', Insider, 3 January 2015, https://www.businessinsider.com/marissa-mayer-refused-to-fire-thousands-of-yahoo-employees-2015-1?r=US&IR=T

29 Carlson, 'The Day Marissa Mayer's Honeymoon At Yahoo Ended', Insider, 2 January 2015.

30 同上。

31 同上。

32 同上。

70 Lydia Smith, 'Women less likely to get their ideas endorsed at work than men', *Yahoo! News*, 1 April 2021, https://uk.news.yahoo.com/women-less-likely-to-get-their-ideas-endorsed-at-work-than-men-230124841.html
71 Sunny Rosen, 'Credit Where Credit Is Due', University of Delaware (website), 12 December 2017, https://www.udel.edu/udaily/2017/december/kyle-emich-gender-in-workplace-research
72 Women in the Workplace 2022, Lean In and McKinsey & Company（見該頁面上的橘色資訊圖表）, https://leanin.org/women-in-the-workplace/2022/why-women-leaders-are-switching-jobs
73 Barratt, 'The Microaggressions Still Prevalent In The Workplace', *Forbes*, 28 October 2018.
74 Caroline Castrillon, 'Why Women Leaders Are Leaving Their Jobs At Record Rates', *Forbes*, 7 May 2023, https://www.forbes.com/sites/carolinecastrillon/2023/05/07/why-women-leaders-are-leaving-their-jobs-at-record-rates
75 Ella F. Washington, 'Recognizing and Responding to Microaggressions at Work', *Harvard Business Review*, 10 May 2022, https://hbr.org/2022/05/recognizing-and-responding-to-microaggressions-at-work
76 'Edward Enninful: British Vogue editor "racially profiled" at work', *BBC News* (website), 16 July 2020, https://www.bbc.co.uk/news/uk-53425148
77 'Black barrister mistaken for defendant three times gets apology', *BBC News* (website), 24 September 2020, https://www.bbc.co.uk/news/uk-england-essex-54281111
78 Washington, 'Recognizing and Responding to Microaggressions at Work', *Harvard Business Review*, 10 May 2022, and Women in the Workplace 2022, Lean In and McKinsey & Company, https://leanin.org/women-in-the-workplace

第二章：玻璃懸崖

1 Saeed Jones, 'Alive at the End of the World', published in *The New Yorker*, 28 February 2022, https://www.newyorker.com/magazine/2022/03/07/alive-at-the-end-of-the-world
2 Helaine Olen, 'Marissa Mayer and the Glass Cliff', *Forbes*, 16 July 2012, https://www.forbes.com/sites/helaineolen/2012/07/16/marissa-mayer-and-the-glass-cliff
3 Sharon Gaudin, 'After rocky tenure, Mayer to leave Yahoo"tarnished"', *Computerworld*, 13 March 2017, https://www.computerworld.com/article/3180384/after-rocky-tenure-mayer-leaves-yahoo-tarnished.html
4 Andrew Ross Sorkin and Evelyn M. Rusli, 'A Yahoo Search Calls Up a Chief From Google', *The New York Times*, 16 July 2012, https://archive.nytimes.com/dealbook.nytimes.com/2012/07/16/googles-marissa-mayer-tapped-as-yahoos-chief
5 同上。
6 Olen, 'Marissa Mayer and the Glass Cliff', *Forbes*, 16 July 2012.
7 Nicholas Carlson, 'The Day Marissa Mayer's Honeymoon At Yahoo Ended', Insider, 2 January 2015, https://www.businessinsider.com/marissa-mayer-yahoo-nicholas-carlson-book-excerpt-2014-12?curator=MediaREDEF&r=US&IR=T
8 Sorkin and Rusli, 'A Yahoo Search Calls Up a Chief From Google', *The New York Times*, 16 July 2012.
9 同上。
10 Olen, 'Marissa Mayer and the Glass Cliff', *Forbes*, 16 July 2012.

Perspective', *The Academy of Management Review*, vol. 22, no. 2, April 1997, pp. 482–521, https://www.jstor.org/stable/259331
54 Herminia Ibarra, 'A Lack of Sponsorship is Keeping Women from Advancing into Leadership', *Harvard Business Review*, 19 August 2019, https://hbr.org/2019/08/a-lack-of-sponsorship-is-keeping-women-from-advancing-into-leadership
55 Rajashi Ghosh, 'Diversified mentoring relationships: contested space for mutual learning?', *Human Resource Development International*, 21(3), 2018, pp. 159–62, https://www.tandfonline.com/doi/full/10.1080/13678868.2018.1465670
56 Ragins, 'Diversified mentoring relationships', pp. 497–8, as quoted in David A. Thomas and John J. Gabarro, *Breaking Through: The Making of Minority Executives in Corporate America* (Brighton, MA: Harvard Business Review Press, 1999), p. 27.
57 Thomas and Gabarro, *Breaking Through*, p. 28.
58 同上，其中引用了 D. Thomas 的 'Strategies for managing racial differences'。
59 Christina Friedlaender, 'On Microaggressions: Cumulative Harm and Individual Responsibility', *Hypatia*, 33(1), Winter 2018, pp. 5–21, https://onlinelibrary.wiley.com/doi/abs/10.1111/hypa.12390. Also referenced in Bianca Barratt, 'The Microaggressions Still Prevalent In The Workplace', *Forbes*, 28 October 2018, https://www.forbes.com/sites/biancabarratt/2018/10/28/the-microaggressions-still-prevalent-in-the-workplace
60 Paola Peralta, '"Death by a thousand cuts": For working women, microaggressions are leading to burnout', *Employee Benefit News*, 1 April 2022, https://www.benefitnews.com/news/microaggressions-at-work-are-burning-out-women-at-work
61 'Women in the Workplace: Insights from 5 Years of Research', Lean In, https://leanin.org/about-the-women-in-the-workplace-report
62 Sheryl Sandberg and Adam Grant, 'Speaking While Female', *The New York Times*, 12 January 2015, https://www.nytimes.com/2015/01/11/opinion/sunday/speaking-while-female.html
63 Leonard Karakowsky, Kenneth McBey and Diane L. Miller, 'Gender, perceived competence, and power displays: examining verbal interruptions in a group context', *Small Group Research*, 35(4), 2004, pp. 407–39, https://gap.hks.harvard.edu/gender-perceived-competence-and-power-displays-examining-verbal-interruptions-group-context
64 Paola Peralta, 'Women don't feel comfortable at work. Here's how to fix your culture', *Employee Benefit News*, 21 March 2022, https://www.benefitnews.com/news/women-dont-feel-confident-about-their-role-in-the-workplace
65 Leslie Shore, 'Gal Interrupted, Why Men Interrupt Women And How To Avert This In The Workplace', *Forbes*, 3 January 2017, https://www.forbes.com/sites/womensmedia/2017/01/03/gal-interrupted-why-men-interrupt-women-and-how-to-avert-this-in-the-workplace
66 Sandberg and Grant, 'Speaking While Female', *The New York Times*, 12 January 2015.
67 Victoria L. Brescoll, 'Who Takes the Floor and Why: Gender, Power, and Volubility in Organizations', *Administrative Science Quarterly*, 56(4), February 2012, https://journals.sagepub.com/doi/abs/10.1177/0001839212439994
68 同上。
69 Women in the Workplace 2022, Lean In and McKinsey & Company, https://leanin.org/women-in-the-workplace

40 'Make your workplace work for women: a conversation with Indeed CMO Jessica Jensen, Lena Waithe, Reshma Saujani and Jen Welter', *Indeed*, 3 January 2023, https://uk.indeed.com/lead/make-your-workplace-work-for-women-a-conversation-with-indeed-cmo-jessica-jensen
41 Jess Huang, Alexis Krivkovich, Ishanaa Rambachan and Lareina Yee, 'For mothers in the workplace, a year (and counting) like no other', McKinsey & Company, 5 May 2021, https://www.mckinsey.com/featured-insights/diversity-and-inclusion/for-mothers-in-the-workplace-a-year-and-counting-like-no-other
42 Alexis Krivkovich, Kelsey Robinson, Irina Starikova, Rachel Valentino and Lareina Yee, 'Women in the Workplace 2017', McKinsey & Company, October 2017, https://www.mckinsey.com/~/media/McKinsey/Industries/Technology%20Media%20and%20Telecommunications/High%20Tech/Our%20Insights/Women%20in%20the%20Workplace%202017/Women-in-the-Workplace-2017-v2.ashx
43 Women in the Workplace 2022, Lean In, https://leanin.org/women-in-the-workplace/2022/were-in-the-midst-of-a-great-breakup
44 Alexis Krivkovich, Kelsey Robinson, Irina Starikova, Rachel Valentino and Lareina Yee, 'Women in the Workplace 2017', McKinsey & Company, October 2017, https://www.mckinsey.com/~/media/McKinsey/Industries/Technology%20Media%20and%20Telecommunications/High%20Tech/Our%20Insights/Women%20in%20the%20Workplace%202017/Women-in-the-Workplace-2017-v2.ashx
45 Women in the Workplace 2022, Lean In and McKinsey & Company, https://leanin.org/women-in-the-workplace
46 Women in the Workplace 2022, Lean In and McKinsey & Company, https://leanin.org/women-in-the-workplace/2022/companies-need-to-hold-on-to-the-leaders-shaping-the-future-of-work
47 Women in the Workplace 2022, Lean In and McKinsey & Company, https://leanin.org/women-in-the-workplace
48 Women in the Workplace 2021, Lean In and McKinsey & Company, https://leanin.org/women-in-the-workplace
49 Maria Minor, 'Women In The Workplace: Why They Don't Get Recognized As Much As Men', *Forbes*, 5 December 2020, https://www.forbes.com/sites/mariaminor/2020/12/05/women-in-the-workplace-why-they-dont-get-recognized-as-much-as-men
50 Meredith Somers, 'Women are less likely than men to be promoted. Here's one reason why', MIT Management Sloan School, 12 April 2022, https://mitsloan.mit.edu/ideas-made-to-matter/women-are-less-likely-men-to-be-promoted-heres-one-reason-why
51 Alan Benson, Danielle Li and Kelly Shue, '"Potential" and the Gender Promotion Gap', 22 June 2022, https://danielle-li.github.io/assets/docs/PotentialAndTheGenderPromotionGap.pdf
52 Alexis Krivkovich, Kelsey Robinson et al., 'Women in the Workplace 2017', McKinsey & Company, October 2017, https://www.mckinsey.com/~/media/McKinsey/Industries/Technology%20Media%20and%20Telecommunications/High%20Tech/Our%20Insights/Women%20in%20the%20Workplace%202017/Women-in-the-Workplace-2017-v2.ashx
53 Belle Rose Ragins, 'Diversified Mentoring Relationships in Organizations: A Power

1 December 2007, https://www.theguardian.com/business/2007/dec/01/cruz
20 Hagan, 'Only the Men Survive', *New York* (magazine), 25 April 2008.
21 同上。
22 'Last Woman Standing: The Firing of Zoe Cruz', *Glass Hammer*, 7 May 2008, https://theglasshammer.com/2008/05/last-woman-standing-the-firing-of-zoe-cruz
23 Hagan, 'Only the Men Survive', *New York* (magazine), 25 April 2008.
24 同上。
25 同上。
26 Costello, 'Glass ceiling is wiped out as Cruz missile hits Old Mutual', *The Times*, 7 January 2014.
27 Hagan, 'Only the Men Survive', *New York* (magazine), 25 April 2008.
28 Clark, '$3.7bn loss brings down one of the top women in Wall Street', *The Guardian*, 1 December 2007.
29 同上。
30 C. Hymowitz and T. D. Schellhardt, 'The Glass-Ceiling: Why Women Can't Seem to Break the Invisible Barrier that Blocks Them from Top Jobs', *The Wall Street Journal*, 1986.
31 European Commission, 2011, 2014; International Labour Organization, 2015, cited here: Clara Kulich and Michelle K. Ryan, 'The Glass Cliff', in *Oxford Research Encyclopaedia of Business and Management*, ed. R. Aldag (Oxford: Oxford University Press, 2017), https://www.researchgate.net/publication/310799724_The_glass_cliff
32 Singh and Vinnicombe, *The 2005 Female FTSE Index. New Look Women Directors Add Value to FTSE 100 Boards* (Cranfield: Cranfield University School of Management, 2005), quoted in S. Alexander Haslam, Michelle K. Ryan et al., 'Investing with Prejudice: The Relationship Between Women's Presence on Company Boards and Objective and Subjective Measures of Company Performance', *British Journal of Management*, vol. 21, 2010, pp. 484–97, http://www.bbcprisonstudy.org/includes/site/files/files/2010%20BJM%20Tobin's%20Q.pdf
33 Joseph R. Cimpian, Sarah T. Lubienski et al., 'Have Gender Gaps in Math Closed? Achievement, Teacher Perceptions, and Learning Behaviors Across Two ECLS-K Cohorts', *AERA Open*, 2(4), 2016, https://journals.sagepub.com/doi/full/10.1177/2332858416673617
34 'COVID-19 cost women globally over $800 billion in lost income in one year', Oxford International Press Release, 29 April 2021, https://www.oxfam.org/en/press-releases/covid-19-cost-women-globally-over-800-billion-lost-income-one-year?
35 Simon Goodley, 'Dagenham sewing machinists recall strike that changed women's lives', *The Guardian*, 6 June 2013, https://www.theguardian.com/politics/2013/jun/06/dagenham-sewing-machinists-strike
36 同上。
37 Heather Stewart, 'Why, even now, do we think a woman's work is woth less?', *The Guardian*, 11 August 2023, https://www.theguardian.com/world/2023/aug/11/why-even-now-do-we-think-a-womans-work-is-worth-less
38 同上。
39 Kim Elsesser, 'The Gender Pay Gap And The Career Choice Myth', *Forbes*, 1 April 2019, https://www.forbes.com/sites/kimelsesser/2019/04/01/the-gender-pay-gap-and-the-career-choice-myth

the%20workplace%202022/women-in-the-workplace-2022.pdf
5 Women have leadership aspirations: 'Young women care deeply about opportunity to advance – more than two-thirds of women under 30 want to be senior leaders, and well over half say advancement has become more important to them in the past two years', Women in the Workplace 2022, Lean In and McKinsey & Company, https://leanin.org/women-in-the-workplace/2022/why-women-leaders-are-switching-jobs
6 Michelle K. Ryan, S. Alexander Haslam, et al., 'Getting on top of the glass cliff: Reviewing a decade of evidence, explanations, and impact', *The Leadership Quarterly*, 27(3), June 2016, pp. 446–55, https://www.sciencedirect.com/science/article/abs/pii/S104898431500123X

第一章：突破玻璃天花板

1 Quote widely circulated online and referenced by Derien Nagy, 'From Multi-Tasker to Free Woman', Medium.com (website), 21 June 2023, https://medium.com/illumination/from-multi-tasker-to-free-woman-aed817e2a3c5; see also @mother_pukka Instagrampost, May 2023, https://www.instagram.com/p/CsuB8DFLrkt/?utm_source=ig_web_copy_link&igshid=MzRlODBiNWFlZA==
2 Joe Hagan, 'Only the Men Survive', *New York* (magazine), 25 April 2008, https://nymag.com/news/business/46476
3 Andrew Clark, '$3.7bn loss brings down one of the top women in Wall Street', *The Guardian*, 1 December 2007, https://www.theguardian.com/business/2007/dec/01/cruz
4 Hagan, 'Only the Men Survive', *New York* (magazine), 25 April 2008.
5 同上，另見 Miles Costello, 'Glass ceiling is wiped out as Cruz missile hits Old Mutual', *The Times*, 7 January 2014, https://www.thetimes.co.uk/article/glass-ceiling-is-wiped-out-as-cruz-missile-hits-old-mutual-0f8n06wxjwc
6 'The World's 100 Most Powerful Women', 6 December 2022,https://images.forbes.com/lists/2005/11/V9JO.html
7 Hagan, 'Only the Men Survive', *New York* (magazine), 25 April 2008.
8 Andrew Clark, '$3.7bn loss brings down one of the top women in Wall Street', *The Guardian*, 1 December 2007, https://www.theguardian.com/business/2007/dec/01/cruz
9 Hagan, 'Only the Men Survive', *New York* (magazine), 25 April 2008.
10 同上。
11 同上。
12 同上。
13 Costello, 'Glass ceiling is wiped out as Cruz missile hits Old Mutual', *The Times*, 7 January 2014.
14 Hagan, 'Only the Men Survive', *New York* (magazine), 25 April 2008.
15 Costello, 'Glass ceiling is wiped out as Cruz missile hits Old Mutual', *The Times*, 7 January 2014.
16 Hagan, 'Only the Men Survive', *New York* (magazine), 25 April 2008.
17 Costello, 'Glass ceiling is wiped out as Cruz missile hits Old Mutual', *The Times*, 7 January 2014.
18 Hagan, 'Only the Men Survive', *New York* (magazine), 25 April 2008.
19 Andrew Clark, '$3.7bn loss brings down one of the top women in Wall Street', *The Guardian*,

注釋

引言

1 Bertolt Brecht, 'Motto', *Poems* 1913–56 (London: Methuen, 1987).
2 Transcript available at 'Secretary-General Rejects "Male Chauvinist" Domination of Tech Sector, Calls for Overhaul of "Patriarchal Structures", at Women's Civil Society Town Hall' (press release), United Nations (website), 13 March 2023, https://press.un.org/en/2023/sgsm21723.doc.htm
3 同上。
4 'Gender pay gap in the UK: 2022', Office for National Statistics, https://www.ons.gov.uk/employmentandlabourmarket/peopleinwork/earningsandworkinghours/bulletins/genderpaygapintheuk/2022
5 Alexandra Topping, 'UK gender pay gap for higher-educated parents has grown since 1970s – study', *The Guardian*, 7 March 2023, https://www.theguardian.com/world/2023/mar/07/gender-pay-gap-for-higher-educated-uk-parents-has-grown-since-1970s-study
6 同上。
7 同上。
8 'Name It to Tame It: Label Your Emotions to Overcome Negative Thoughts', Mindfulness.com (website), https://mindfulness.com/mindful-living/name-it-to-tame-it
9 Bruce Freeman, 'Name It to Tame It: Labelling Emotions to Reduce Stress & Anxiety', Oral Health (website), 5 March 2021, https://www.oralhealthgroup.com/features/name-it-to-tame-it-labelling-emotions-to-reduce-stress-anxiety

作者說明

1 Alison Cook and Christy Glass, 'Above the glass ceiling: When are women and racial/ethnic minorities promoted to CEO?', *Strategic Management Journal*, 35(7), 10 June 2013, pp. 1080-9, https://onlinelibrary.wiley.com/doi/abs/10.1002/smj.2161
2 Christine L. Williams, 'The Glass Escalator: Hidden Advantages for Men in the "Female" Professions', *Social Problems*, 39(3), August 1992, pp. 253–67, https://www.jstor.org/stable/3096961
3 Sebahattin Yildiz, Mehmet Fatih Vural, 'A Cultural Perspective of The Glass Cliff Phenomenon', *Ege Akademik Bakis* (*Ege Academic Review*), 30 July 2019, pp. 309–21, https://dergipark.org.tr/tr/download/article-file/766390
4 'Women in the Wokplace, 2022', McKinsey & Company, https://www.mckinsey.com/~/media/mckinsey/featured%20insights/diversity%20and%20inclusion/women%20in%20

〔revelation〕008

玻璃懸崖

女性領導者的職場困局與管理危機

The Glass Cliff: Why Women in Power Are Undermined and How to Fight Back

作者　蘇菲・威廉斯（Sophie Williams）
翻譯　陳瑄
副總編輯　洪源鴻
責任編輯　張乃文、洪源鴻
行銷企劃　二十張出版
封面設計　虎稿・薛偉成
內頁排版　宸遠彩藝

出版　二十張出版／遠足文化事業股份有限公司
發行　遠足文化事業股份有限公司（讀書共和國出版集團）
地址　新北市新店區民權路108-3號9樓
電話　02・2218・1417
傳真　02・2218・8057
客服專線　0800・221029
信箱　akker2022@gmail.com
Facebook　facebook.com/akker.fans
法律顧問　華洋法律事務所—蘇文生律師
印刷　呈靖彩藝有限公司

出版　二〇二五年八月—初版一刷
定價　四八〇元

ISBN｜9786267662632（平裝）、9786267662649（ePub）、9786267662656（PDF）

玻璃懸崖：女性領導者的職場困局與管理危機
蘇菲・威廉斯（Sophie Williams）著／陳瑄譯／初版／新北市／二十張出版／遠足文化事業股份有限公司／2025.08
336面，14.8x21公分
譯自：The Glass Cliff: Why Women in Power Are Undermined and How to Fight Back
ISBN：978-626-7662-63-2（平裝）
1. CST：女權　2.CST：職場　3.CST：領導者　4.CST：性別歧視
544.52　　114009136